Desenho de moda no
CorelDRAW X6®

OBRA ATUALIZADA CONFORME
O **NOVO ACORDO ORTOGRÁFICO**
DA LÍNGUA PORTUGUESA.

Dados Internacionais de Catalogação na Publicação (CIP)
(Jeane Passos de Souza – CRB 8ª/6189)

Camarena, Elá
    Desenho de moda no CorelDRAW X6® / Elá Camarena. – São Paulo :
Editora Senac São Paulo, 2014.

    Bibliografia.
    ISBN 978-65-5536-539-9 (Venda internacional)

    1. Computação gráfica   2. CorelDRAW (Programa de computador)
3. Desenho de moda 4. Desenho técnico I. Título.

                                            CDD-646.4
                                        BISAC DES000000
14-258s   DES005000

Índice para catálogo sistemático:

1. Desenho de moda : CorelDRAW (Programa de computador)   646.4

Desenho de moda no CorelDRAW X6®

Elá Camarena

Editora Senac São Paulo – São Paulo – 2014

Administração Regional do Senac no Estado de São Paulo

Presidente do Conselho Regional: Abram Szajman
Diretor do Departamento Regional: Luiz Francisco de A. Salgado
Superintendente Universitário e de Desenvolvimento: Luiz Carlos Dourado

Editora Senac São Paulo

Conselho Editorial: Luiz Francisco de A. Salgado
                        Luiz Carlos Dourado
                        Darcio Sayad Maia
                        Lucila Mara Sbrana Sciotti
                        Jeane Passos de Souza

Gerente/Publisher: Jeane Passos de Souza (jpassos@sp.senac.br)
Coordenação Editorial/Prospecção: Luís Américo Tousi Botelho (luis.tbotelho@sp.senac.br)
                        Dolores Crisci Manzano (dolores.cmanzano@sp.senac.br)
Administrativo: grupoedsadministativo@sp.senac.br
Comercial: comercial@editorasenacsp.com.br

Edição de Texto: Léia Maria Fontes Guimarães
Preparação de Texto: Elza Maria Gasparotto
Revisão de Texto: Heloisa Hernandez (coord.), ASA Comunicação e Design Ltda.
Editoração Eletrônica: ASA Comunicação e Design Ltda.
Capa: Elá Camarena

SUMÁRIO

NOTA DO EDITOR

Antes que uma peça de roupa exista – e que venha, posteriormente, a influenciar a moda – é imprescindível o trabalho de um designer, alguém capaz de imaginar as características de uma vestimenta e de traduzi-las em um desenho que, por sua vez, orientará a confecção do traje final.

Pensando nas necessidades desse profissional, o Senac São Paulo lança *Desenho de moda no CorelDRAW X6®*, um livro que visa agilizar o trabalho dos responsáveis pela concepção e desenvolvimento de modelos e coleções de vestuário. Explicações claras e dicas úteis permitem elaborar desenhos precisos para que nenhum detalhe se perca na confecção das roupas.

Estruturado de forma simples e didática, este livro interessa a todos os que desejam entender melhor as minúcias do desenho técnico em moda e capacitar-se para exercer a profissão com mais arrojo e dinamismo.

1. INTRODUÇÃO

O desenho de moda nunca foi tão exigido e comentado. Tem sido de grande importância e amplamente utilizado no desenvolvimento de modelos de vestuário e de outras diversas coleções no segmento de moda.

Houve um tempo em que as bases que utilizávamos para o desenho de modelos eram feitas a partir de recortes de papel com furinhos indicando as marcações de bolsos, cavas, recortes e palas, desenhados à mão. Eram obras únicas, depois copiadas e distribuídas entre as equipes na produção.

Hoje, temos o privilégio de poder utilizar programas que facilitam muito o desenho. As marcações, antes feitas à mão, agora podem ser construídas com rapidez e com possibilidade de incluir todos os detalhes, além de variantes de cor e estampas.

O desenho tradicional à mão não deve ser extinto. É fundamental ter o conhecimento dos recursos à nossa disposição para desenhar coleções, saber quando e onde programas gráficos podem nos ajudar e sempre ter respeito pelo traço do designer.

Com o CorelDRAW X6®, você poderá criar desenhos técnicos de modelos, aviamentos, fichas técnicas, ilustrações e o que for preciso para o desenvolvimento de sua coleção com finalização clara e profissional.

O conhecimento sobre vestuário é muito importante, pois a proposta de aprender a usar a tecnologia CorelDRAW X6® será a de representar graficamente o que se vê em uma peça de vestuário planificada real como se estivesse sobre uma superfície plana.

Em moda ainda não existe um padrão definido de desenho como em arquitetura. Apesar de haver discussões, estamos em um processo de criação dos sinais e das regras para um bom desenho técnico que seja compreensível pelas pessoas envolvidas, principalmente com o intuito de uma ótima comunicação do designer de moda com as equipes de modelagem e produção de uma empresa de confecção.

Há uma discussão sobre o que é um bom desenho: o técnico ou o ilustrativo. O formato de apresentação final deverá ser avaliado por quem receberá o desenho. Ora o desenho precisará ser ilustrativo, para mostrar o conceito da coleção, ora técnico, para que o profissional que for produzir o modelo possa decodificá-lo em todos os detalhes.

Metodologia

Uma camiseta ou um vestido, quando está sobre um corpo humano, sofre distorções pela perspectiva, pelos volumes e pela forma como cada um decide usar suas roupas.

No desenho de moda direcionado à confecção, essas distorções – o movimento dos tecidos e os efeitos de luz e sombra – podem não ser bem compreendidas pelos profissionais responsáveis pela confecção.

A proposta deste livro é o desenho técnico planificado, com base em proporções corporais biológicas bem distantes de um desenho ilustrativo.

Para o desenvolvimento dos modelos de vestuário, utilizaremos como referência um corpo digital elaborado pela equipe do software MakeHuman® com tecnologia 3D, feito a partir de medidas reais de seres humanos como parâmetro.

Todas as explicações partem da compreensão de elementos de vestuário, e sua construção é feita a partir das ferramentas do CorelDRAW X6®, com linguagem simples, instruções passo a passo, e direcionada ao público de moda.

Para complementar o livro, disponibilizamos no site da Editora Senac São Paulo os arquivos dos corpos digitais feminino, masculino e infantil. Também estão disponíveis para estudo a ficha técnica, os modelos de vestuário e a cartela de cores para impressão.

Para obter e utilizar esses arquivos, faça o download no endereço:

http://www.editorasenacsp.com.br/informatica/desenho_de_moda/arquivos6.zip

Após o download, crie uma pasta em sua área de trabalho (ou local de sua preferência) com o nome desenho_de_moda.

Mova para a pasta desenho_de_moda o arquivo baixado (arquivos.zip).

Em seguida, descompacte o arquivo zipado. Dessa forma, seus arquivos estão prontos para ser usados.

2. INÍCIO

Esta é a aparência do CorelDRAW X6® logo após sua instalação. Você pode mantê-la assim ou modificá-la.

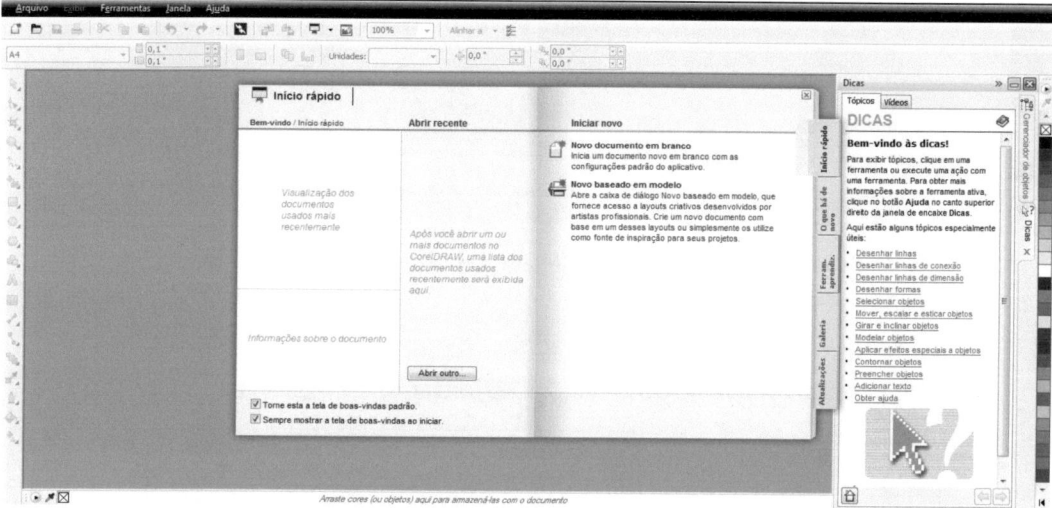

Na tela de boas-vindas, há diversas opções. Clique em cada uma para descobrir seu conteúdo.

Você pode abrir um novo documento em branco, um novo baseado em modelo, ver o que há de novo no CorelDRAW X6®, ferramentas de aprendizagem, galeria com trabalhos feitos no CorelDRAW X6® e atualizações.

É só clicar nas linguetas à direita.

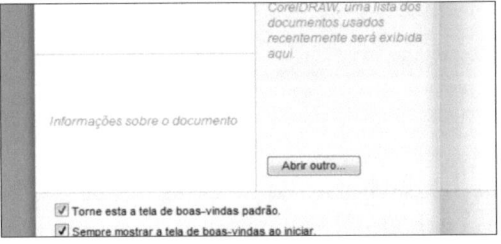

A qualquer momento, você poderá desabilitar a caixa de diálogo inicial. Basta desabilitar as opções:

- Torne esta a tela de boas-vindas padrão.
- Sempre mostrar a tela de boas-vindas ao iniciar

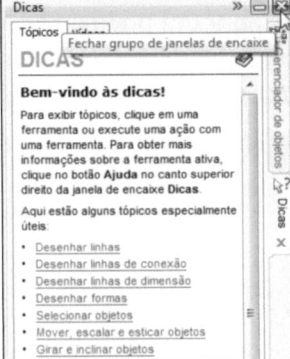

A caixa de dicas e as caixas abertas no grupo de janelas de encaixe podem ser fechadas. Clique com o botão esquerdo do mouse no X no canto superior direito (veja a figura ao lado).

Se fizer alguma modificação, a qualquer momento você poderá voltar às configurações iniciais.

Pressione a tecla F8, mantenha-a pressionada e clique no ícone do CorelDRAW X6®.

Faça isso antes de abrir o programa. Assim, ele voltará às configurações de quando foi instalado no seu computador.

Mantendo a tecla F8 pressionada, vá ao botão Iniciar (onde ficam os programas e configurações do Windows), clique em Todos os programas, selecione CorelDRAW Graphics Suite X6 e clique em CorelDRAW X6®.

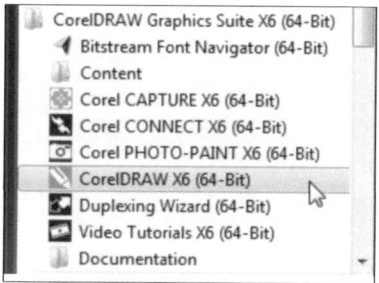

Quando surgir a mensagem: Tem certeza de que deseja substituir o espaço de trabalho atual pelo padrão de fábrica?, clique em Sim.

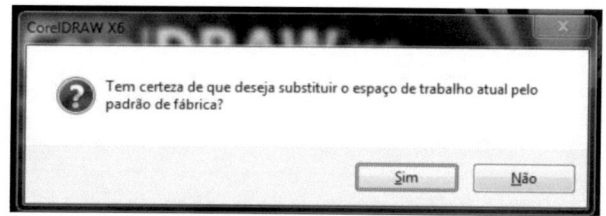

Clique em Novo documento em branco.

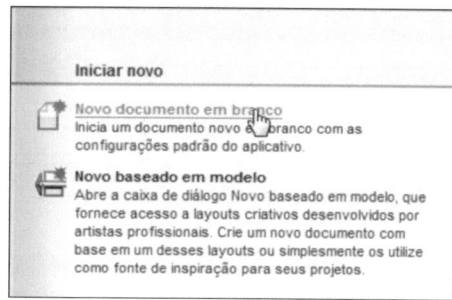

Aparecerá uma caixa com opções para a criação do documento.

Nessa caixa, você tem as opções de dar um nome ao trabalho, escolher o destino predefinido, no caso Padrão do CorelDRAW, tamanho da página, entre outras. Todas elas poderão ser configuradas a qualquer momento na interface do programa.

Você pode permitir que essa caixa abra todas as vezes com tais opções ou desabilitá-la, clicando em Não mostrar esta caixa de diálogo novamente.

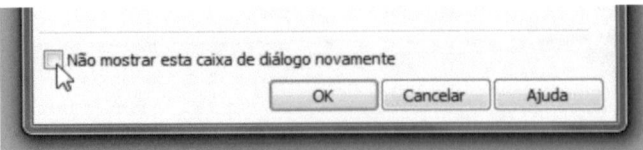

Depois de clicar em OK, aparecerá a interface do CorelDRAW X6®.

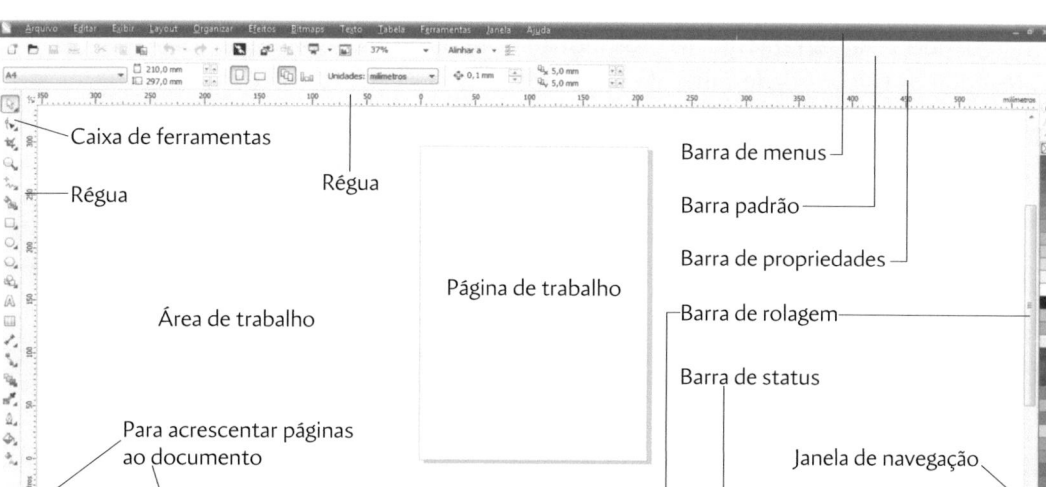

Veja a Caixa de ferramentas, a Barra de menus, a Barra padrão e a Barra de propriedades e todos os outros itens da interface do CorelDRAW X6®.

Barra de menus

Mostra os nomes dos menus de acesso às listas de comando e funções do CorelDRAW X6®.

Barra padrão

Apresenta os botões para acesso aos comandos básicos do CorelDRAW X6®: novo (página nova), abrir, salvar, imprimir, recortar, copiar, colar, desfazer, refazer, importar, exportar, iniciador de aplicativos, Corel on-line, níveis de zoom, opções de alinhamento e opções.

Barra de propriedades

Com essa barra é possível editar objetos e configurar a área de trabalho.

Quando uma ferramenta for selecionada, a barra será modificada para apresentar as opções da ferramenta escolhida.

Nessa barra, você pode escolher a unidade de medidas de sua preferência.

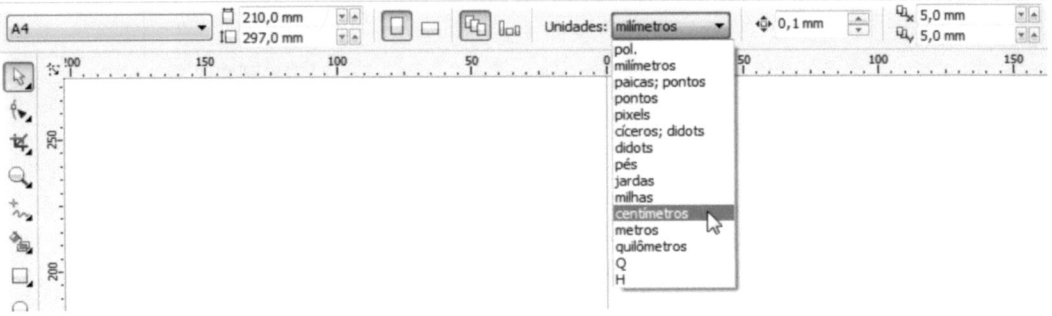

Caixa de ferramentas

A seguir, as ferramentas do CorelDRAW X6® que você utilizará com maior frequência.

Ferramenta Seleção: será usada para selecionar, apagar, aplicar funções do programa como redimensionar um objeto, rotacionar, colorir, entre várias outras.

Ferramenta Forma: com essa ferramenta, é possível movimentar, colocar e tirar os "nós" do desenho, transformar retas em curvas e alterá-las.

Quando precisar modificar apenas uma parte do desenho (o objeto não poderá estar agrupado ou com efeito), utilize sempre essa ferramenta.

Ferramenta Cortar: deverá ser usada para recortar qualquer imagem (vetor ou bitmap) na área de trabalho do CorelDRAW X6®.

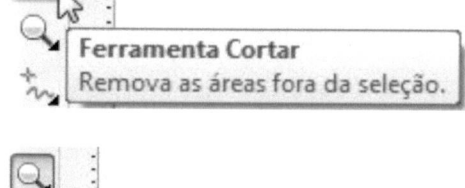

Ferramenta de zoom: com ela é possível aproximar ou distanciar o desenho na área de trabalho.

Ferramenta Mão livre: sempre será usada para fazer linhas retas ou desenhos livres.

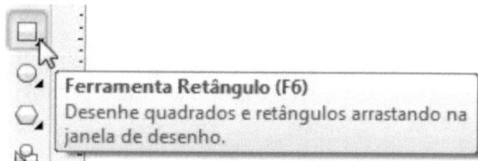

Para fazer uma linha reta, selecione a ferramenta, clique na área de trabalho com o botão esquerdo do mouse, tire o dedo do mouse, mova a distância desejada, clique e tire o dedo do mouse.

Para fazer um desenho à mão livre, mantenha o dedo no botão esquerdo do mouse e desenhe livremente.

Todas as vezes que precisar fazer apenas uma linha, utilize essa ferramenta.

Ferramenta Retângulo: para desenhar retângulos, selecione a ferramenta, clique na página de trabalho, segure o dedo no mouse, arraste e tire o dedo do mouse.

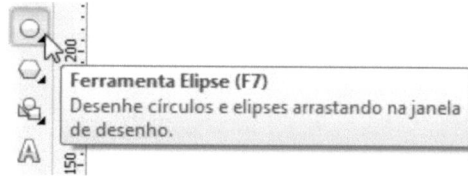

Para quadrados, clique na ferramenta, pressione a tecla CTRL (mantenha pressionada) e construa o quadrado da mesma forma que desenhou o retângulo.

Ferramenta Elipse: além de desenhar elipses, para fazer um círculo, clique na ferramenta, pressione a tecla CTRL (mantenha pressionada), construa o círculo, tire o dedo do mouse e depois solte a tecla CTRL.

Ferramenta Texto: todas as vezes que precisar escrever no CorelDRAW X6®, utilize essa ferramenta. Para texto artístico, clique na ferramenta, depois na área de trabalho e já comece a escrever.

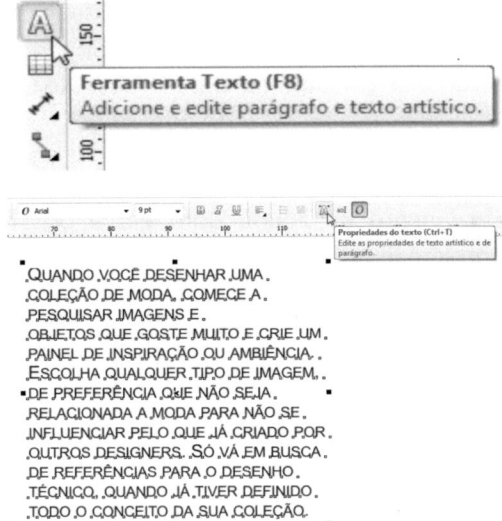

Para texto de parágrafo, clique na ferramenta, depois na área de trabalho, segure o dedo no botão esquerdo do mouse e arraste. Assim, você criará uma caixa de texto.

No CorelDRAW X6®, há novas formas de trabalho com essa ferramenta.

Com ferramenta Texto, faça uma caixa de texto ou texto artístico e, com ela selecionada, surgirá a opção Propriedades do texto.

Ao clicar nesse botão, aparecerá uma caixa de diálogo com diversas opções de formatação de texto.

Nela, você poderá escolher a fonte (tipo de letra), o tamanho, o alinhamento do texto, entre tantas outras opções.

Com o texto selecionado, explore as opções da caixa de diálogo e forma-te o texto como quiser.

Há opções para mudança de fonte, cor, gradiente, alinhamento, colunas, entre outras.

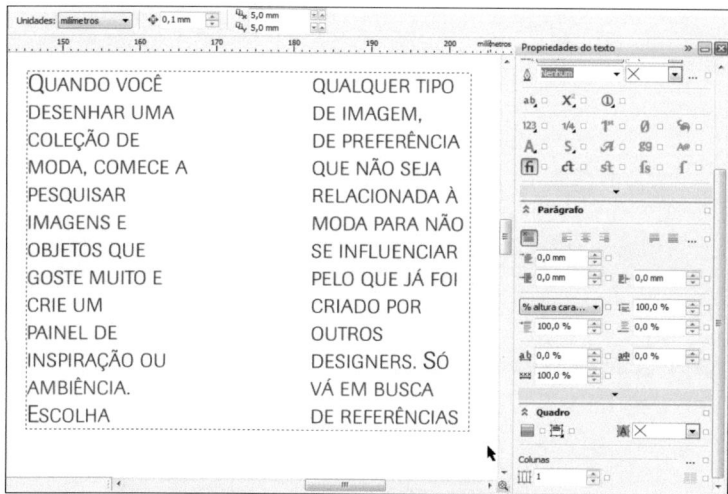

Quando a moldura de texto (linha tracejada ao redor do texto) estiver vermelha, significa que há texto escondido.

Para ajustar o espaço entre as colunas, clique com a ferramenta Texto em uma das linhas internas do texto, segure o dedo no botão esquerdo do mouse e arraste para dentro. Defina, então, o espaço entre as colunas.

| QUANDO VOCÊ DESENHAR UMA COLEÇÃO DE MODA, COMECE A PESQUISAR IMAGENS E OBJETOS QUE GOSTE MUITO E CRIE UM PAINEL DE INSPIRAÇÃO OU AMBIÊNCIA. ESCOLHA | QUALQUER TIPO DE IMAGEM, DE PREFERÊNCIA QUE NÃO SEJA RELACIONADA À MODA PARA NÃO SE INFLUENCIAR PELO QUE JÁ FOI CRIADO POR OUTROS DESIGNERS. SÓ VÁ EM BUSCA DE REFERÊNCIAS |

Se quiser as duas colunas de texto iguais, na caixa de diálogo selecione a opção Largura igual de colunas, que fica no canto inferior direito.

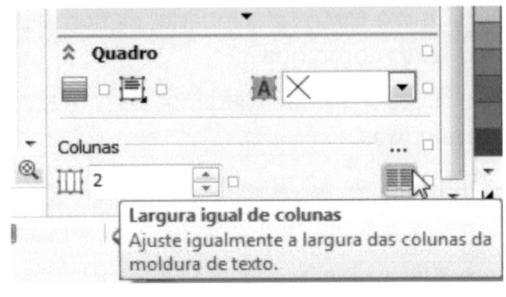

É possível criar até oito colunas em um texto.

Ferramenta Mistura: essa ferramenta possibilita a transformação de forma e cor entre dois objetos, criando objetos intermediários entre eles.

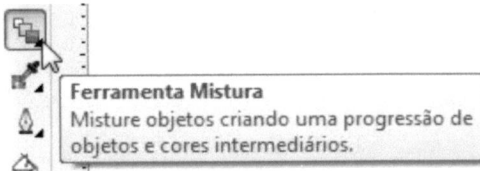

Ferramenta Caneta de contorno: é importante para alterar a espessura das linhas, fazer linhas tracejadas, entre várias outras funções.

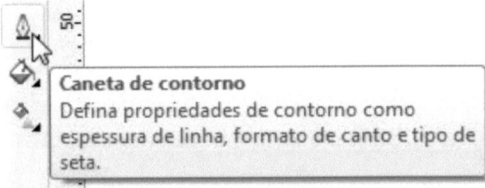

Ferramenta Preenchimento: permite pintar o objeto selecionado. Possibilita a escolha de cor entre vários padrões de paletas, bem como de gradientes, texturas e diversos outros efeitos.

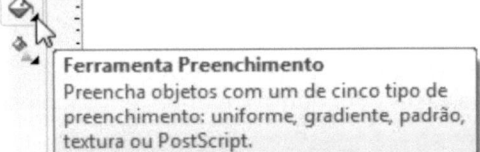

Ferramentas desdobráveis

Algumas ferramentas do CorelDRAW X6® na caixa de ferramentas estão em submenus.

Para que eles apareçam, é preciso clicar na ferramenta que possui uma setinha no canto inferior direito. Clique na ferramenta, mantenha o cursor por alguns segundos sobre ela, e o submenu aparecerá.

Estudaremos as mais importantes neste momento para criação da sua coleção.

Ferramenta Mancha: você pode usar essa ferramenta quando quiser dar um aspecto mais irregular ou suave aos contornos dos objetos.

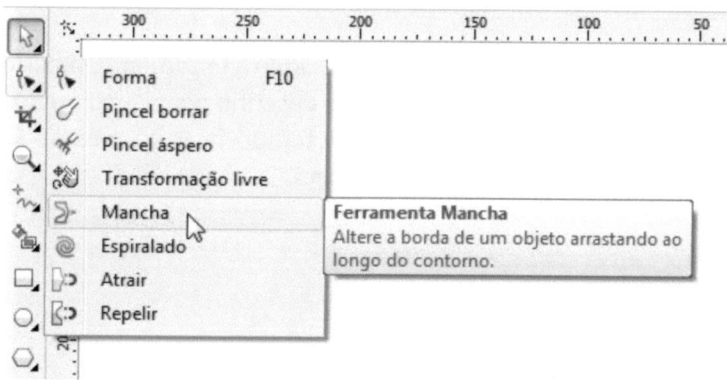

Selecione o objeto que desenhou e depois a ferramenta; pressione então o botão esquerdo do mouse e passe sobre o contorno do objeto. É possível aplicar o efeito de suavização de contorno em objetos isolados ou agrupados.

Exemplo:

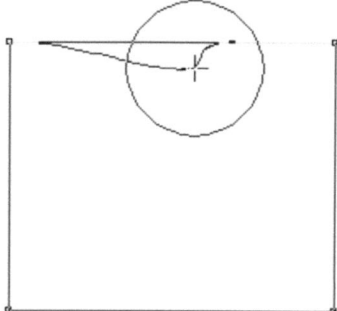
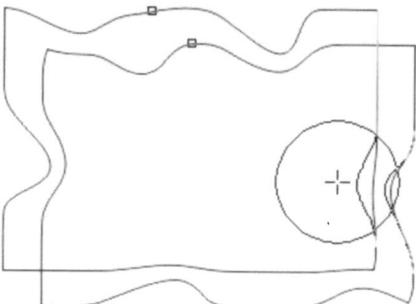

Ferramenta Espiralado: cria espirais sobre objetos; é interessante para a criação de estampas vetoriais.

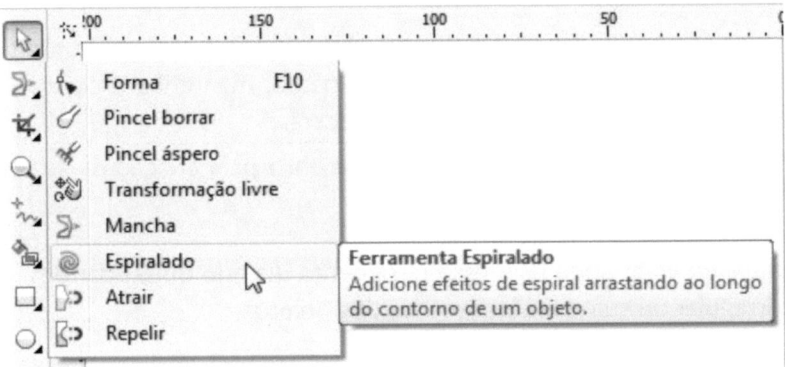

Faça um desenho no CorelDRAW X6®, selecione a ferramenta, pressione o botão esquerdo do mouse sobre as bordas do desenho por alguns segundos e a espiral começará a aparecer. Quanto mais tempo ficar no mesmo local com o cursor do mouse, mais voltas a espiral terá.

Exemplo:

Ferramenta Atrair e Ferramenta Repelir: permitem remodelar os contornos de objetos desenhados no CorelDRAW X6®. Clique no objeto e selecione uma das ferramentas. Pressione o botão esquerdo do mouse e passe no contorno do objeto. Observe que uma ferramenta empurra e a outra atrai as bordas, redesenhando seu contorno.

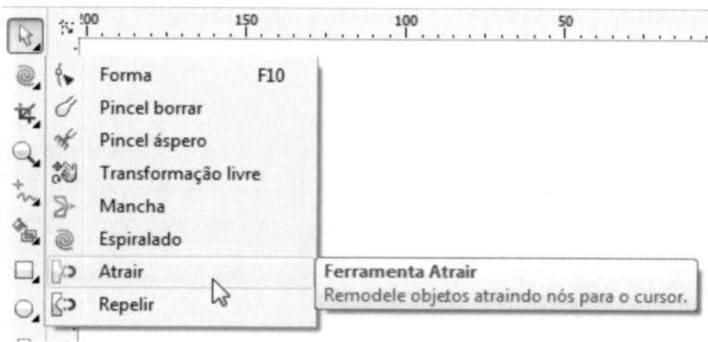

Exemplo:

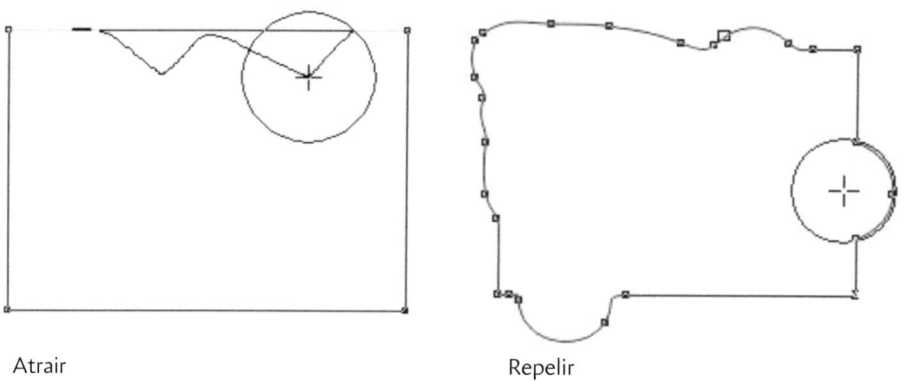

Atrair   Repelir

Ferramenta Bézier: todas as vezes que precisar desenhar mais de uma linha, utilize essa ferramenta.

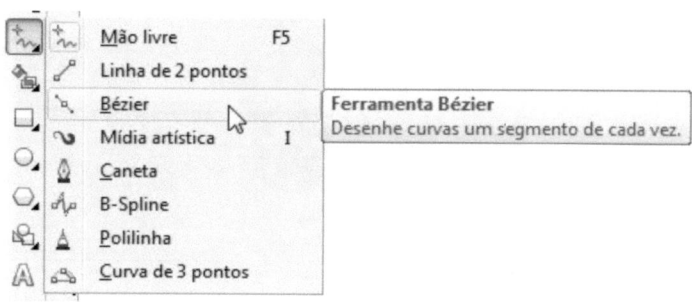

Ela é importante para desenhos que precisem de continuidade. Selecione a ferramenta, clique e solte o botão esquerdo do mouse, arraste a distância que quiser, clique novamente e repita o processo até terminar seu desenho. Por último, clique no ponto onde começou.

Ferramenta Dimensão paralela: pode ser usada para colocar medidas (cotas) no desenho técnico.

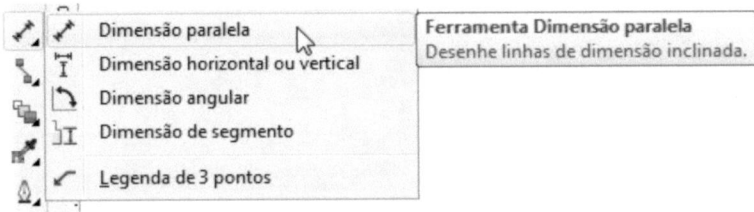

Com o desenho do modelo no centro da página (de preferência em tamanho natural), selecione essa ferramenta, clique em um ponto do desenho, pressione o botão esquerdo do mouse e arraste até onde deseja medir; tire, então, o dedo do mouse e afaste para que a cota fique fora do desenho, pressionando novamente o botão esquerdo do mouse para que apareça a medida.

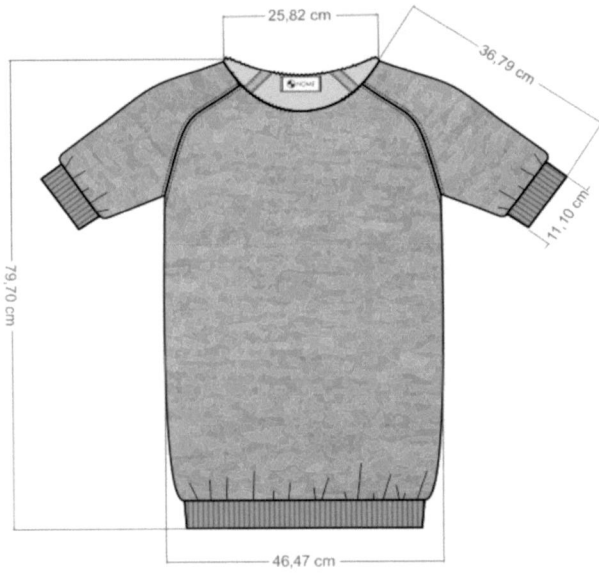

Se a fonte das medidas ficar pequena, selecione a medida com a ferramenta Seleção e escolha o tamanho da fonte.

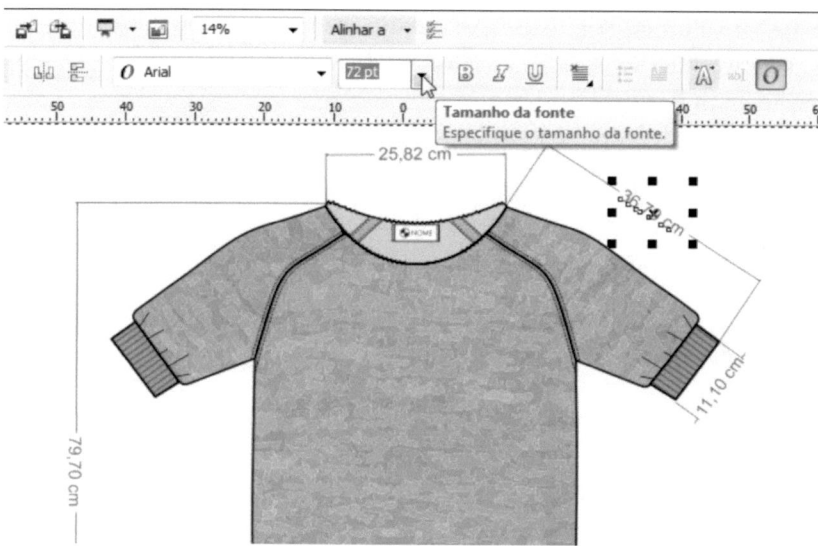

É importante usar tipos de fonte comuns, como Arial, Verdana, Tahoma, Times New Roman ou Courier, para que não mudem quando seu arquivo for aberto em outro computador.

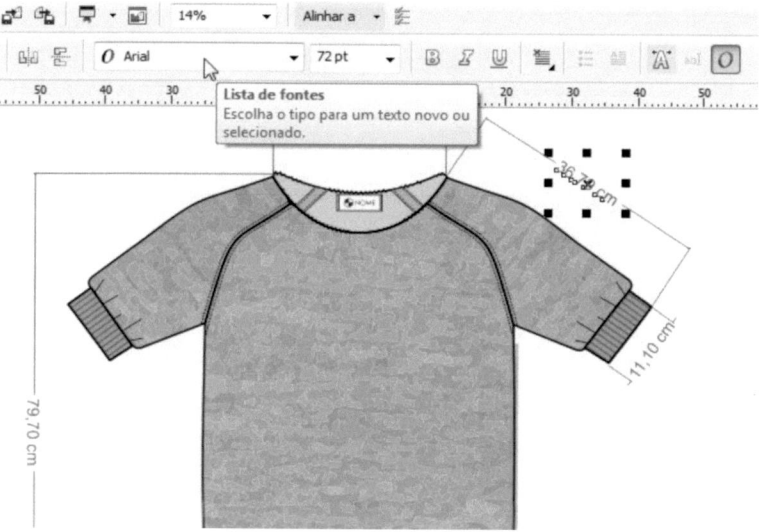

Como designer de moda, você pode sugerir as medidas à equipe de modelagem para que se oriente sobre suas ideias de volume, largura e comprimento dos modelos. Para ter certeza das medidas finais e corretas da coleção, elas devem ser verificadas após a prototipagem dos modelos, o que pode ser feito por você, por alguém da equipe ou pela equipe de modelagem.

Ferramenta Dimensão angular: nesses submenus desdobráveis, há outras ferramentas interessantes que podem ser úteis; mas verifique sempre até que ponto oferecem medidas reais. Faça testes, medindo peças que já tenha feito a partir de seus desenhos e compare.

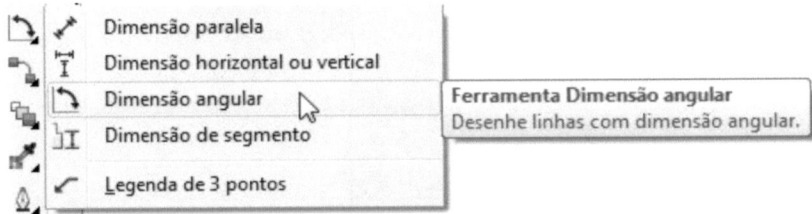

Quando desenho coleções, faço todos os modelos em tamanho natural; por isso essas ferramentas podem ser úteis.

Se seus desenhos forem feitos sobre os corpos digitais que ofereço neste livro, serão apenas uma base a ser usada no desenho técnico e não oferecerão medidas reais.

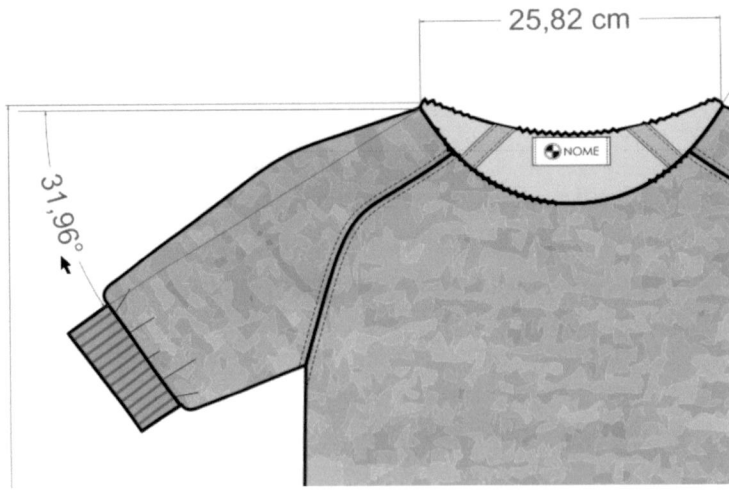

Todas as medidas apresentadas referem-se ao modelo já pronto e não incluem as margens de costura.

Ferramenta Contorno: é importante para desenhar contornos internos ou externos aos objetos.

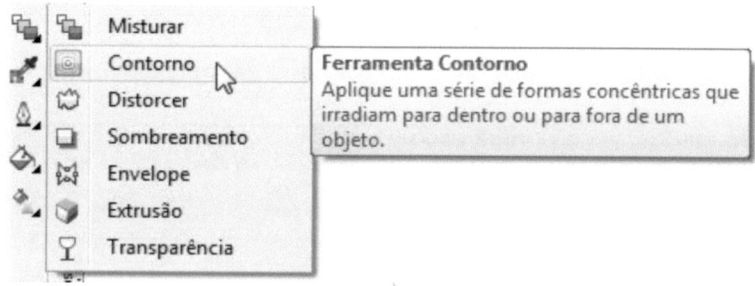

Será muito utilizada para desenho de pespontos e costuras nos modelos.

Ferramenta Distorcer: com ela, você pode modificar linhas e objetos de diversas formas.

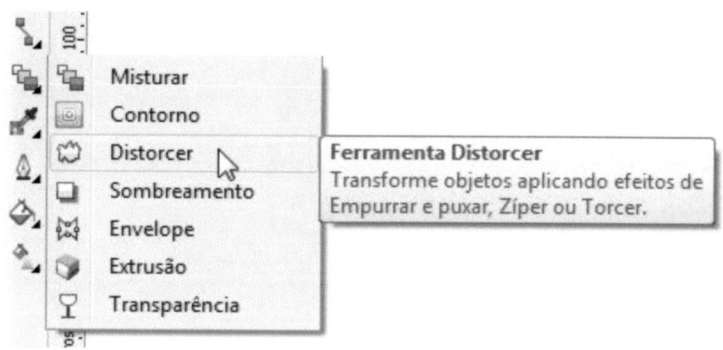

Utilizaremos essa ferramenta para fazer caseados e travetes.

Há várias outras ferramentas no CorelDRAW X6®. Clique nelas e verifique todas as possibilidades para o uso no desenho de coleções.

Área de trabalho

Para criar uma página de trabalho, vá à Barra de menus/Arquivo/Novo, ou clique no ícone de página logo abaixo do ícone do programa.

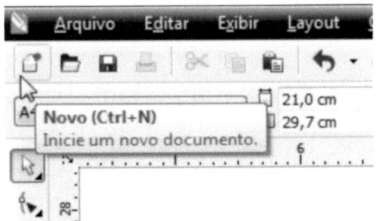

Na Barra de menus, você poderá escolher em qual formato de folha quer trabalhar. Poderá ser no tamanho A4, carta, ofício, entre várias opções.

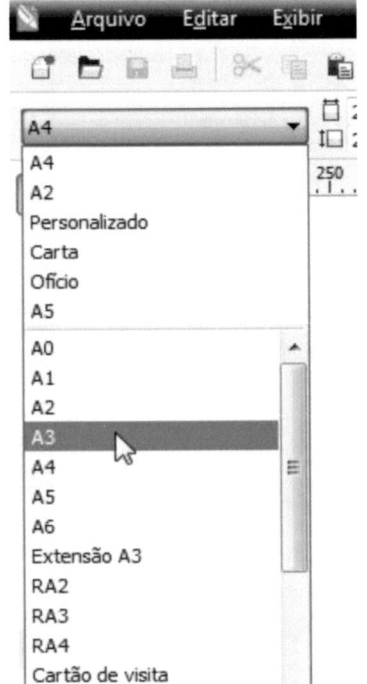

Orientação da página de trabalho: retrato ou paisagem.

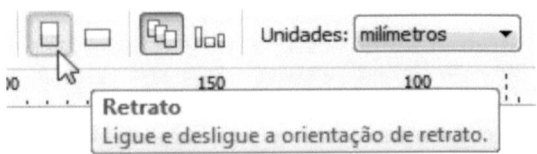

Quando o CorelDRAW X6® é instalado, a unidade de medidas padrão estará em milímetros. Se quiser mudar, clique na setinha ao lado da opção Unidades e selecione centímetros.

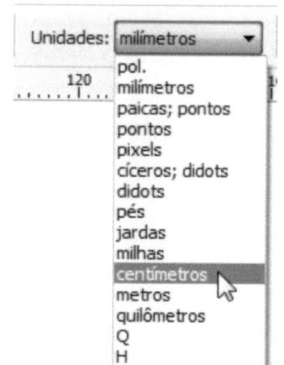

Em Distância de deslocamento, você determina a distância que seu objeto andará quando utilizar as setas no teclado. Mantenha a medida original.

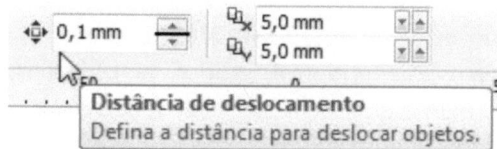

Por exemplo, ao desenhar um círculo e duplicá-lo em Editar/Duplicar, o círculo andará a distância que estiver definida na caixinha da figura abaixo.

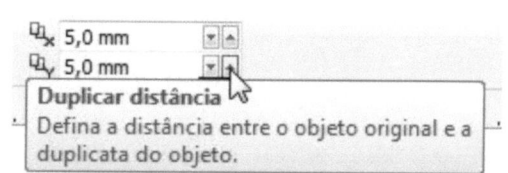

No item Distância do duplicado, você poderá trabalhar com o deslocamento existente originalmente, com 5,0 mm em X e Y, ou alterar para 0.

É aconselhável que você altere esses valores para 0, pois dessa forma seu objeto não andará ao ser duplicado em Editar/Duplicar.

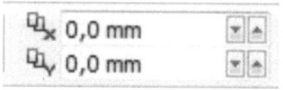

Alinhar às linhas-guia: as linhas-guia ficam nas laterais da área de trabalho. É só clicar com a ferramenta Seleção na régua, segurar o botão esquerdo do mouse e arrastar até onde você precisar.

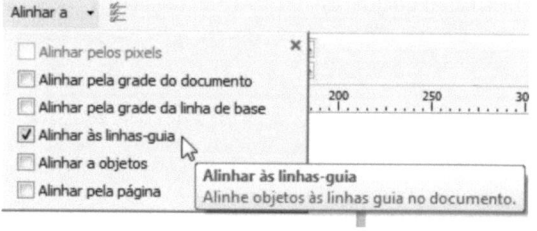

A linha será tracejada e não aparecerá quando seu documento for impresso.

Tudo o que for desenhado e arrastado próximo de uma linha-guia será atraído por ela quando a opção Alinhar às linhas-guia estiver selecionada.

Réguas: é onde ficam as linhas-guia. Clique sobre elas, segure o dedo no botão esquerdo do mouse e arraste. Você poderá utilizar quantas linhas--guia quiser.

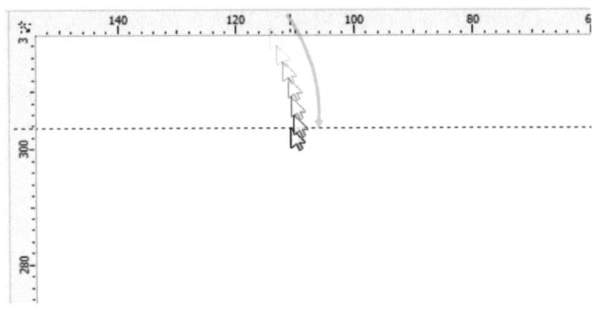

Alinhar a objetos: tudo o que for desenha-do e movimentado na área de trabalho do programa tenderá a "grudar" no objeto mais próximo quando essa opção estiver selecio-nada. Algumas vezes, isso ajuda; em outras, atrapalha.

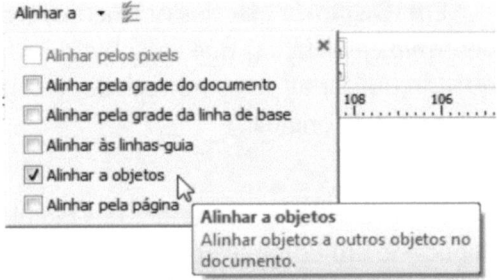

Tratar como preenchido: ao desenhar objetos, eles estarão definidos como preenchidos, mesmo que não tenham cor.

É aconselhável desabilitar essa opção, porque pode causar inconvenientes durante o desenho de coleções e, principalmente, no desenvolvimento de fichas técnicas.

Para desabilitar essa opção, vá a Ferra-mentas e clique em Personalização.

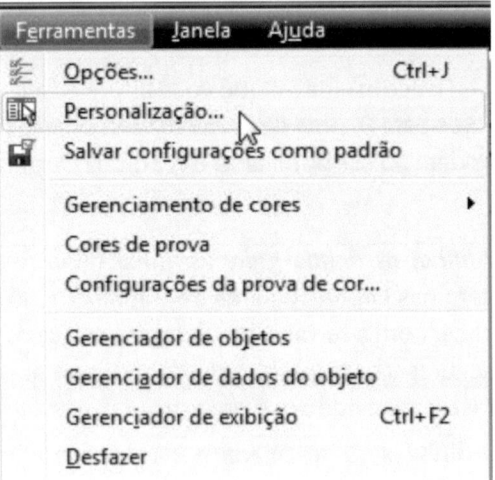

Clique em Caixa de ferramentas / Ferramenta Seleção e desabilite Tratar todos os objetos como preenchidos.

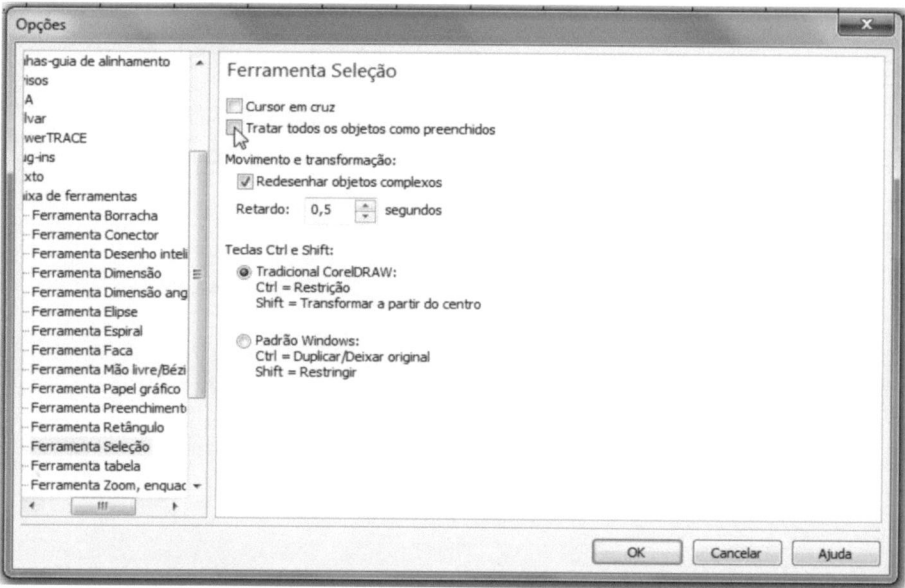

Ainda na caixa de diálogo, clique em Salvar, desabilite Cópia de segurança automática e Fazer cópia de segurança ao salvar.

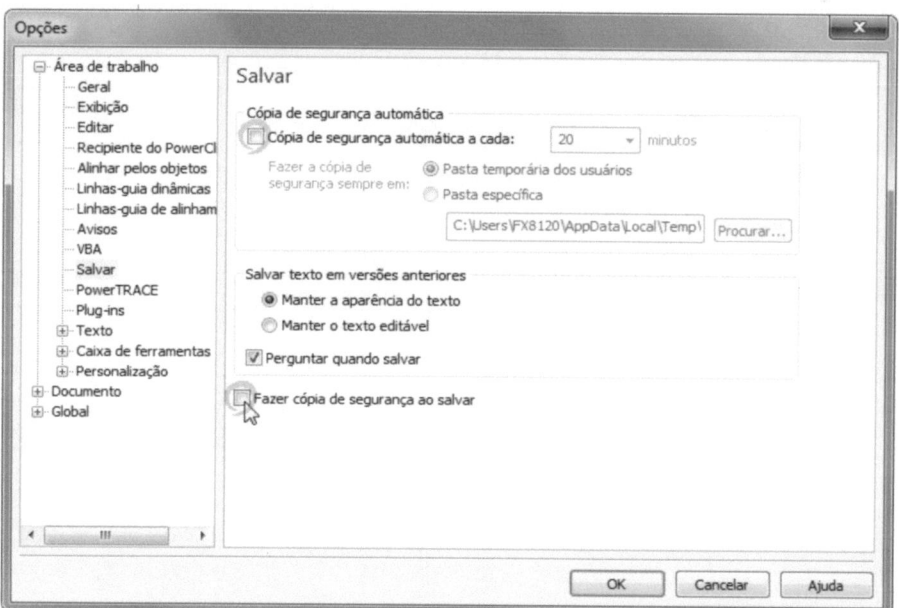

As opções de salvar só devem ser desabilitadas se você desenvolver o hábito de salvar seus trabalhos regularmente. Clique em OK.

Vá a Ferramentas e clique em Salvar configurações como padrão para mantê-las todas as vezes que abrir o CorelDRAW X6®.

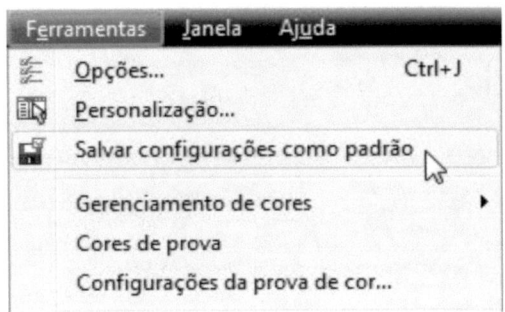

Veja algumas regras que serão utilizadas durante as explicações. Quando for solicitado, clique no objeto ou na ferramenta com um dos botões indicados abaixo.

Mouse

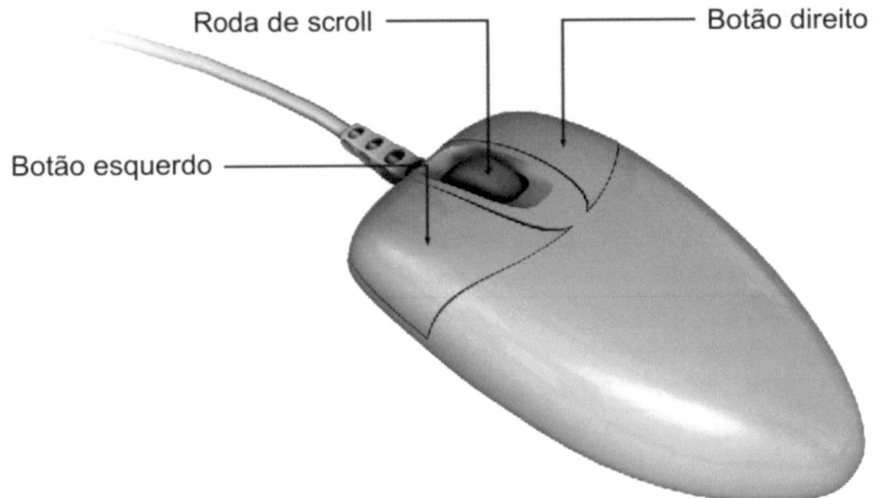

Em computação gráfica, sempre trabalharemos com dois tipos de imagem: bitmap e vetorial.

Imagem bitmap

Veja um bordado feito com ponto cruz. Há vários pontos para formar o bordado.

Quanto mais pontos, maior será a definição do bordado.

A imagem bitmap pode ser comparada ao bordado em ponto cruz: quanto mais pixels (em analogia ao ponto do bordado), maior será a resolução da imagem.

Portanto, quanto mais pontos você fizer no seu bordado, mais detalhado será o desenho final; assim como quanto mais pixels na imagem, maior será a sua definição.

O CorelDRAW X6® não abre imagens bitmap diretamente. Elas deverão ser importadas para ser colocadas na área de trabalho.

Imagem vetorial

Quando traçamos uma reta entre dois pontos, temos um segmento. Esse segmento ou linha é definido por medidas e também no espaço onde foi criado por coordenadas X e Y.

Um arquivo vetorial é exatamente isso. É como ligar os pontos para formar o desenho por meio de coordenadas e medidas.

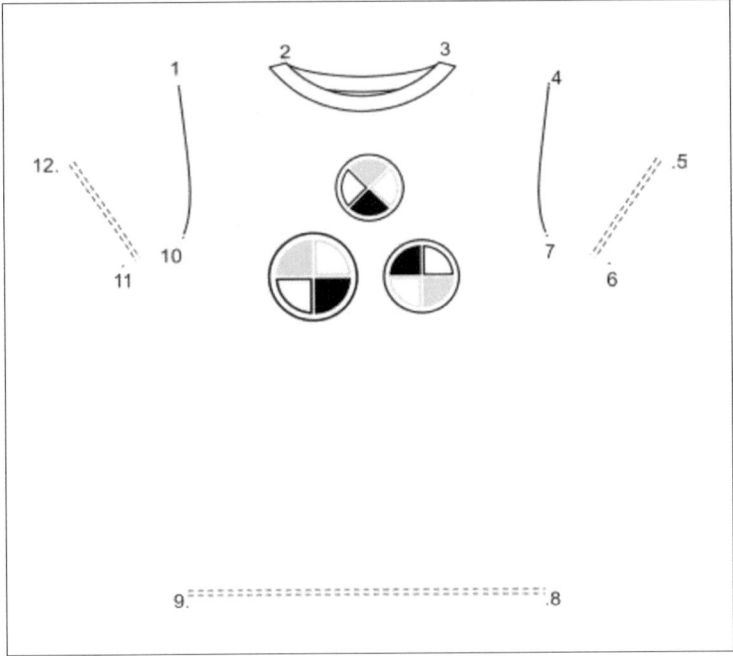

A imagem vetorial pode ser comparada à figura anterior: se você ligar os pontos, terá uma camiseta.

A imagem vetorial não apresenta problema de resolução. Ela poderá ser ampliada ou reduzida sem perder a nitidez de suas linhas ou preenchimentos.

É o tipo de imagem que você terá ao desenhar com o CorelDRAW X6®.

3. GALERIA COM O CORELCONNECT®

Na suíte de aplicativos do CorelDRAW Graphics Suite X6®, você encontrará o programa CorelCONNECT®. Esse programa o auxiliará na localização dos arquivos da sua coleção.

Para que o CorelCONNECT® funcione corretamente, ao salvar cada arquivo você deverá inserir uma instrução para que todos os desenhos da sua coleção possam fazer parte da busca.

Ao desenhar um decote, detalhes ou modelo para sua coleção, vá a Arquivo e clique em Salvar como.

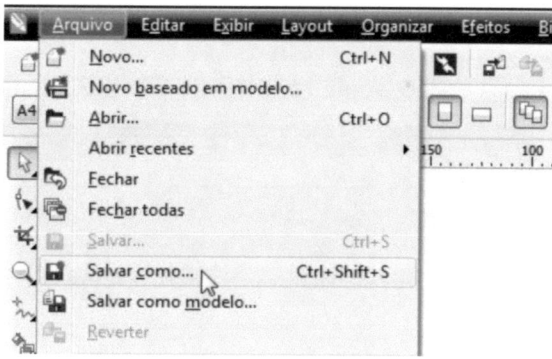

No canto inferior direito da caixa de diálogo Salvar como, você encontrará o item Marcas (veja a figura abaixo).

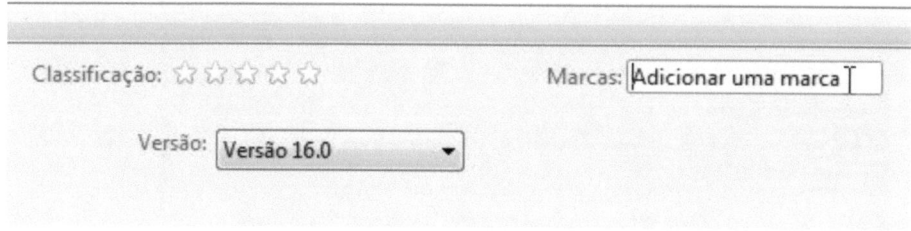

Em Marcas, já estará escrito Adicionar uma marca. O que você escrever nesse campo será utilizado como referência na busca de um arquivo da sua coleção.

Por exemplo: ao desenhar uma camiseta, escreva nesse campo a palavra "camiseta". Caso queira inserir outras marcas para oferecer mais possibilidades de busca, separe as palavras com ponto e vírgula.

Assim: camiseta;desenho;corel, ou o que mais você considerar importante ou que o ajude a se lembrar ao procurar um arquivo.

Essas serão palavras-chave que deverão ser utilizadas no CorelCONNECT®.

Adicione essas informações em todos os desenhos que fizer no CorelDRAW X6®. Veja, a seguir, como pesquisar no CorelCONNECT®.

Na área de trabalho do CorelDRAW X6®, na Barra padrão vá a Pesquisar conteúdo.

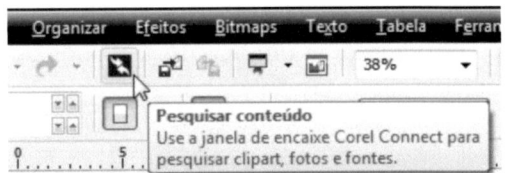

Ao clicar nessa opção, surgirá a janela do CorelCONNECT®.

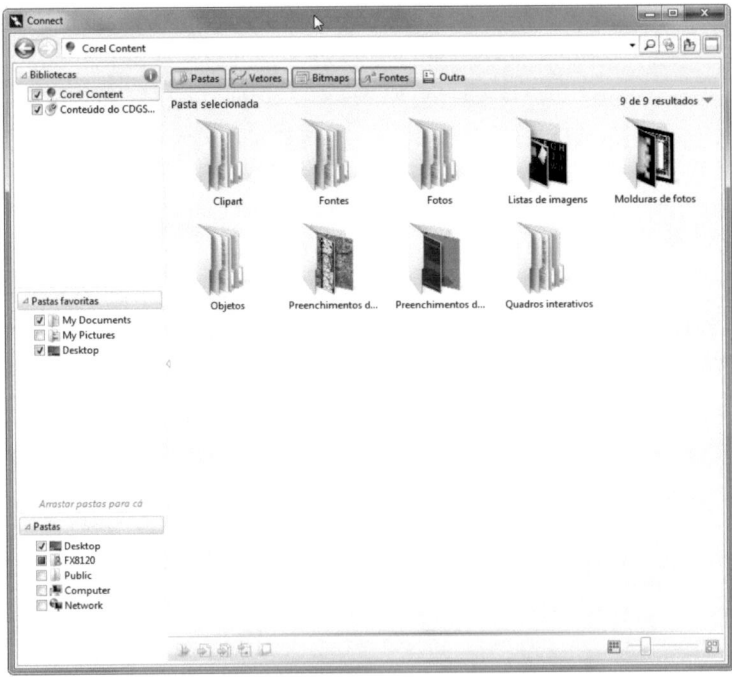

Em Inserir palavras-chave de pesquisa, escreva o nome do arquivo ou alguma palavra-chave que você tenha definido anteriormente e clique na lupa à direita.

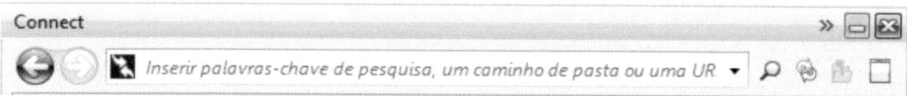

Ao digitar uma identificação nesse campo, aparecerão os arquivos que procura.

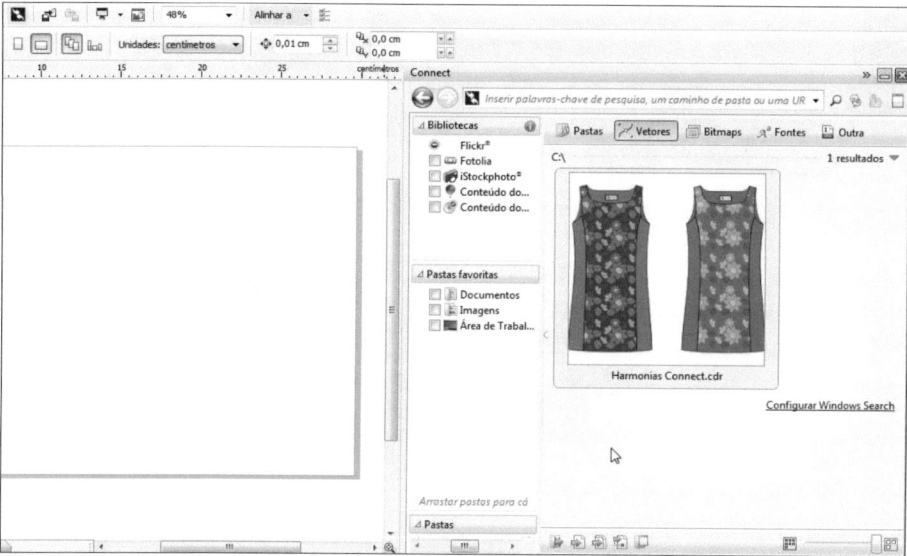

Clique na figura que surgir na janela do CorelCONNECT®, segure-a e arraste-a para a página de trabalho.

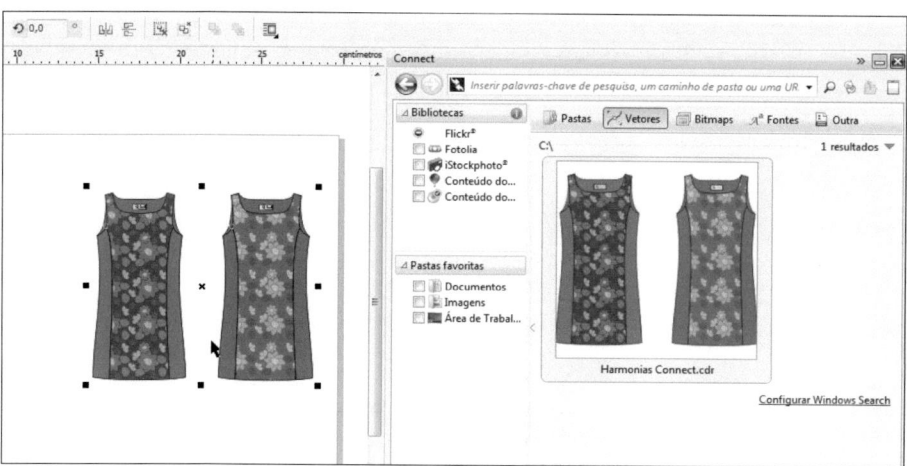

Esse programa é bastante útil, pois permite que você encontre seus trabalhos com facilidade, quando não lembrar exatamente onde arquivou algum desenho ou quando quiser pesquisar arquivos que tenham palavras--chave em comum.

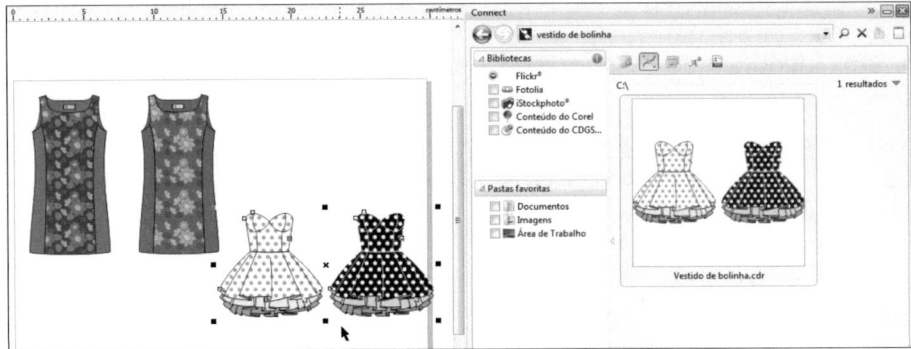

Também é possível localizar arquivos em CD ou banco de imagens na internet selecionando as opções do programa CorelCON-NECT®.

4. BOTÃO DE CASEAR

O botão de casear é aquele que utilizamos em camisas, blusas e calças. Pode ter dois ou quatro furos e ser feito com os mais diversos materiais.

Alguns materiais utilizados na sua confecção podem ser: resinas de poliéster, coco, osso, madeira, madrepérola, polímeros diversos, metais como ferro, latão, alumínio, zamak, entre diversas outras possibilidades.

Além de questões estéticas, precisamos analisar onde o material será utilizado em função de sua composição. Por exemplo, um botão de ferro tem a característica de sofrer oxidação; por isso, se for aplicado em um tecido claro, poderá causar-lhe manchas de ferrugem com o passar do tempo.

Para desenhar um botão de casear, utilizaremos as ferramentas básicas de desenho do CorelDRAW X6®.

Selecione a ferramenta Elipse na Caixa de ferramentas, clique na página de trabalho com o botão esquerdo do mouse, segure o botão, arraste para desenhar sua elipse e tire o dedo do mouse.

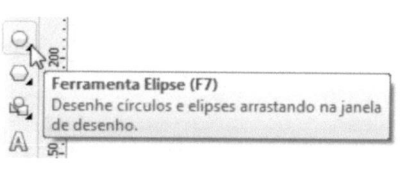

Ferramenta Elipse (F7)
Desenhe círculos e elipses arrastando na janela de desenho.

Para desenhar um círculo, pressione a tecla CTRL do teclado enquanto desenha, tire o dedo do mouse e só depois solte a tecla CTRL.

O círculo maior será a calota do botão.

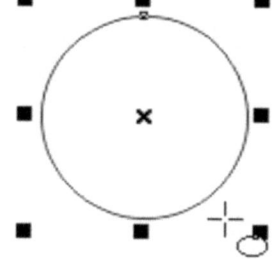

Com dois furos

Para fazer os furos do botão, desenhe um novo círculo, desta vez menor do que o primeiro.

Não precisa desenhar o segundo furo.

A figura ao lado será um dos furos do botão.

Para fazer o outro furo com as mesmas dimensões, clique na linha do furo do botão com a ferramenta Seleção e vá para o menu Editar/Duplicar.

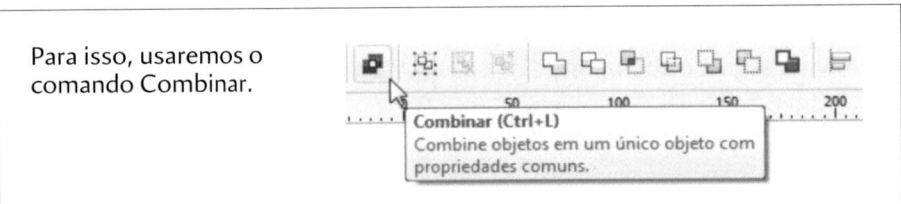

ARRASTE

Clique na linha do segundo furo criado. Ele estará sobre o primeiro círculo menor desenhado. Segure o botão esquerdo do mouse e arraste para o lado direito. Enquanto arrasta o círculo, pressione a tecla CTRL no teclado para manter o alinhamento, tire o dedo do mouse e depois da tecla CTRL.

Para isso, usaremos o comando Combinar.

Combinar (Ctrl+L)
Combine objetos em um único objeto com propriedades comuns.

Com os dois furos selecionados, vá ao menu na Barra de propriedades e clique em Organizar/Combinar. Isso fará com que os dois furos fiquem conectados um em relação ao outro.

Agora para o CorelDRAW X6® eles são um único objeto, mesmo que visualmente pareçam dois.

Os quadradinhos que aparecem ao redor dos furos são as marcas de seleção. Eles indicam que os furos estão selecionados.

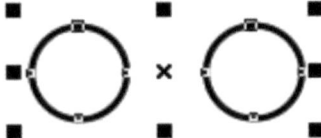

Essas marcas de seleção sempre aparecerão quando um objeto estiver selecionado.

Para colocar os furos dentro da calota do botão, clique na linha de um dos furos e pressione Shift no teclado. Mantenha a tecla pressionada, clique na calota do botão, tire o dedo do mouse e depois da tecla.

Vá a Organizar/Alinhar e distribuir, alinhe ao centro horizontal e ao centro vertical. Pode-se obter o mesmo efeito pressionando a letra C e depois E no teclado.

Essas teclas são chamadas de teclas de atalho. Elas podem ser utilizadas para agilizar alguma ação no programa, mas podem mudar de uma versão para outra do CorelDRAW.

Sempre verifique se elas continuam como padrão em outras versões do programa, se decidir utilizá-las.

Vá ao menu Organizar/Alinhar e distribuir e veja qual letra aparece na frente de cada comando.

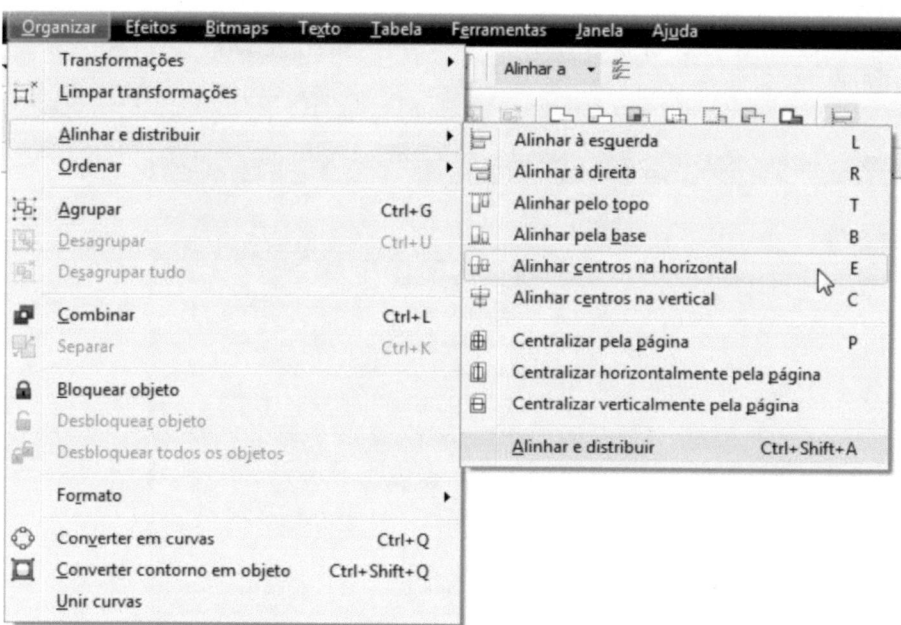

A letra na frente de cada alinhamento indica qual tecla de atalho acionará o comando sem ter a necessidade de ir ao menu.

Selecione dois objetos e pressione apenas as letras que indicam o alinhamento. No caso do botão de casear, as letras C e E no teclado.

Com o alinhamento, os dois furos irão exatamente ao centro da calota do botão, conforme mostra a figura ao lado.

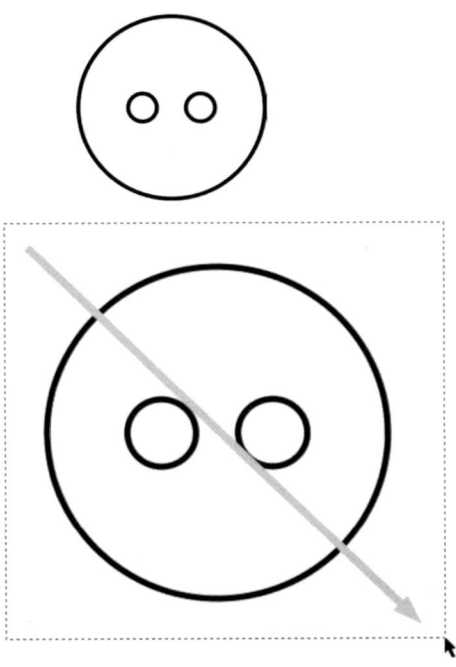

Para finalizar, você precisa furar o botão. Os furos devem ficar transparentes. Para fazer isso, selecione a calota e os furos do botão e clique em Organizar/Combinar na Barra de menus.

Sempre que você colocar um objeto sobre outro no CorelDRAW X6®, selecioná-los e combiná-los, um furará o outro. Isso vale para qualquer objeto vetorial que não esteja agrupado ou com algum efeito aplicado.

Essa janela de diálogo apresenta, ainda, no último item da caixa à direita, a opção Alinhar e distribuir.

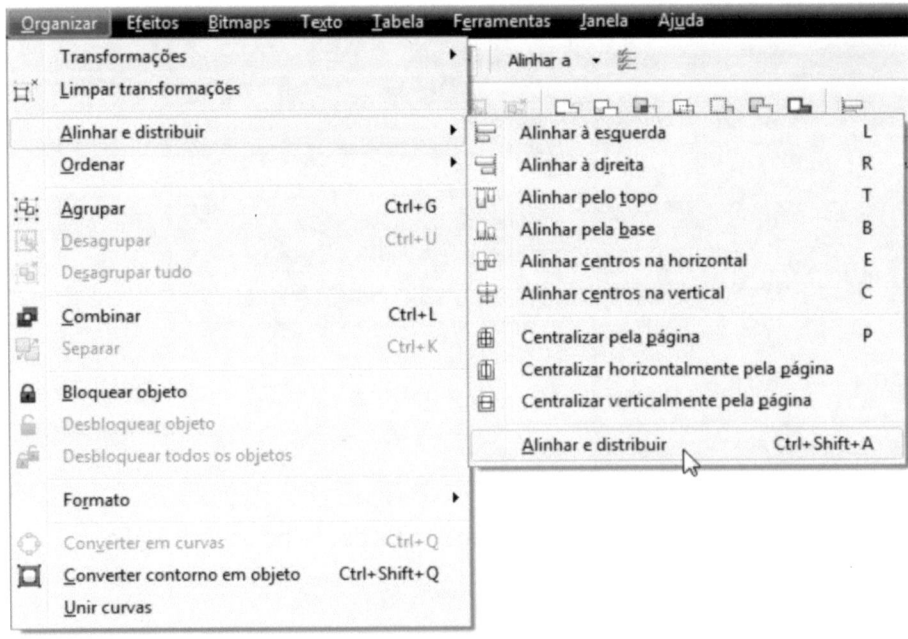

Ao selecionar essa opção, surgirá outra janela com todas as alternativas de alinhamento e distribuição de objetos.

Há, por exemplo, o alinhamento à esquerda, ao centro e à direita, todos em relação aos objetos selecionados. Os alinhamentos são semelhantes aos observados na figura acima, com a diferença de que nessa caixa de diálogo os comandos são mais visuais.

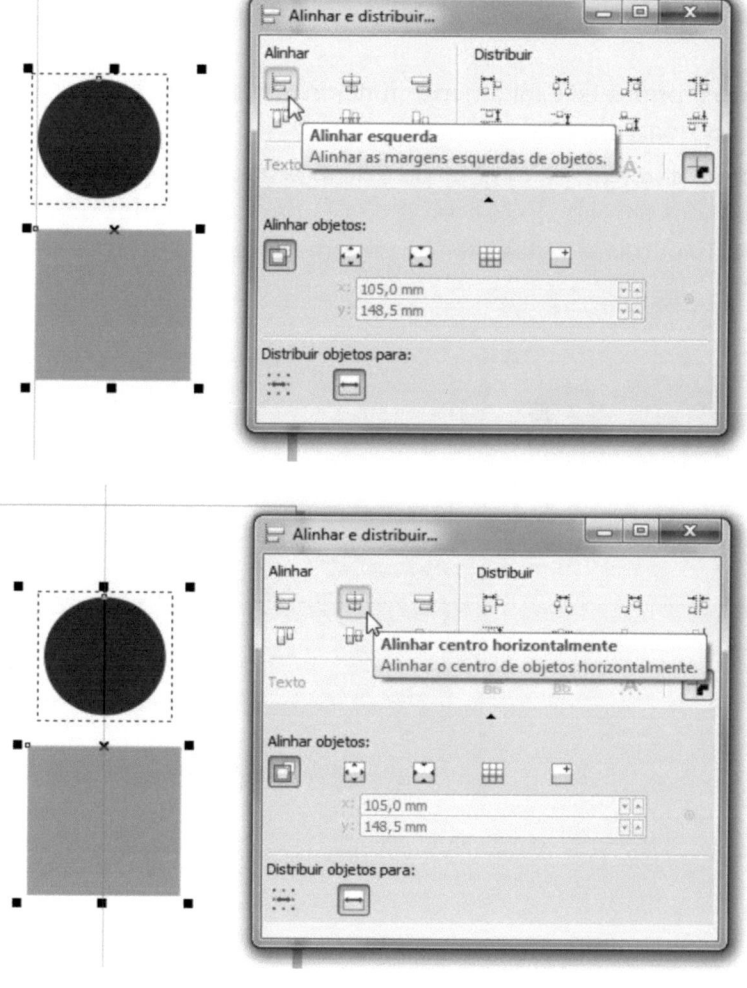

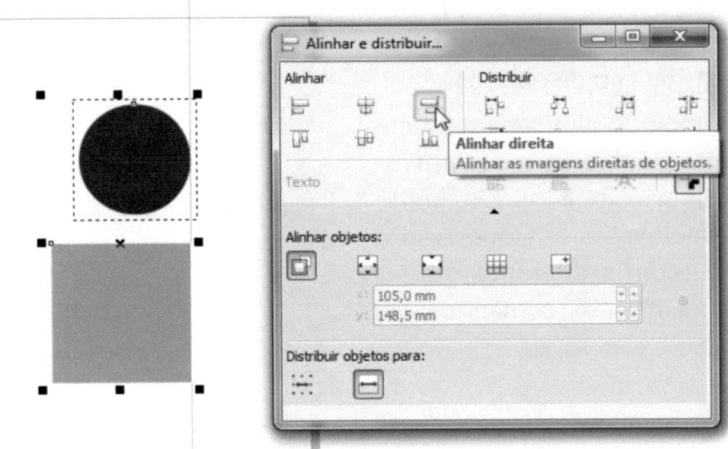

As diversas formas de alinhamento funcionarão sempre que você se-lecionar dois ou mais objetos.

Nessa caixa, também há opções de distribuição de dois ou mais ob-jetos selecionados em relação às bordas da página, aos próprios objetos e ao centro, entre outras alternativas que podem ser usadas de acordo com cada trabalho.

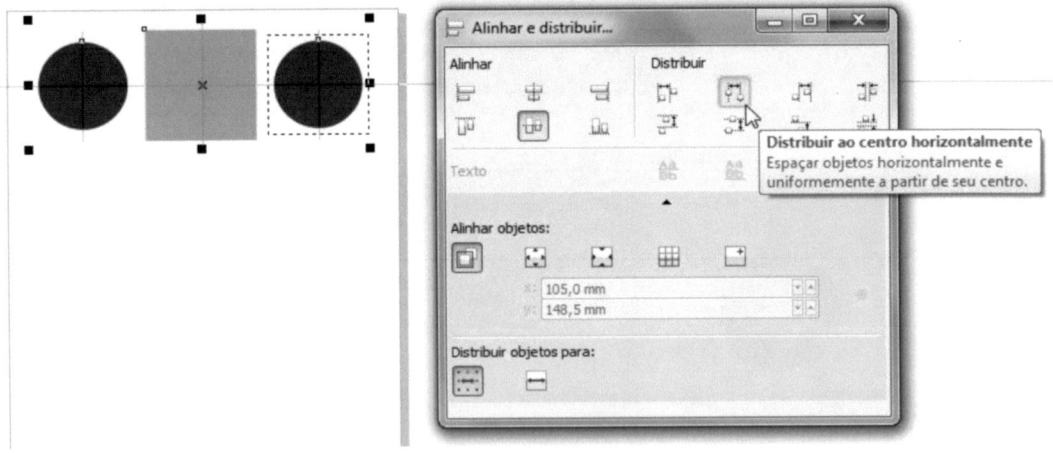

Com quatro furos

Para construir botões com quatro furos, repita o procedimento de construção do botão anterior.

Depois de desenhar a calota, faça um círculo menor, duplique e coloque ao lado do primeiro. Combine os dois furos como foi explicado, clique em um deles e duplique em Editar/Duplicar.

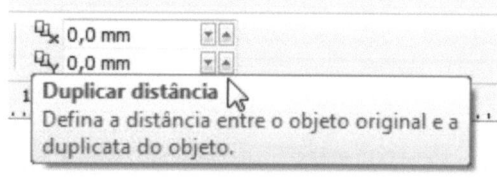

No CorelDRAW X6®, para que seus objetos não andem para o lado ao serem duplicados, certifique-se de que, na Barra de propriedades, os valores na janela Duplicar distância estejam em 0 nos eixos X e Y.

Clique uma vez, clique mais uma vez nos círculos duplicados. Deverão aparecer as marcas de seleção de rotação, como na figura ao lado.

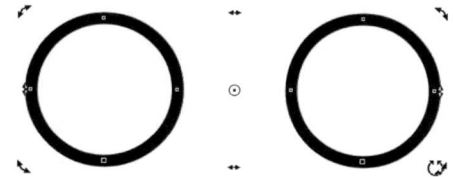

Quando você clicar uma vez e depois clicar novamente no objeto desenhado, aparecerão as marcas de seleção de rotação.

Clique em uma das marcas dos cantos, segure o botão esquerdo do mouse e rotacione a figura.

Para uma rotação em 90º, enquanto gira a figura, pressione a tecla CTRL.

Sua figura deverá ficar como a figura abaixo. Selecione os quatro furos e combine-os novamente.

Se quiser, rotacione novamente, da mesma forma como foi explicado, para ter os furos paralelos, como na figura abaixo.

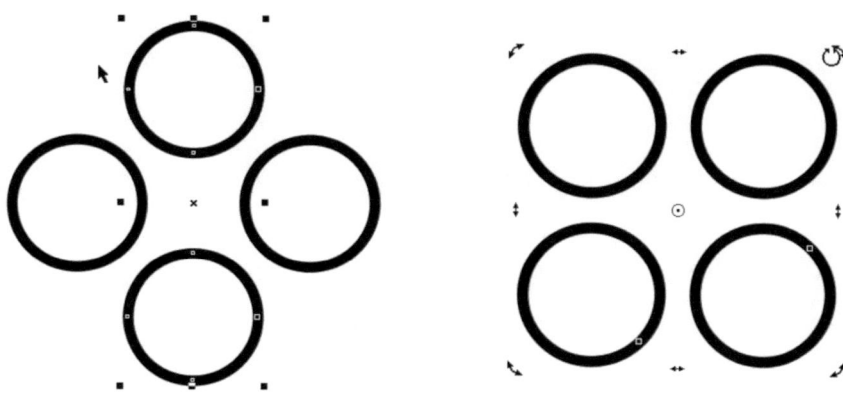

Os furos precisam estar combinados.

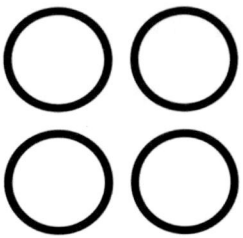

Para colocar os furos dentro da calota do botão, selecione os quatro furos, pressione Shift no teclado, mantenha a tecla pressionada e clique na linha da calota do botão.

Tire o dedo do mouse e depois da tecla, pressione as letras (apenas as letras) C e E do teclado para os furos se alinharem ao centro da calota, tire o dedo do mouse e depois da tecla, selecione a calota e os furos e vá ao menu Organizar/Combinar.

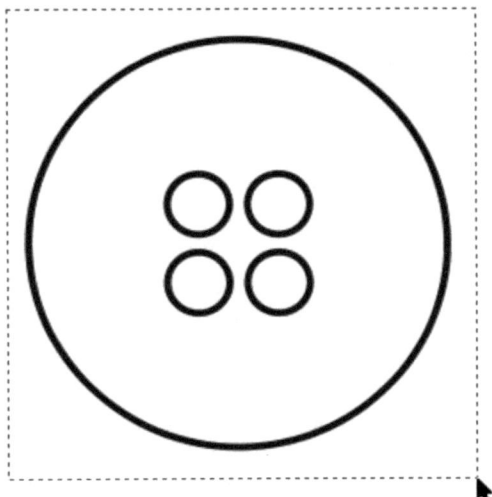

Para pintar, selecione o botão com a ferramenta Seleção e clique com o botão esquerdo do mouse na paleta de cores que está à direita da sua área de trabalho.

Se quiser mudar a cor do contorno do botão, clique em uma cor na paleta de cores com o botão direito do mouse.

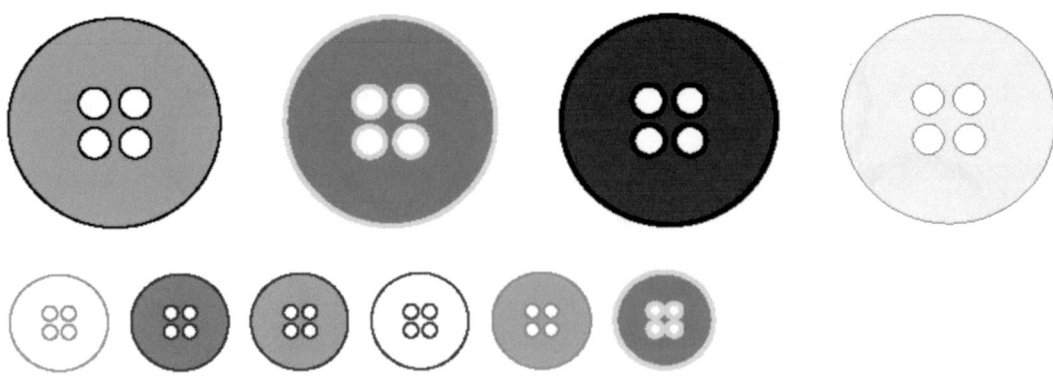

Para alterar a espessura das linhas, clique com a ferramenta Seleção no botão de casear.

Veja que na Barra de propriedades aparecerão diversas opções de alteração da espessura de linha, conforme a figura abaixo.

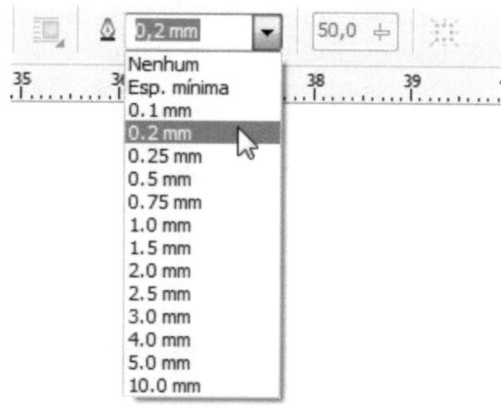

Clique na setinha no canto direito e escolha uma das opções.

Você também poderá colocar a medida que quiser. Basta clicar com o cursor na janela e digitar a medida que preferir.

É importante definir uma única espessura para o contorno de todos os modelos da sua coleção.

Você tem a opção de trabalhar com a unidade de medida que quiser. Para modificar essa opção, clique na ferramenta Seleção e não selecione nada na sua área de trabalho.

A Barra de propriedades apresentará a opção de unidade de medida em milímetros.

O CorelDRAW X6®, quando instalado pela primeira vez, apresentará a opção de trabalhar com milímetros como unidade de medida.

Para modificar, clique na setinha no canto direito e selecione a unidade que preferir. Normalmente, é mais fácil e confortável trabalhar em centímetros.

Você pode desenhar o botão de casear com o formato que quiser, mas é importante compreender que ele deverá ser fabricado por uma empresa. Isso significa que será necessário se informar sobre quantidades mínimas de fabricação, acabamentos possíveis e principalmente prazo de entrega e investimento.

Você poderá usar botões que já foram desenvolvidos pela empresa. Nesse caso, anote a referência, cores e materiais disponíveis para preenchimento da ficha técnica posteriormente.

Para desenhar um botão quadrado, repita o procedimento do botão redondo. Faça a calota com a ferramenta Retângulo.

Desenhe um retângulo com a ferramenta Retângulo da Caixa de ferramentas. Se quiser um quadrado, enquanto desenha com a ferramenta Retângulo, pressione a tecla CTRL no teclado.

1. Desenhe um furo (apenas um) redondo ou quadrado, como preferir.

2. Duplique o furo desenhado e coloque ao lado do primeiro.

3. Selecione os dois furos com a ferramenta Seleção, alinhe e combine.

4. Com os furos selecionados, pressione a tecla Shift e selecione a calota do botão.

5. Em Organizar/Alinhar e distribuir, escolha Alinhar pelo centro horizontal e vertical.

6. Para finalizar, selecione a calota e os furos e combine.

Vistas do botão

Um botão de casear é formado pela vista superior e pela vista lateral que temos dele.

Seu perfil (vista lateral) poderá ser alterado e lhe conferir diversos desenhos.

Para desenhar o perfil, você utilizará a ferramenta Retângulo que está na Caixa de ferramentas.

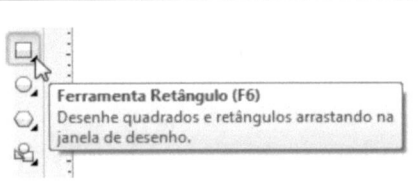

Ferramenta Retângulo (F6)
Desenhe quadrados e retângulos arrastando na janela de desenho.

Após desenhar seu botão, coloque uma linha-guia no começo dele e outra no final. Lembre-se de acionar no menu Exibir a opção Alinhar a objetos para facilitar o alinhamento das linhas-guia.

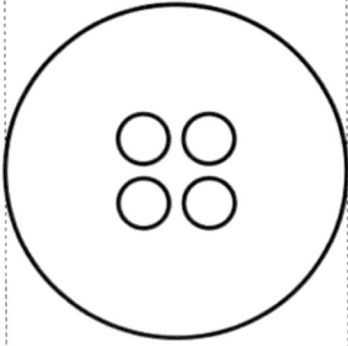

As linhas-guia ficam nas réguas da área de trabalho, e estão à esquerda e acima da página.

Com a ferramenta Seleção, clique sobre elas com o botão esquerdo do mouse, segure e arraste uma linha-guia até o início da calota do botão. Arraste outra linha-guia até o final da calota do botão.

Uma dica importante: no CorelDRAW, qualquer alinhamento, seja pelos objetos, por linhas-guia, grade ou outro, sempre será controlado pelo cursor (setinha) do mouse. Por exemplo, se você quiser que a linha-guia fique aderida à calota do botão, para arrastá-la da régua, movimente o cursor do mouse em direção à parte do desenho onde deseja aderi-la.

Construa um retângulo nos limites das linhas-guia, conforme a figura acima.

Selecione a ferramenta Retângulo na Caixa de ferramentas.

Com a ferramenta Retângulo, clique com o botão esquerdo do mouse sobre a linha-guia à esquerda e abaixo do botão. Segure o botão do mouse e arraste para a direita para construir o perfil do botão.

Se quiser, você poderá ajustar o retân-gulo para alterar a altura do perfil do botão.

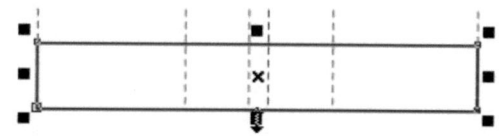

Com a ferramenta Seleção, clique com o botão esquerdo do mouse em uma marca de seleção no meio do retângulo . Segure o botão do mouse, empurre ou estique para ajustar o retângulo.

Esse retângulo será o perfil do seu botão. Observe que ele terá a largura igual ao diâmetro do botão.

Coloque linhas-guia também antes e de-pois dos furos. Por onde elas passarem, no retângulo, será a projeção dos furos vistos no perfil do botão, conforme a figura ao lado.

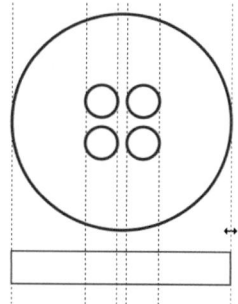

Sobre as linhas-guia, desenhe,
com a ferramenta Mão livre,
linhas para definir a posição
lateral dos furos.

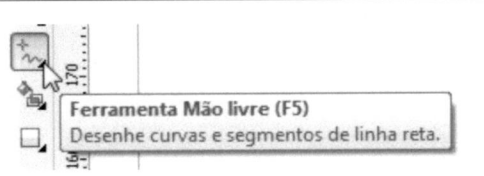

Selecione a ferramenta Mão livre, dê um
clique no local onde desenhará a linha no perfil do botão (parte inferior do retângulo), tire o
dedo do mouse e depois da tecla.

Repita o desenho das linhas. Serão, no to-
tal, quatro linhas no centro do botão e duas que
passam pelas laterais, conforme a figura ao lado.

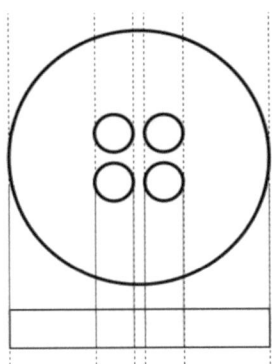

Aproxime com a ferramenta
Zoom a região onde fará as
linhas. Fica mais fácil e assim
você terá mais controle.

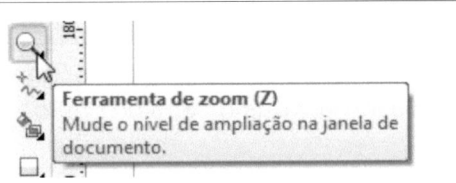

Você pode selecionar as linhas e combiná-las.

Para tracejar as linhas, clique em uma
delas com a ferramenta Seleção e selecione
a opção Estilo de linha na Barra de propriedades, conforme a figura abaixo.

Clique na setinha do lado direito do retângulo maior e selecione a opção de tracejado que preferir.

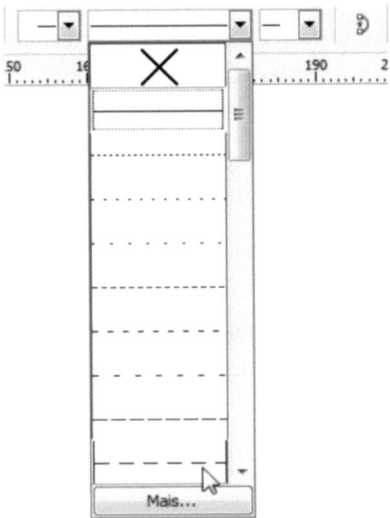

Neste momento, você poderá apagar as linhas-guia.

Clique sobre cada linha-guia e pressione a tecla Delete.

Ficará mais fácil, se você clicar em uma parte da linha-guia que não esteja sobre o desenho.

Veja as linhas tracejadas que passam pelo botão na figura ao lado. Elas indicam a projeção dos furos em seu perfil.

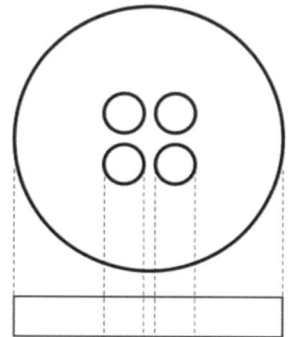

Converter em curvas

O CorelDRAW X6® define que todas as figuras geométricas (limitadas às formas prontas disponíveis na Caixa de ferramentas) não podem ser editadas livremente com a ferramenta Forma. Esse é um meio de o programa poder atribuir mais funções aos objetos desenhados.

Para alterar livremente a forma do retângulo que será o perfil do botão, você precisará transformá-lo em curvas. Para o CorelDRAW X6®, significa que a forma geométrica se transformará em um desenho com curvas.

Para transformar o retângulo em desenho e poder modificá-lo com a ferramenta Forma, selecione-o com a ferramenta Seleção e vá ao menu Organizar/Converter em curvas. Dessa forma, será possível alterar qualquer parte do retângulo.

Após converter o retângulo em curvas, faremos mais uma alteração no perfil do botão.

Esse conceito é um tanto abstrato. Apenas memorize que, para alterar qualquer figura geométrica, antes você precisará convertê-la em curvas e modificá-la com a ferramenta Forma.

Todas as vezes que precisar modificar apenas uma parte do desenho, lembre-se de usar sempre a ferramenta Forma, desde que o objeto não esteja agrupado.

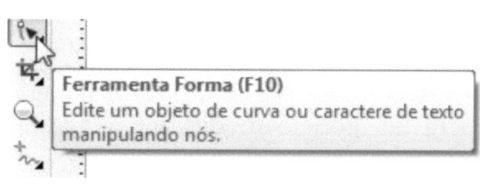

Ferramenta Forma (F10)
Edite um objeto de curva ou caractere de texto manipulando nós.

Para alterar o perfil do botão, utilize a ferramenta Forma no retângulo que foi convertido em curvas.

Com a ferramenta Forma , clique na linha superior do retângulo e na opção Em curva.

Perceba que você poderá curvar a linha para cima ou para baixo. Defina o formato que mais se adequar a seu projeto.

Na criação de um botão exclusivo para sua coleção, você deverá desenhar a calota do botão e também indicar seu perfil.

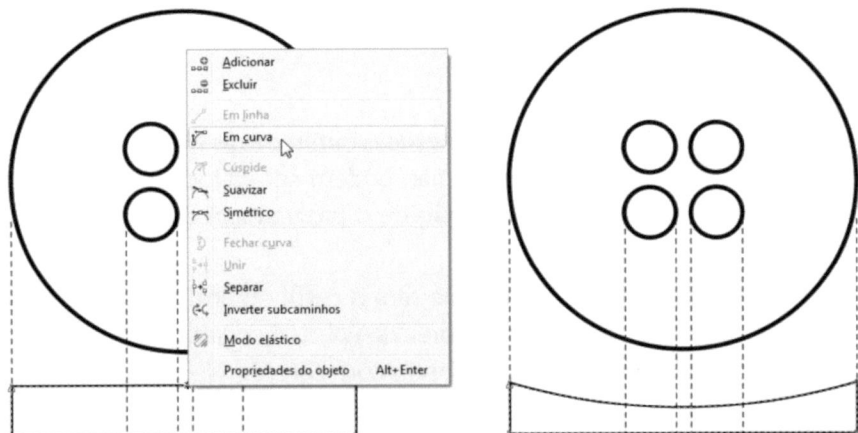

Veja outras possibilidades de botão apenas com a modificação de seu perfil.

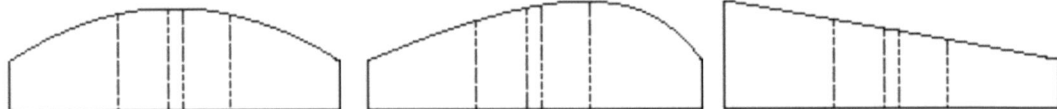

Se você clicar com a ferramenta Forma duas vezes no mesmo lugar na linha, sem movimentar o mouse, aparecerá um quadradinho.

Esse quadradinho no CorelDRAW X6® se chama nó.

Se clicar com a ferramenta Forma sobre o nó, segurar e arrastar, poderá modificar completamente o perfil do botão.

Você pode acrescentar quantos nós precisar.

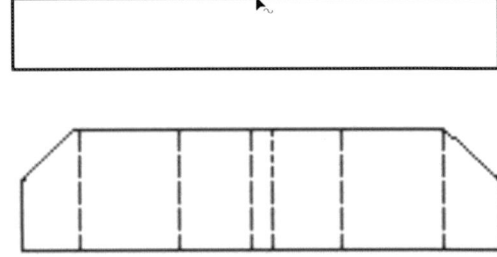

Para apagar um nó, clique sobre ele com a ferramenta Forma, tire o dedo do mouse e pressione a tecla Delete.

Além de realizar esse exercício para aprender a utilizar a ferramenta Forma, é importante saber modificar as linhas e nós para você poder desenhar botões e solicitar sua confecção em um fornecedor, definir a calota e também o perfil.

Veja outras possibilidades de construção de botões de casear.

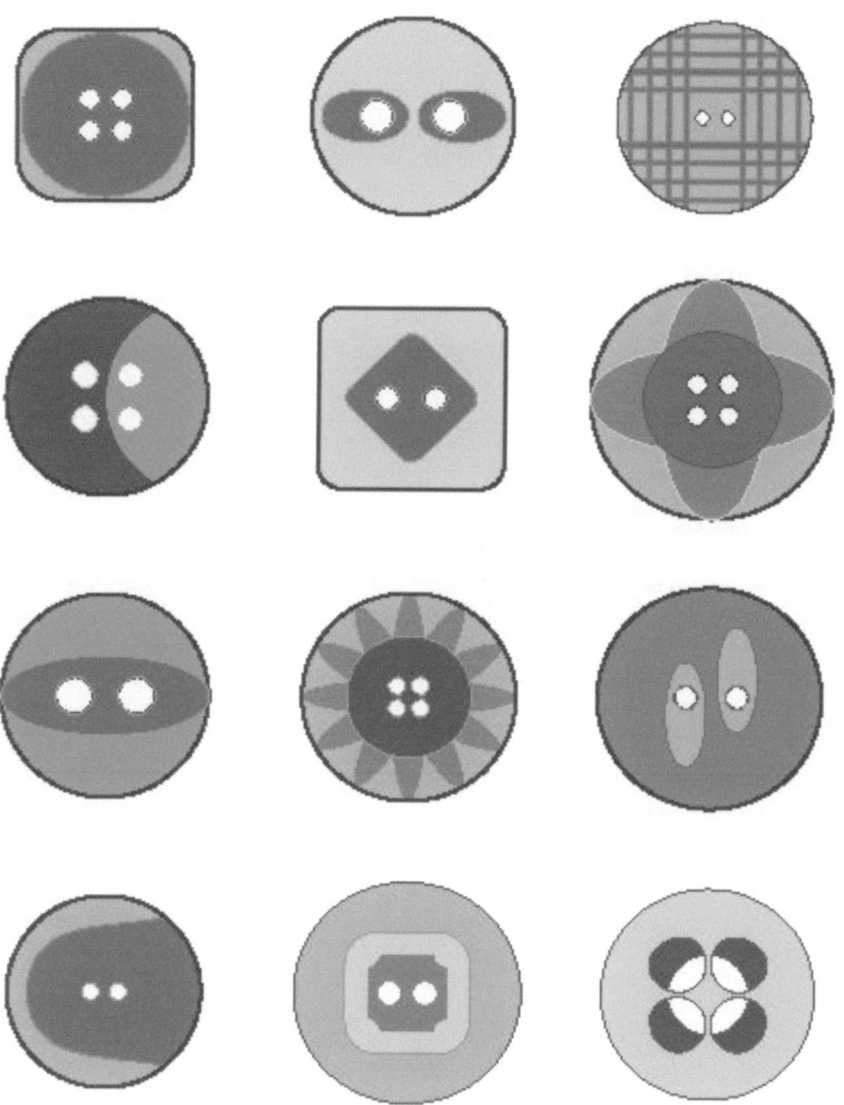

5. BOLSO

Chapado

Dos vários modelos de bolso que podemos desenhar, vamos treinar com mais ferramentas do CorelDRAW X6® a construção de um bolso chapado.

A proposta do exercício é a compreensão da simetria, isto é, como devemos usar as ferramentas para desenhar um objeto que possua os lados direito e esquerdo iguais.

O bolso chapado é um modelo de bolso bastante utilizado na parte traseira de calças jeans.

São bolsos aplicados sobre o modelo de vestuário e possuem características em relação à costura ou aos pespontos.

Com a página aberta em seu CorelDRAW X6®, clique na lateral esquerda da área de trabalho onde estão as réguas.

Com a ferramenta Seleção, clique sobre a régua com o botão esquerdo do mouse, segure o botão e puxe uma linha-guia até mais ou menos o centro da página (não precisa exatidão nesse posicionamento).

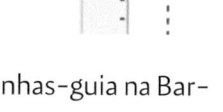

Com a ferramenta Seleção, clique na opção Alinhar às linhas-guia na Barra padrão.

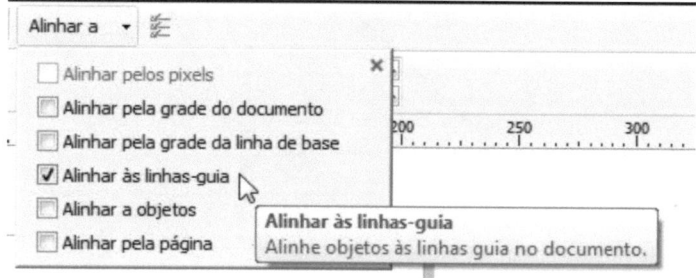

Para a construção do bolso, usaremos a ferramenta Bézier.

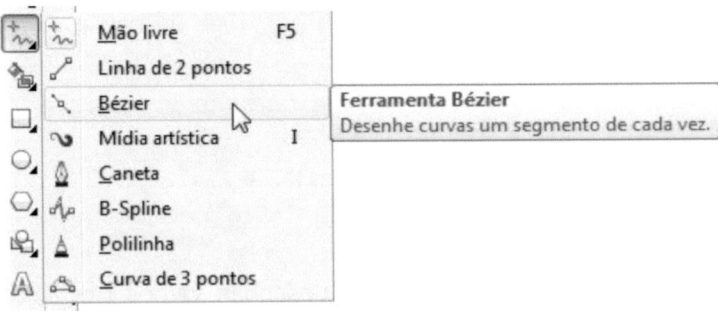

Memorize uma regra muito importante: sempre que precisar de uma linha com somente dois pontos, utilize a ferramenta Mão livre; quando precisar desenhar uma linha com mais pontos, utilize a ferramenta Bézier.

Com a ferramenta Bézier, você poderá clicar com o botão esquerdo do mouse, soltar, clicar novamente, soltar e clicar quantas vezes quiser.

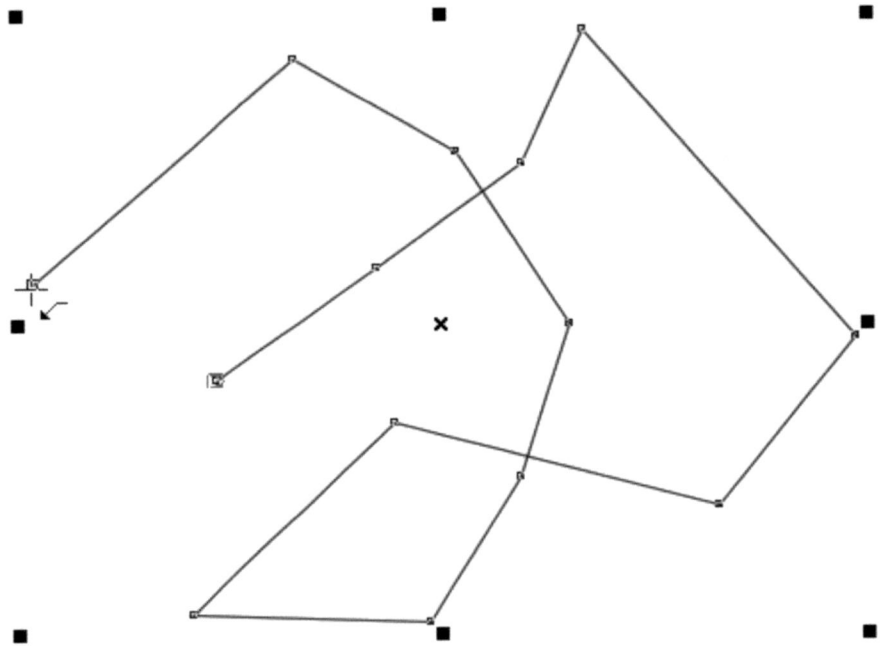

A ferramenta continuará ligando os pontos (nós) com linhas até que você feche o objeto quando clicar no primeiro nó ou quando clicar na ferramenta Seleção para parar de desenhar.

Você poderá desenhar várias linhas retas já conectadas umas às outras.

Lembre-se de sempre soltar o botão do mouse após dar um clique com a ferramenta Bézier. Do contrário, ela produzirá curvas um pouco difíceis de controlar nesse estágio do aprendizado.

Essa será a ferramenta que utilizaremos para a construção do bolso porque precisaremos de mais de uma linha para desenhá-lo.

Selecione a ferramenta Bézier, clique em cima da linha-guia que colocou no meio da página e tire o dedo do mouse.

Vá até uma distância à esquerda da li-nha-guia. Será metade da largura do bolso.

Enquanto arrasta, pressione a tecla CTRL para fazer uma linha reta.

Arraste para baixo e clique novamente.

Enquanto arrasta, pressione a tecla CTRL no teclado para fazer uma linha reta.

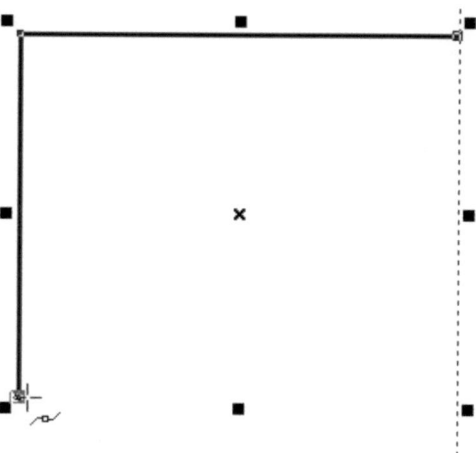

Tire o dedo do mouse e arraste em diagonal para a direita.

Desta vez, não pressione a tecla CTRL, pois ela fará você arrastar em um ângulo predefinido pelo programa, que pode não coincidir com o que você precisa.

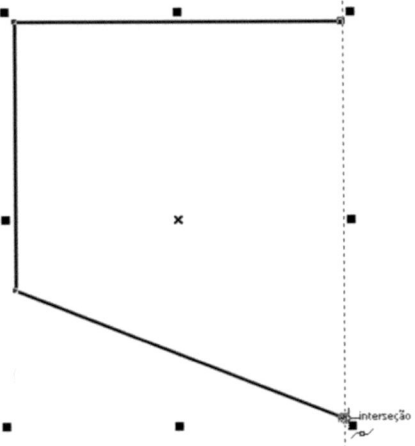

Ao encostar na linha-guia, clique mais uma vez e tire o dedo do mouse. Clique na ferramenta Seleção para desabilitar a ferramenta Bézier.

Você desenhará apenas metade do bolso. Sua figura deverá ficar parecida com a figura anterior.

Com a ferramenta Seleção, clique na linha do desenho que fez e vá a Editar/Duplicar.

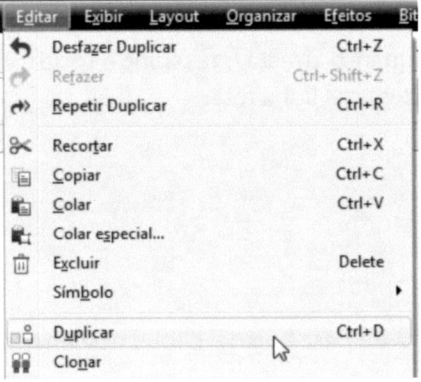

Selecione a linha duplicada e vá à opção Espelho.

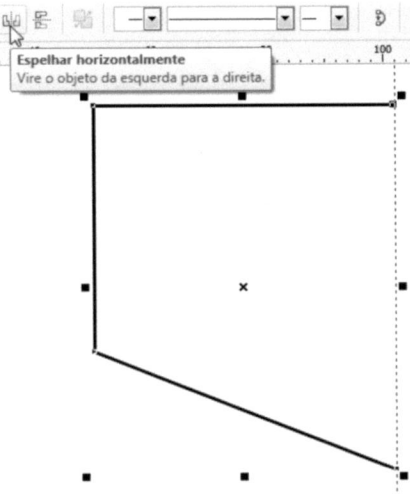

A ferramenta Espelho fica na Barra de propriedades e só aparece quando a linha de um objeto for selecionada.

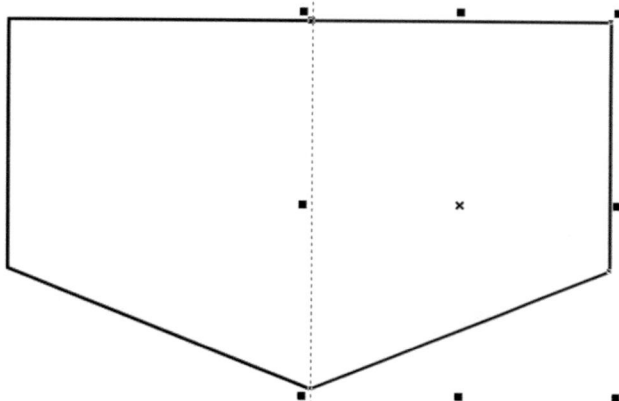

Posicione a metade do bolso no lado oposto à primeira metade desenhada.

Enquanto arrasta, pressione a tecla CTRL para manter o alinhamento. Tire o dedo do mouse e depois da tecla.

Há duas formas de espelhar um objeto: na horizontal ou na vertical. No bolso, você usará a opção Espelhar horizontalmente.

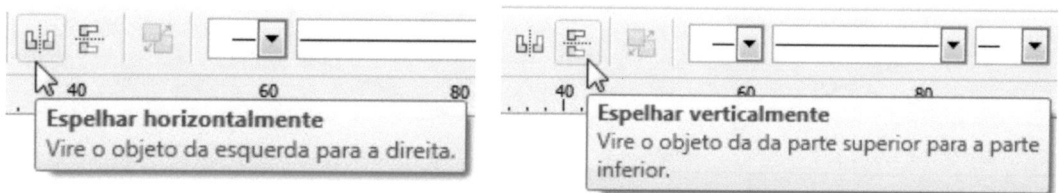

Se se esquecer de pressionar a tecla CTRL ao arrastar a metade do bolso, selecione as duas partes do bolso com a ferramenta Seleção e pressione apenas a letra E.

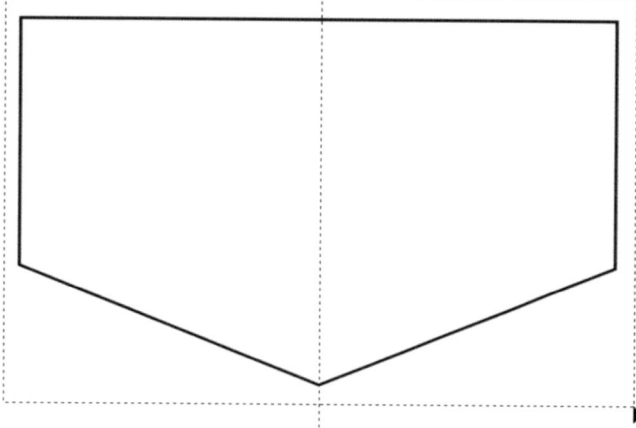

Para selecionar as duas partes, clique um pouco antes e acima das duas figuras com o botão esquerdo do mouse, segure e arraste em diagonal em direção ao lado direito inferior do objeto.

Aparecerá um retângulo tracejado azul, que deverá envolver as duas partes do bolso.

É outra forma de seleção de dois ou mais objetos no CorelDRAW X6®.

Qualquer alteração que queira fazer deverá ser realizada antes de duplicar a metade do bolso. Lembre-se de que a modificação só será possível com a ferramenta Forma.

Com as duas partes selecionadas, vá a Organizar/Combinar.

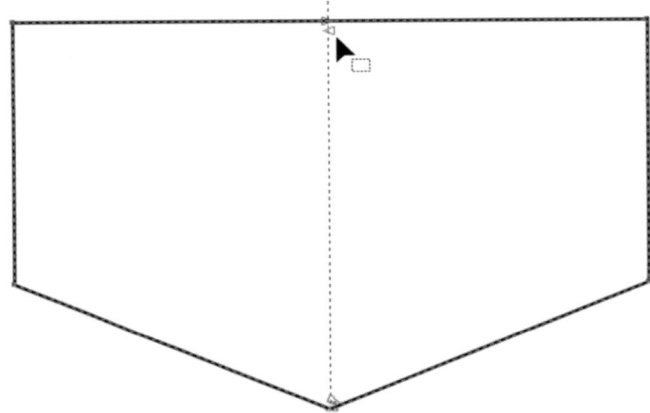

As duas partes do bolso estão apenas encostadas. Ainda é preciso unir os nós que estão no centro do bolso.

Para unir as duas metades, após selecioná-las e combiná-las, será preciso unir os nós.

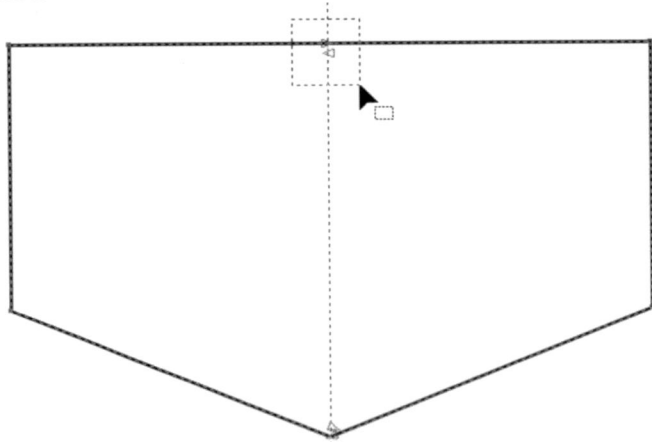

Com a ferramenta Forma, clique no bolso e selecione apenas os dois nós na parte de cima do bolso.

Vá a Unir dois nós na Barra de proprie-dades.

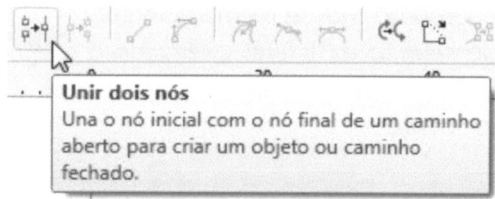

No CorelDRAW X6®, se um objeto não estiver fechado, ele não poderá ser pintado. Portanto, será necessário realizar mais uma etapa para unir as duas partes.

Repita o processo também nos dois nós na ponta do bolso com a ferramenta Forma.

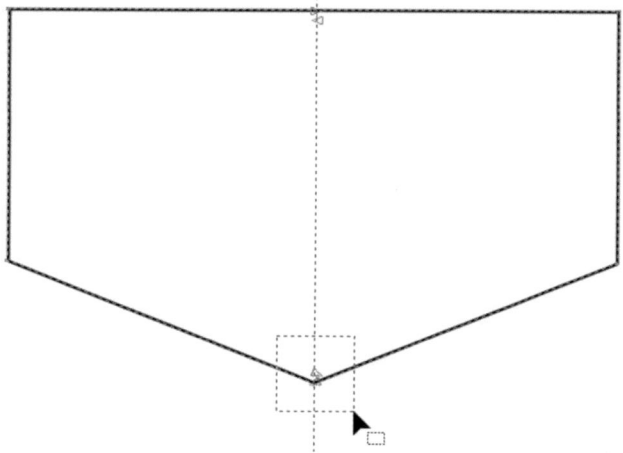

O procedimento não dará certo se você selecionar mais de dois nós. Essa ferramenta funciona em apenas dois nós de cada vez.

Feito isso, o seu objeto estará fechado. Para ter certeza disso, clique no bolso com a ferramenta Seleção e verifique a ferramenta Fechar curva, que aparecerá na Barra de propriedades.

Se essa ferramenta estiver acesa, significa que seu bolso ainda está aberto.

Se estiver apagada, significa que você conseguiu fechar as linhas do bolso.

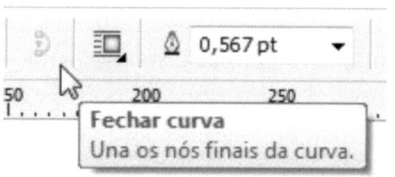

Se quiser alterar a largura do bolso, clique com o botão esquerdo do mouse na marquinha de seleção na lateral direita do bolso, segure e empurre para a esquerda.

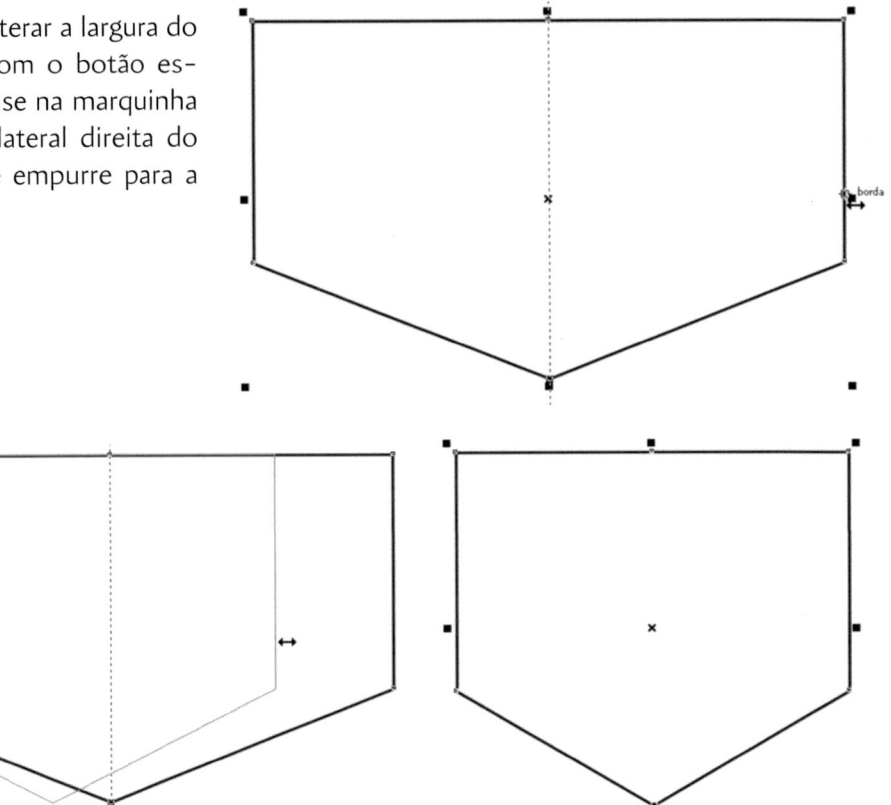

Para pintar o bolso, clique nele com a ferramenta Seleção e depois em uma cor na paleta de cores com o botão esquerdo do mouse.

Se clicar com o botão direito do mouse, mudará a cor do contorno.

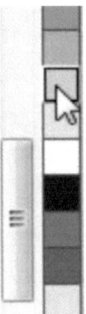

Filigrana

A filigrana é um tipo de bordado muito utilizado nos bolsos das calças jeans.

Ela pode ser feita por uma máquina especialmente criada para isso. Essa máquina possui vários tipos de ponto e bordará uma filigrana única, que poderá ser exclusiva do seu modelo de bolso.

Existem máquinas eletrônicas programáveis, que farão a filigrana de forma perfeita e com grande rapidez.

Essas máquinas são especialmente desenvolvidas para fazer tais bordados.

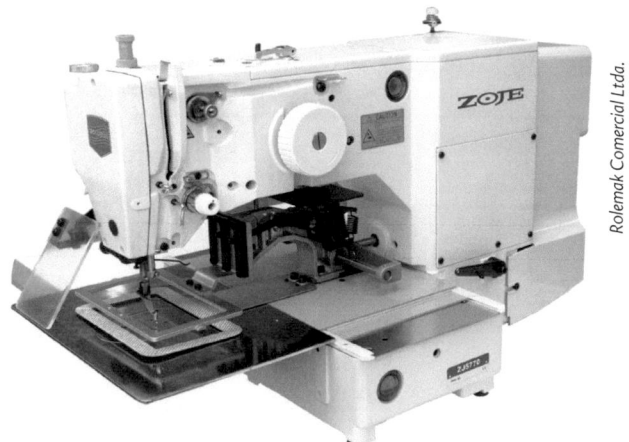

Máquina de filigrana Zoje -ZJ5770

Você poderá fazer uma filigrana com a ferramenta Mão livre.

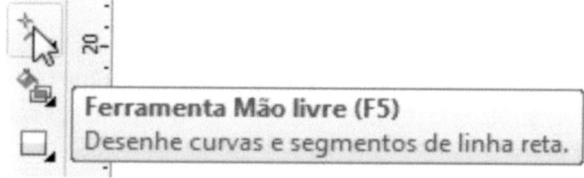

É possível criar desenhos no CorelDRAW X6® para depois um especialista fazer a tradução para um programa específico utilizado pela máquina.

Por isso, é importante desenhar o bolso traseiro separado da calça e indicar todos os detalhes que você quiser no modelo. Pode ser uma ficha técnica específica só para o bolso.

Para desenhar a filigrana, use como base o bolso que você já desenhou.

Clique com a ferramenta Mão livre em um lado do seu bolso, tire o dedo do mouse, clique do outro lado do bolso e tire o dedo do mouse.

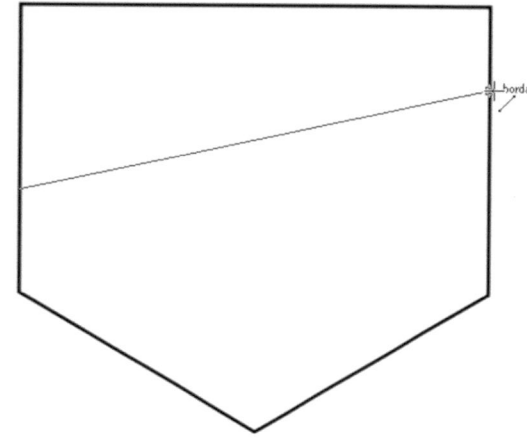

Não precisa tentar acertar logo na primeira vez que desenha. Qualquer traço pode ser ajustado com a ferramenta Forma.

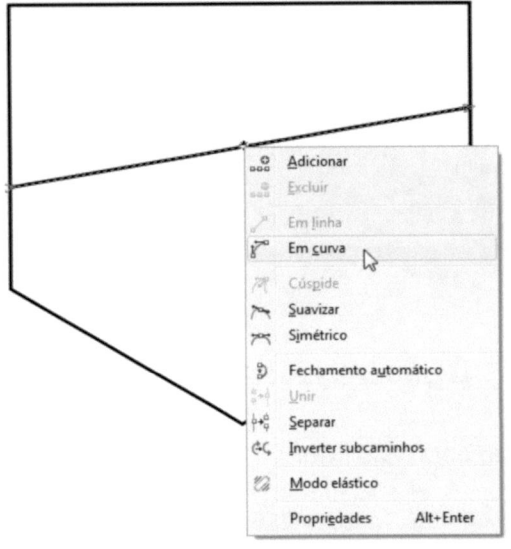

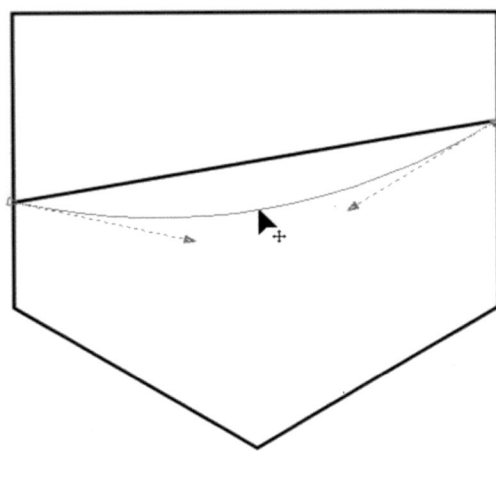

Clique na linha com a ferramenta Forma, com o botão direito do mouse, e escolha Em curva.

Clique na linha com o botão esquerdo do mouse, segure e arraste para baixo.

Veja que, ao curvar a linha, apareceram setas tracejadas.

Se você clicar nelas com o botão esquerdo do mouse, segurar e arrastar, você observará que será possível fazer outros formatos na linha da filigrana.

Se a setas tracejadas sumirem, clique novamente no começo ou no final da linha (em cima do nó) que elas aparecerão.

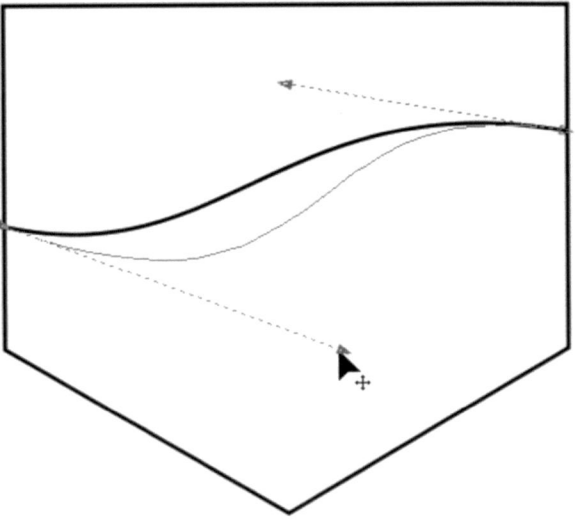

Você pode acrescentar nós, modificar as curvas, mudar a posição de início e final da linha.

Para qualquer uma dessas mudanças, utilize sempre a ferramenta Forma.

Lembre-se: se quiser colorir a linha da filigrana, clique na linha com a ferramenta Seleção e depois na cor escolhida na paleta de cores com o botão direito do mouse.

Faça uma ficha técnica com todas as informações (como cor, tipos de ponto e dimensões do bolso) que facilitem a leitura pelo técnico e para que seu modelo de bolso fique exatamente como foi projetado.

Os tipos de ponto disponíveis na programação da máquina podem ser solicitados ao fabricante da máquina ou à empresa que fará a filigrana do bolso.

Para fazer linhas mais elaboradas, desenhe a filigrana com a ferramenta B-Spline da Caixa de ferramentas.

Selecione a ferramenta e desenhe livremente. Após cada clique, tire o dedo do mouse.

No final, dê um duplo clique para desabilitar a ferramenta.

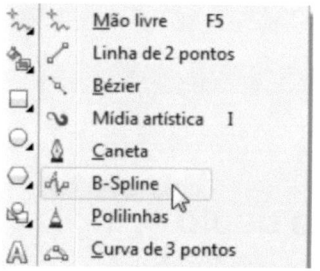

	Mão livre	F5
	Linha de 2 pontos	
	Bézier	
	Mídia artística	I
	Caneta	
	B-Spline	
	Polilinhas	
	Curva de 3 pontos	

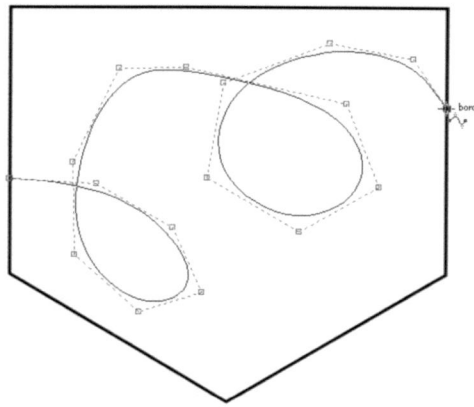

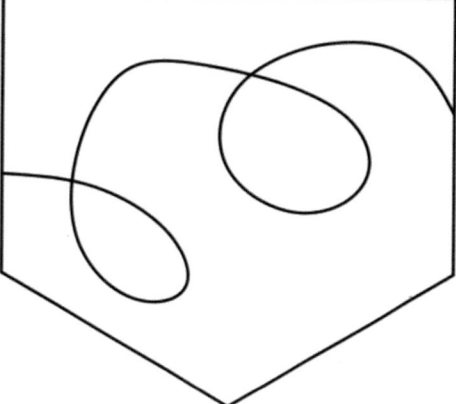

Com a ferramenta B-Spline, a linha desenhada será arredondada suavemente enquanto você desenha.

Para desabilitar a ferramenta B-Spline, após finalizar o desenho clique duas vezes no último nó que fizer. Depois, clique na ferramenta Seleção.

Para modificar a linha com a ferramenta Forma, clique antes na linha e converta-a em curva.

Clique na linha com a ferramenta Seleção, vá a Estilo de linha e escolha uma linha tracejada.

Ajuste a linha com a ferramenta Forma só depois de convertê-la em curva.

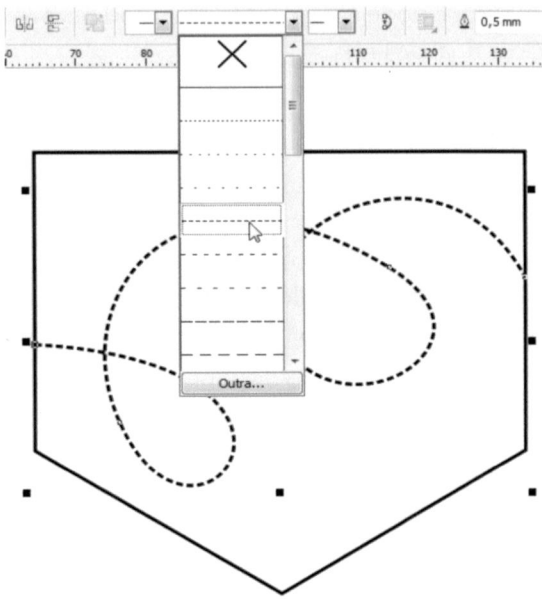

Pesponto duplo

Para costurar um bolso chapado na calça jeans, utiliza-se pesponto duplo.

O bolso também pode ser costurado com um pesponto chamado simples, mas perde-se muito no efeito de lavanderia, um dos processos de acabamento das calças jeans.

Há máquinas específicas para realizar essa operação.

Pode-se também modificar a distância entre os pespontos, e a essa distância dá-se o nome de bitola.

Essa costura pode ser utilizada em calças, bonés, jaquetas e onde mais se desejar.

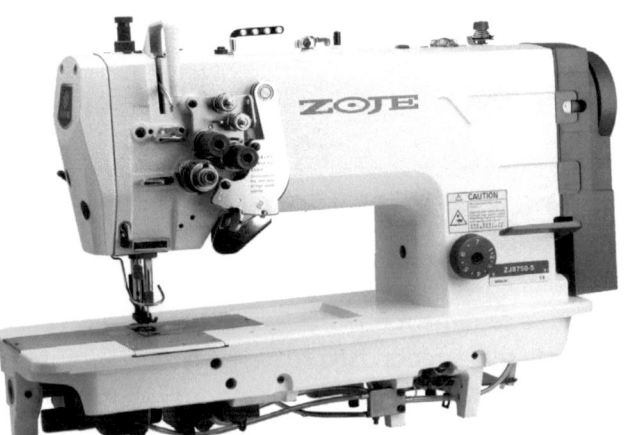

Máquina de pesponto Zoje – ZJ 8750-5

Rolemak Comercial Ltda.

No desenho técnico de moda, representamos o pesponto duplo com duas linhas tracejadas, normalmente na cor preta.

Para indicar a cor da costura, fazemos essa indicação na ficha técnica, onde poderá ser colocado o nome do fabricante da linha de pesponto e a referência de cor.

Para desenhar os pespontos do bolso, usaremos a ferramenta Contorno.

A ferramenta Contorno possui a característica de duplicar qualquer linha que esteja desagrupada ou sem nenhum efeito especial.

É possível duplicar a linha escolhida em várias etapas. Você só precisa definir isso nas propriedades da ferramenta.

Usaremos o bolso desenhado para aplicar os pespontos duplos com a ferramenta Contorno.

Quando você clicar na ferramenta Contorno, seu cursor ficará com a aparência da figura ao lado.

Para usá-la no bolso, clique nele com a ferramenta Contorno. Veja que, na Barra de propriedades da ferramenta, aparecerão diversos comandos.

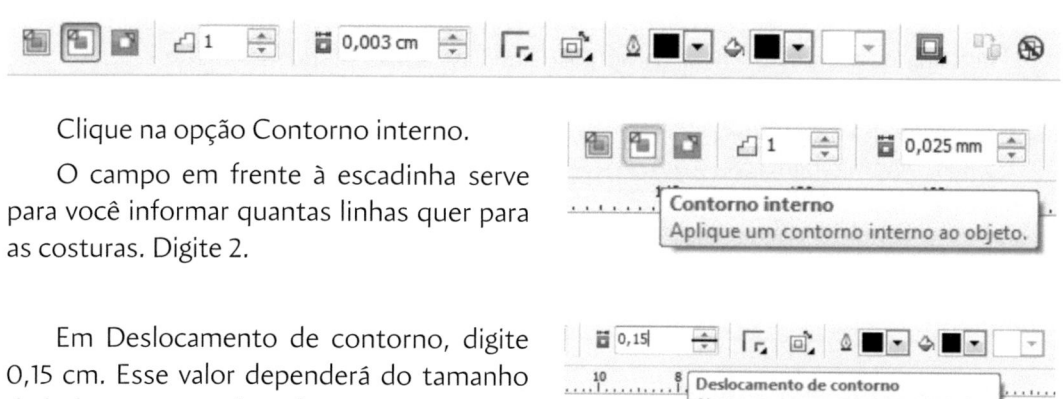

Clique na opção Contorno interno.

O campo em frente à escadinha serve para você informar quantas linhas quer para as costuras. Digite 2.

Em Deslocamento de contorno, digite 0,15 cm. Esse valor dependerá do tamanho do bolso que você desenhou.

Após esses ajustes, seu bolso deverá ficar parecido com a figura ao lado.

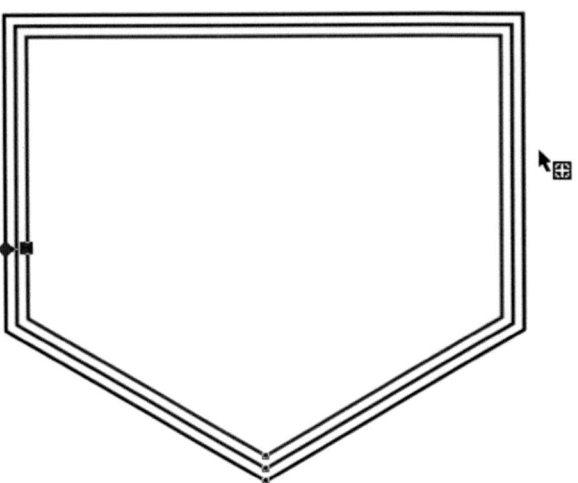

 Se quiser experimentar outras possibilidades, clique nos outros ícones de contorno.

O primeiro ícone indica vários contornos internos; o segundo, contorno interno utilizado no bolso; e o terceiro, contorno externo.

Se quiser definir outras distâncias entre os pespontos, modifique o valor no campo onde consta 0,15 cm.

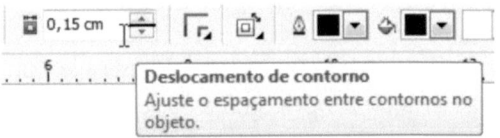

Faça ajustes até o bolso ficar como você quer. As linhas se movimentarão de acordo com os seus ajustes.

Outro item a ser ajustado é a Aceleração de objeto e cor.

Essa opção aparecerá na Barra de propriedades logo que você utilizar a ferramenta Contorno.

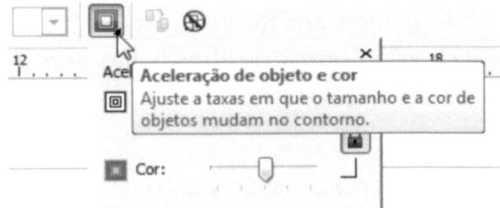

Clique no botão Aceleração de objeto e cor na Barra de propriedades assim que aplicar o contorno no bolso.

Modifique apenas o item Objeto: clique no controle com o botão esquerdo do mouse, segure, arraste para a esquerda e solte.

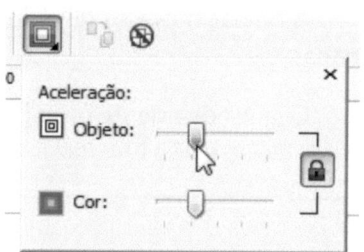

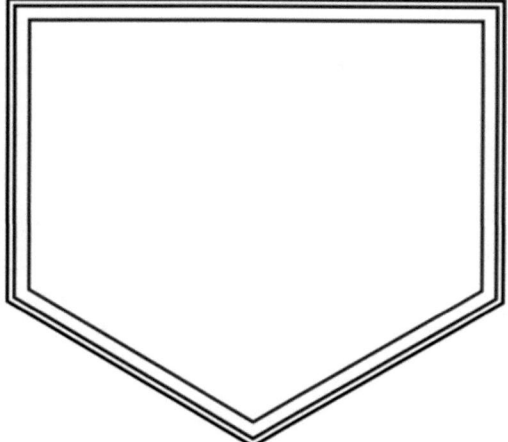

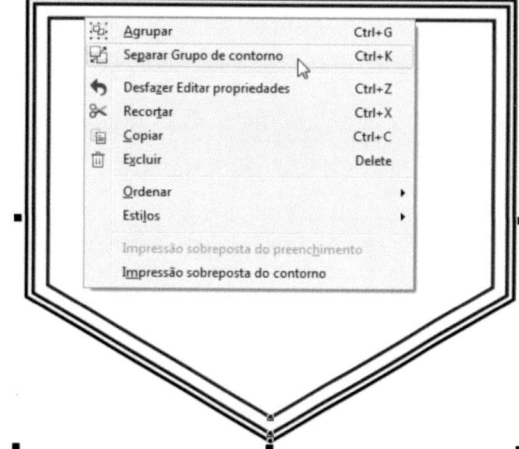

Você verá que a linha entre o contorno do bolso e a linha mais interna se movimentará. O ideal é aproximar essa linha da borda do bolso.

Todas as vezes que utilizar uma ferramenta com algum efeito no CorelDRAW X6®, como a ferramenta Contorno, será preciso separar os objetos para poder continuar trabalhando.

Nesse caso, com a ferramenta Seleção, clique na linha mais interna do bolso com o botão direito do mouse e depois na opção Separar Grupo de contorno.

As linhas ficarão independentes do efeito da ferramenta, mas ainda agrupadas.

Clique novamente na linha mais interna do bolso e vá a Organizar/Desagrupar.

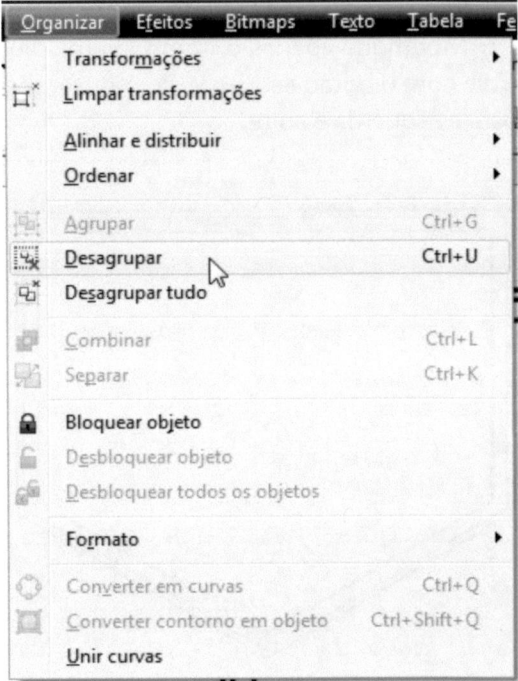

Agora, você terá as duas linhas internas do bolso separadas do efeito Contorno e desagrupadas. Clique nas duas linhas com a ferramenta Seleção e vá a Organizar/Combinar.

Clique novamente nas linhas internas, já combinadas, e selecione a opção de tracejado que preferir. Ajuste também a espessura de linha.

O pesponto duplo ficará melhor com uma espessura de linha menor que a do contorno do bolso.

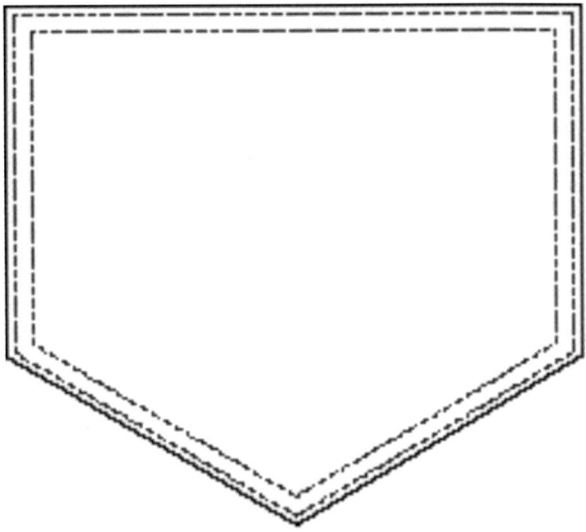

Há também outras opções nos ajustes da ferramenta para modificar os cantos do objeto.

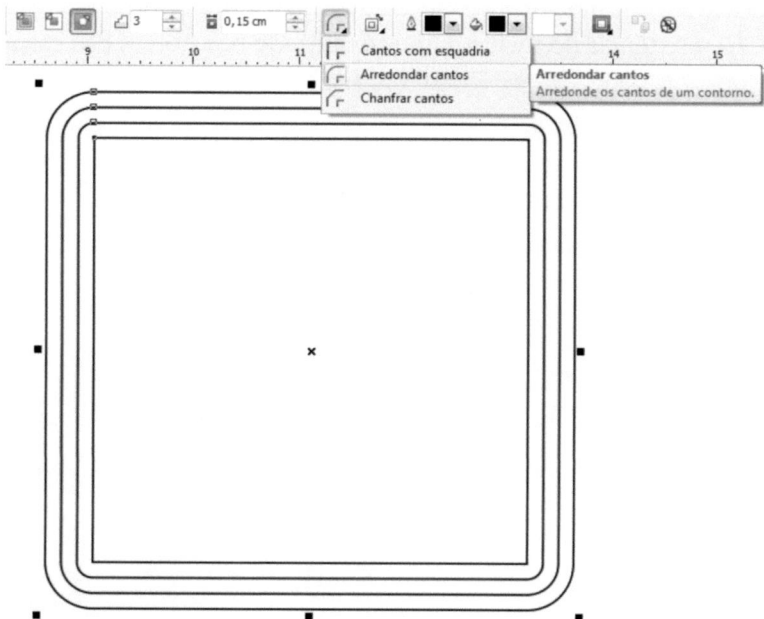

Ou, ainda, para chanfrar os cantos do objeto.

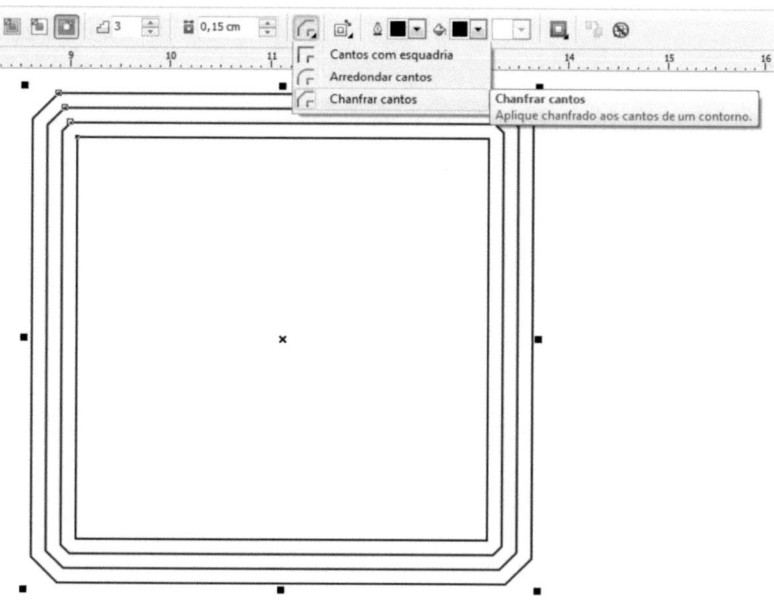

Travete

O travete é uma costura especial utilizada como reforço em algum local que exija resistência do tecido. É muito utilizado nos bolsos das calças jeans.

Ao desenhar uma coleção, você precisará definir se quer colocar travetes ou rebites em seus modelos. Uma vez que o travete é aplicado no tecido, será muito difícil aplicar o rebite por cima. A costura fica muito grossa e o pino do rebite pode não conseguir atravessar a linha e o tecido.

Ele também pode ser feito com cores contrastantes, muito utilizadas em coleções infantis e de surfwear.

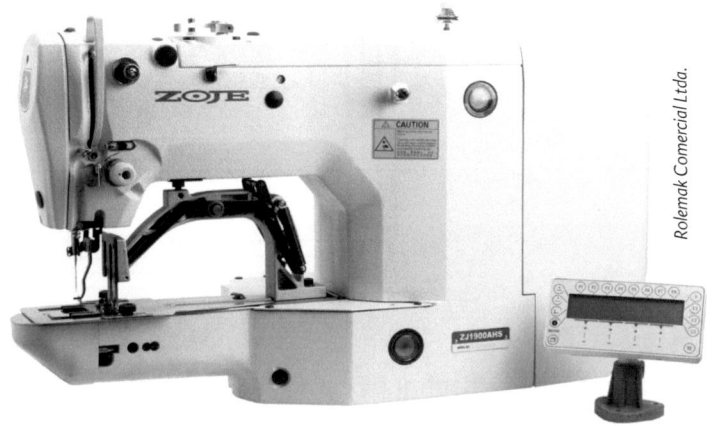

Rolemak Comercial Ltda.

Máquina Zoje ZJ1900AHS.

Há máquinas específicas para fazer travetes. Elas podem ser ajustadas para definir tamanho, largura e quantidade de pontos.

Essas máquinas têm tecnologia para fazer, além dos travetes convencionais, desenhos mais elaborados.

Os pontos na figura abaixo foram executados na travete eletrônica. Os desenhos foram criados previamente e depois inseridos no software da máquina.

As máquinas eletrônicas fazem também caseados para botão e boné, além de pequenos bordados como corações, aves, borboletas, costuras em X para aplicação de velcro, entre outras possibilidades.

Os travetes são uma ótima opção para os bolsos traseiros das calças jeans, assim como para os passantes.

No bolso chapado, os travetes são aplicados nos cantos para oferecer reforço nas costuras. Também são usados nas extremidades dos passantes das calças, entre outras peças de vestuário. Para desenhá-los, usaremos as ferramentas a seguir.

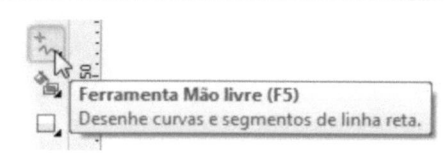

O travete pode ser representado por uma sequência de linhas inclinadas em zigue-zague. Simularemos essa costura com a ferramenta Mão livre.

Clique na régua na parte superior da área de trabalho e puxe uma linha-guia até a página de trabalho do CorelDRAW X6®.

Repita esse procedimento e coloque mais uma linha-guia abaixo da primeira, com mais ou menos 2,0 cm de distância entre elas (não precisa medir). A distância entre as linhas-guia será a altura do travete.

Habilite a opção Alinhar a objetos na Barra padrão.

Com a ferramenta Mão livre, clique na linha-guia superior, segure o botão esquerdo do mouse, clique na linha-guia inferior com uma inclinação semelhante à da figura abaixo e tire o dedo do mouse.

Selecione a linha inclinada e modifique a espessura para 1,5 mm. Digite esse número na opção Espessura de contorno.

Clique na linha inclinada que desenhou, vá a Editar/ Duplicar e clique em Espelho. Coloque a linha duplicada ao lado da primeira.

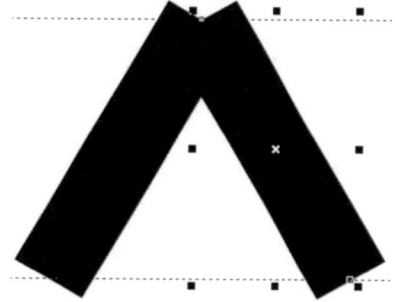

Encoste as duas pontas, como mostra a figura anterior.

Com a ferramenta Seleção, clique nas duas linhas e vá para o menu Organizar/Combinar.

Com a ferramenta Forma, clique nas linhas.

Selecione os dois nós na ponta superior das duas linhas.

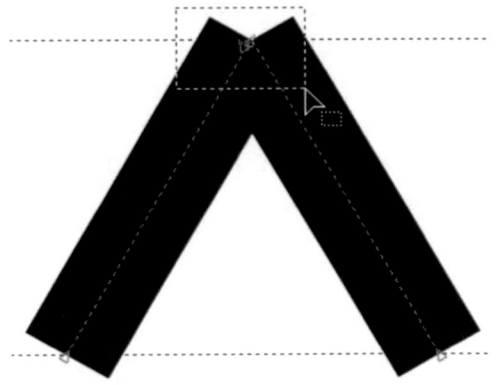

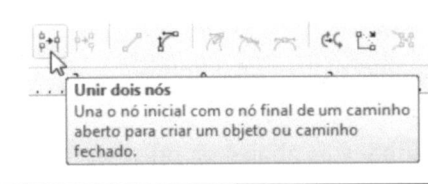

Vá à União de dois nós na Barra de propriedades.

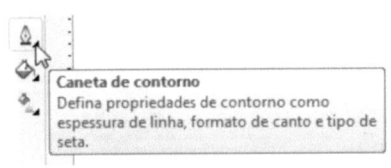

Clique nas duas linhas já combinadas e vá para a ferramenta Caneta na Caixa de ferramentas.

Selecione a opção Caneta de contorno.

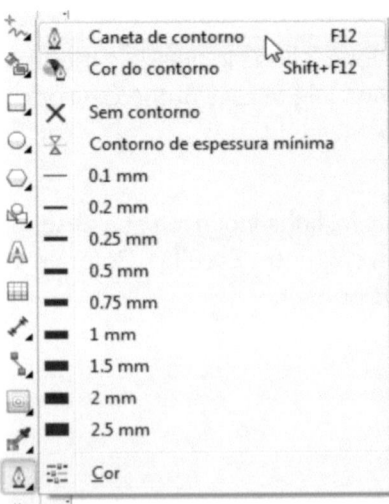

Escolha a opção Cantos arredondados e Extremidade da linha arredondada. Clique em OK.

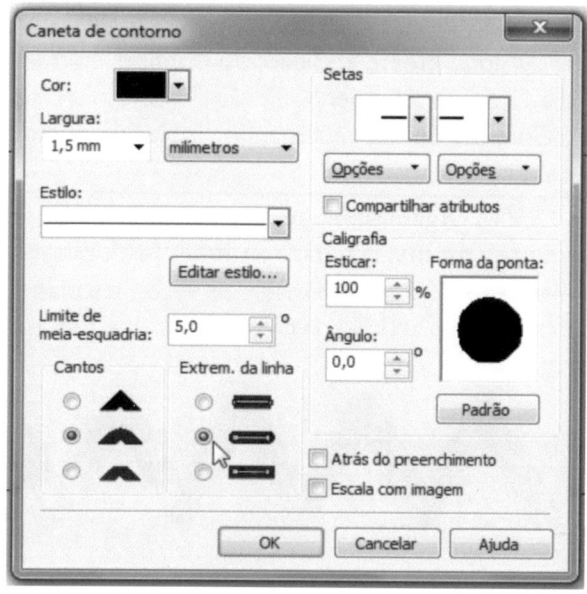

Perceba que os cantos e as extremidades
das linhas se modificarão.

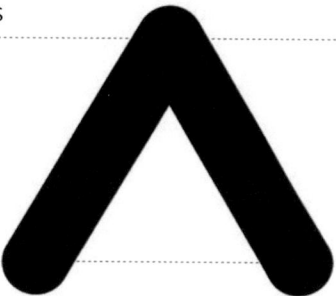

Essa é a melhor opção quando você precisar fazer ajustes em extremidades de linhas ou cantos que sobressaiam ao desenho.

Clique nas linhas e vá a Editar/
Duplicar.

Selecione, segure e arraste para o
lado direito, encostando na linha do
primeiro objeto, conforme mostra a
figura ao lado.

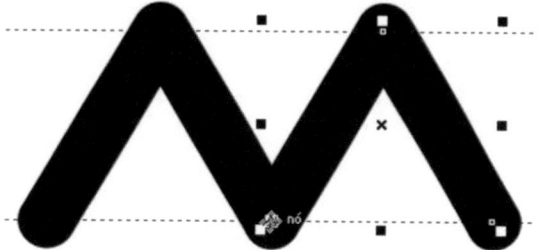

Se habilitar Alinhar a objetos, os nós da base grudarão no nó seguinte.

Agora, preste atenção: ao duplicar e arrastar as linhas em determinada distância, sem perder a seleção do objeto (ou seja, sem clicar fora do objeto), o CorelDRAW X6® guardará na memória a distância em que você arrastou as linhas.

Vá a Organizar/Duplicar novamente. As linhas inclinadas andarão exatamente a mesma distância anterior. Se duplicar mais uma vez, as linhas andarão de novo. Duplique mais seis vezes, e todas elas andarão a distância inicial, ficando uma ao lado da outra, conforme mostra a figura abaixo.

Selecione todas as linhas e combine.

Dica: se a opção Alinhar a objetos estiver habilitada, clique com a ferramenta Seleção exatamente sobre o nó e arraste até encontrar o próximo nó. Um grudará no outro com mais facilidade.

Veja a área assinalada na figura abaixo, onde os dois nós estão. Una as linhas clicando na extremidade da linha e arraste até a extremidade da próxima linha, ou seja, nó com nó.

Se quiser, selecione os nós em cada ponta das linhas, como indica a figura acima, e vá à União de dois nós na Barra de propriedades.

Para que a linha continue propor-
cional em seu redimensionamento para
ser colocada no bolso, selecione o travete e vá à Caneta de contorno.

Clique em Caneta de contorno na
janela de diálogo e selecione a opção
Escala com imagem.

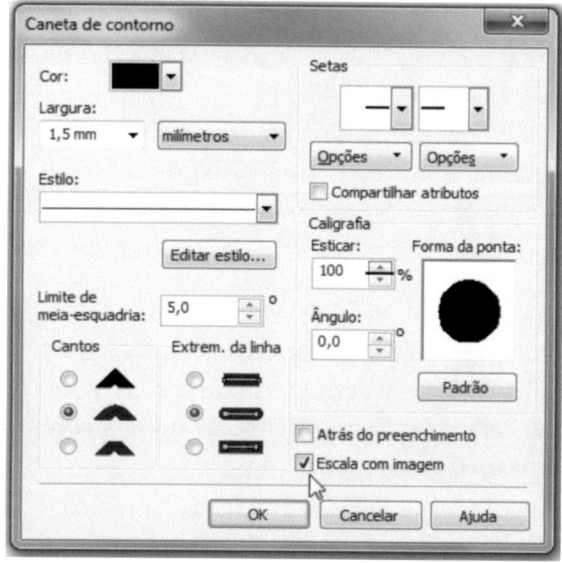

Reduza os travetes para que fiquem do tamanho correto para o bolso
e posicione-os conforme a figura abaixo. Lembre-se de rotacioná-los para
colocá-los em todos os cantos do bolso.

Aplique também a filigrana que desenhou para seu bolso.

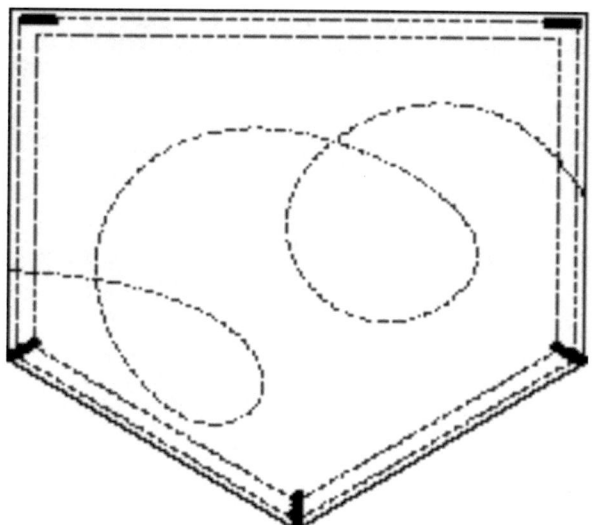

Há outra forma de construir o travete. Você pode usar a ferramenta Distorção na Caixa de ferramentas.

É uma forma de compreender essa ferramenta e utilizá-la para construir um elemento para o desenho de vestuário.

Com a ferramenta Mão livre, faça uma linha horizontal com 1,5 cm de comprimento. Para fazer isso, desenhe uma linha com uma medida qualquer.

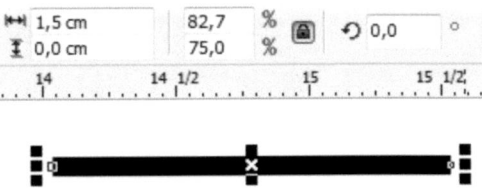

Clique na linha com a ferramenta Seleção e, em Tamanho do objeto, na Barra de propriedades, digite 1,5 cm em comprimento e 0,75 mm em espessura.

Para que a linha fique reta, lembre-se de pressionar a tecla CTRL enquanto desenha a linha.

Selecione a ferramenta Distorção na Caixa de ferramentas e clique na linha. Na Barra de propriedades, aparecerão as opções da ferramenta.

Clique em Predefinições e escolha Zíper.

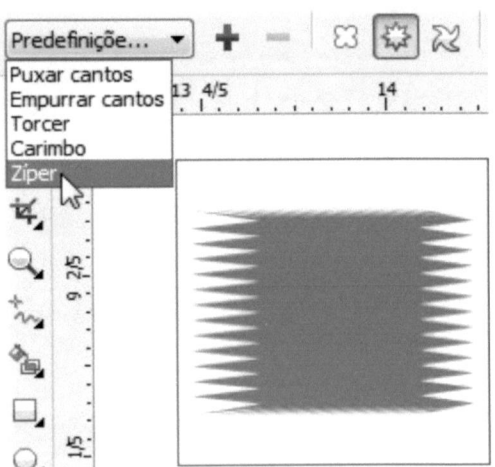

Com a ferramenta Distorção, clique no meio da linha, segure o botão esquerdo do mouse e arraste para baixo.

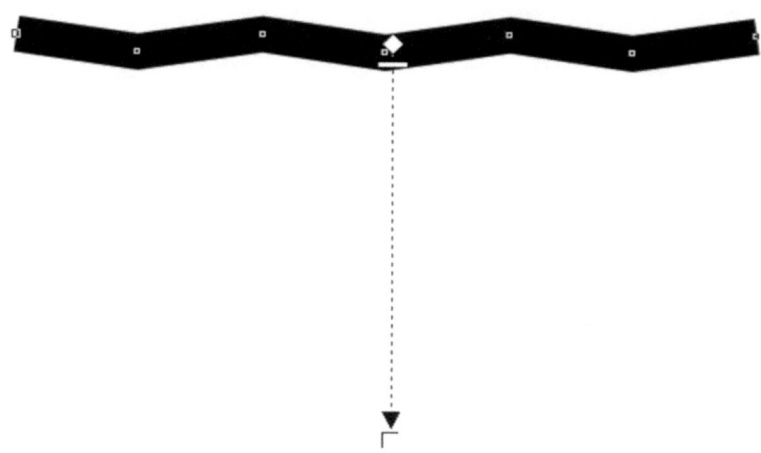

Na Barra de propriedades da ferramenta, digite 60 em amplitude da distorção e 14 em frequência da distorção.

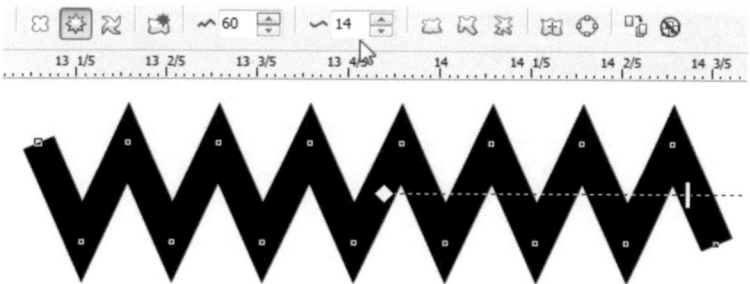

Clique na ferramenta Seleção. Clique novamente na linha com o botão direito do mouse e selecione Converter em curvas.

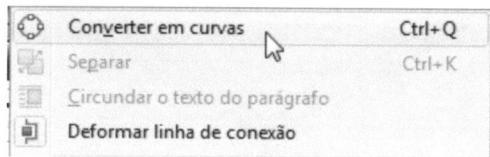

Com a linha selecionada, vá à ferramenta Caneta de contorno e selecione as opções Cantos arredondados e Extremidade da linha arredondada.

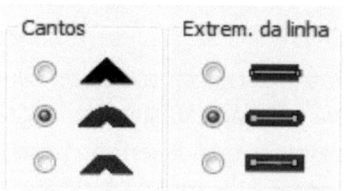

Este será o resultado final:

Com lapela

A partir deste exercício, você compreenderá melhor o método utilizado para criar coleções com mais rapidez na computação gráfica.

A ideia é desenhar os diversos componentes que também fazem parte do vestuário, bases como camisas, calças, saias e vestidos com características equivalentes, para posteriormente criar os modelos a partir dessa biblioteca de imagens.

Até o final deste livro, você terá uma série de elementos desenhados que poderão ser guardados e utilizados várias vezes. Por isso, vale a pena fazê-los com bastante cuidado e capricho, pois provavelmente será necessário desenhar apenas um bolso, por exemplo, para reutilizá-lo várias vezes, ou, ainda, criar diversos outros modelos a partir dele.

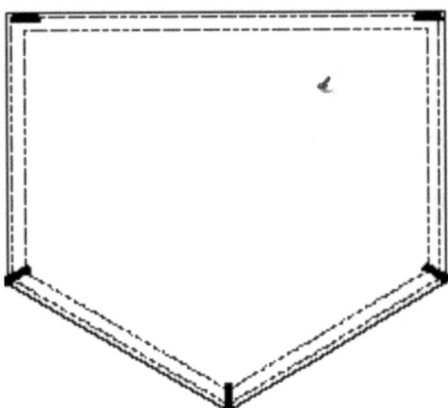

Use novamente o bolso que desenhou, sem a filigrana.

Selecione o bolso com todos os seus elementos e vá a Organizar/Agrupar. Agora, todos os detalhes que desenhou ficarão unidos sem perder suas características.

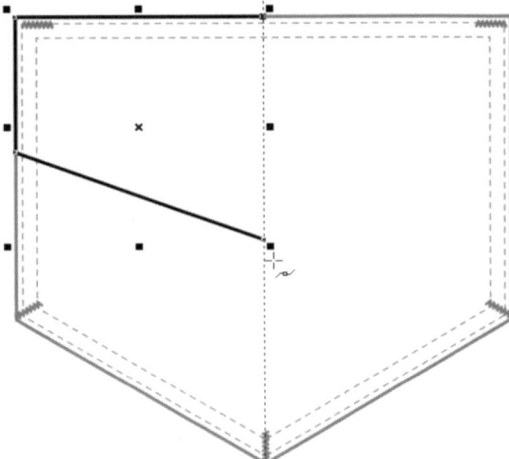

Utilize o bolso como base para desenhar a lapela.

Com a ferramenta Bézier, desenhe a metade.

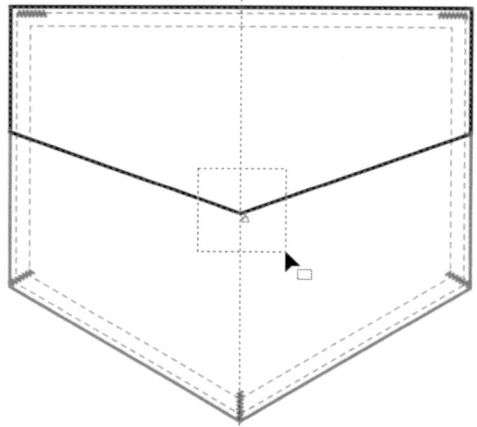

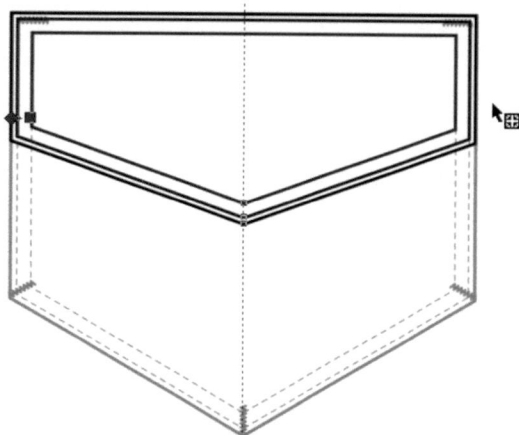

Duplique e posicione a cópia no lado oposto à primeira metade da lapela.

Selecione as duas partes da lapela e combine. Selecione os dois nós no centro na linha horizontal superior e vá à União de dois nós.

Faça o mesmo com a ponta da lapela.

Faça os pespontos duplos com a ferramenta Contorno, conforme foi explicado para os pespontos do bolso.

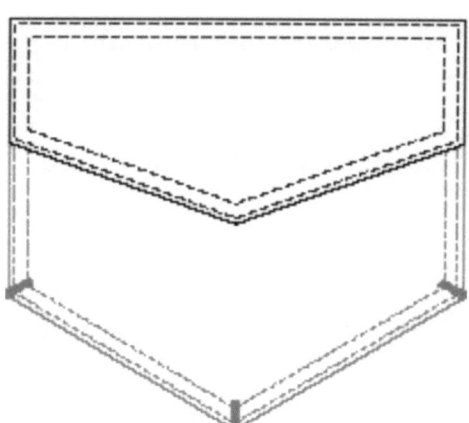

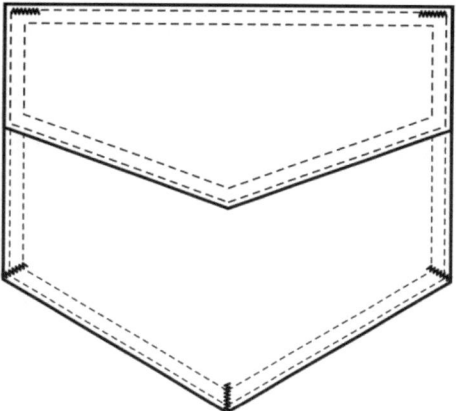

Pinte a lapela de branco. Com a ferramenta Seleção, clique na linha lapela (faça isso pela ponta da lapela; é mais fácil). Selecione a cor branca na paleta de cores com o botão esquerdo do mouse.

Você poderá pintar o bolso da cor que quiser. Aqui, o pintaremos de branco apenas como parte do exercício.

Os pespontos poderão ser feitos de diversas formas. Aqui, escolhemos o pesponto duplo e colocamos os travetes.

Como a lapela foi pintada de branco, os pespontos do bolso não aparecerão.

Observe algumas calças jeans e veja como são os pespontos. Faça exercícios a partir do que vê em calças reais.

Com a ferramenta Seleção, selecione apenas a lapela do bolso.

Vá a Organizar/Agrupar.

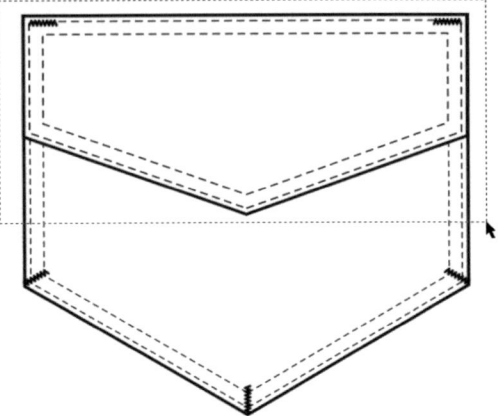

Com a lapela selecionada, vá a Arquivo/ Salvar como.

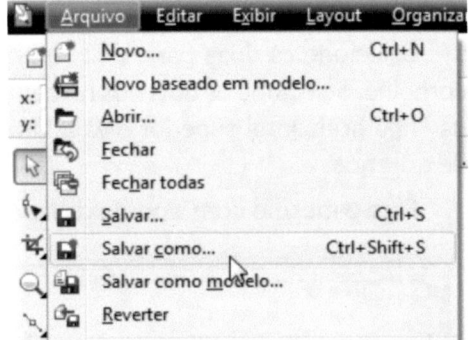

Habilite a opção Somente selecionados, crie uma pasta com o nome Bolsos em Meus documentos, digite um nome para a lapela (por exemplo, lapela 001) e clique em Salvar.

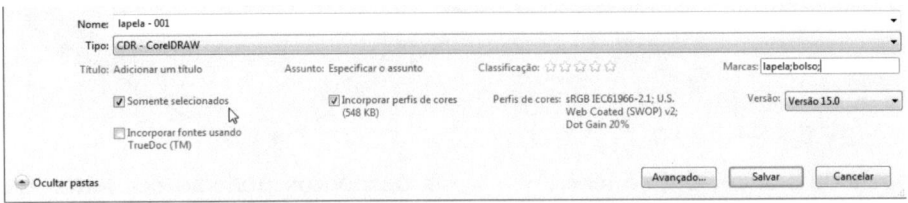

Salve da mesma forma o bolso chapado e cada botão desenhado.

Se selecionar cada item desenhado e salvar separadamente, você criará seu arquivo de imagens.

Para colocar uma lapela em um bolso que já está em sua área de trabalho, você pode importar a lapela.

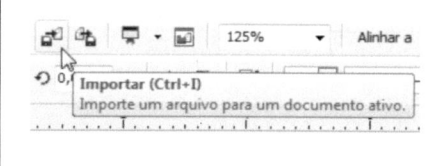

Quando você importa um arquivo, ele abrirá na mesma página que já está sendo usada, não criará uma nova. Portanto, todas as vezes que precisar inserir um desenho em uma página, sempre utilize a opção Importar.

Clique em Importar e selecione a pasta onde salvou a lapela. Abra e escolha a lapela que quer usar, clique em Importar e depois na página: ela aparecerá na mesma página do bolso que desenhou.

Alinhe a lapela ao topo e ao centro do bolso escolhido.

Assim, você poderá ter diversas combinações possíveis, além, é claro, de criar mais modelos.

Caseado

Para desenhar um bolso caseado, você usará a ferramenta Quadrado. Nesse caso, exercitaremos o desenho com medidas reais.

Primeiro, verifique qual unidade de medida está definida em seu CorelDRAW X6®.

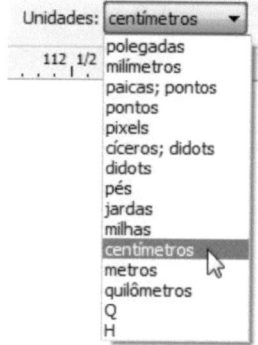

A melhor opção, como já foi dito, é trabalhar em centímetros. Defina a unidade de medida na Barra de propriedades.

Clique na ferramenta Retângulo na Caixa de ferramentas, clique na área de trabalho, segure e arraste e construa um retângulo (nesse momento, sem preocupação com medidas).

Selecione o retângulo. Veja que a Barra de propriedades se modificou. Localize a opção Tamanho do objeto.

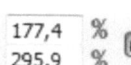

Nesse momento, constará qualquer medida, pois você desenhou o retângulo livremente.

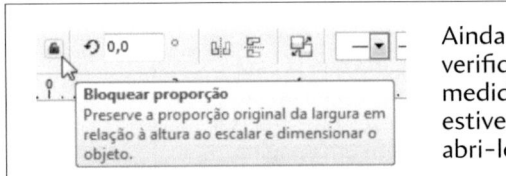

Ainda com o retângulo selecionado, verifique se o cadeado ao lado das medidas está aberto ou fechado. Se estiver fechado, clique sobre ele para abri-lo.

Com o cadeado fechado, não é possível modificar as duas medidas livremente. A medida que você digitar no comprimento, por exemplo, fará com que a altura se modifique automaticamente, em proporção à medida colocada.

Com o cadeado aberto, digite as medidas do bolso na altura e no comprimento.

Clique com o botão esquerdo do mouse no final de cada medida, segure e arraste para a esquerda.

Digite 13,0 cm na janela do comprimento (medida horizontal) e 1,5 cm na da altura (medida vertical).

Com todos esses ajustes, você terá o bolso caseado em uma medida real.

Com a ferramenta Contorno, clique no retângulo e faça um contorno externo ao bolso. Digite 1 em Etapas de contorno (veja  o número 1 ao lado direito da escadinha da figura acima), e em Deslocamento de contorno digite 0,15 cm.

Lembre-se de que, ao terminar de fazer o contorno, é preciso separar o grupo de contorno.

Com a ferramenta Contorno habilitada, vá a Organizar/Separar Grupo de contorno, clique na ferramenta Seleção e depois em Organizar/Desagrupar tudo.

Transforme em curva a linha que será a costura. Clique nela com a ferramenta Seleção, com o botão direito do mouse, e selecione a opção Converter em curvas.

Um objeto, enquanto for uma forma geométrica, não aceitará opções de linha tracejada a partir da Barra de propriedades. Por isso, é necessário transformá-lo em curvas.

Clique na linha externa ao bolso originada pelo contorno interativo e selecione uma opção de linha tracejada.

Coloque nas extremidades travetes feitos com a ferramenta Distorção interativa. Veja a explicação no item Travete (p.72).

Com a ferramenta Mão livre, faça uma linha horizontal no meio do retângulo. Essa linha será a representação gráfica da abertura do bolso.

Para fazer a linha central, clique com o botão esquerdo do mouse no começo do bolso; com a ferramenta Mão livre, solte e clique no final do bolso.

Enquanto faz isso, pressione a tecla CTRL para que sua linha fique reta. Tire o dedo do mouse e depois da tecla.

Esse bolso poderá ter ou não a costura ao redor. Dependerá do modelo. Mas é importante ter o reforço feito pelos travetes nas laterais.

A espessura do bolso está com 0,1 cm e a linha tracejada, com 0,05 cm. Especifique sempre espessuras mais finas para costuras e pespontos e mais grossas para objetos principais, como o bolso. Assim, o desenho ficará mais bem-definido.

Agora, faremos mais um bolso caseado e colocaremos um botão.

Use o bolso caseado que desenhou, e nesta opção não coloque a costura ao redor do bolso. Desenhe uma casa de botão com as próximas ferramentas.

Clique na ferramenta Elipse e desenhe uma elipse na área de trabalho, de qualquer tamanho.

| ↤ 0,4 cm | 52,7 | % |
| ↕ 2,0 cm | 53,2 | % |

Clique na elipse com a ferramenta Seleção e coloque-a nas medidas da figura acima: 0,4 cm de largura e 2,0 cm de altura. Lembre-se de abrir o cadeado antes de digitar as medidas.

Escolha 0,05 cm de espessura de linha para a elipse. Clique nela com a ferramenta Seleção e vá à ferramenta Distorção.

Nas Predefinições da ferramenta, selecione a opção Carimbo.

Na Barra de propriedades aparecerão os controles da ferramenta.

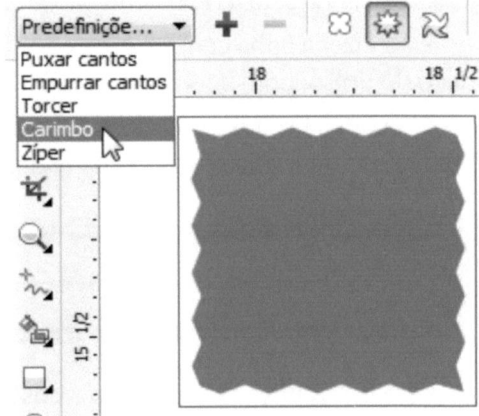

Na Barra de propriedades, digite 30 nas duas opções de medida da ferramenta e escolha a opção Distorção suave.

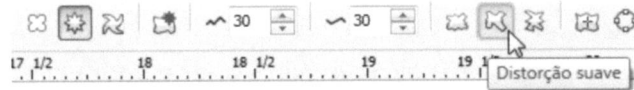

Clique no caseado com a ferramenta Seleção e selecione a ferramenta Contorno na Caixa de ferramentas. Clique em Caneta de contorno e selecione a opção Cantos arredondados.

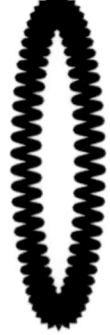

Selecione o caseado e salve com a opção Somente selecionados, em uma nova pasta com o nome Aviamentos.

Desenhe um botão de casear com 1,5 cm de diâmetro, pinte de branco e agrupe.

| ↦ 1,5 cm | 114,5 % | 🔒 |
| ⬍ 1,5 cm | 114,5 % | |

Selecione o botão e agrupe. Vá a Organizar/Agrupar.

Caso o botão esteja atrás do caseado, coloque-o sobre o caseado, selecione o botão e vá a Organizar/Ordenar/Para a frente da página.

Com a ferramenta Mão livre, faça uma pequena linha sobre os furos do botão para representar a linha de costura. Lembre-se de pressionar a tecla CTRL enquanto desenha a linha para que ela fique reta.

Selecione o botão e vá à ferramenta Contorno/Caneta de contorno/Escala com a imagem.

Após agrupar cada elemento separadamente, selecione todos, posicione-os conforme a figura "A", abaixo, e pressione a letra C (apenas a letra C) para que fiquem alinhados.

O botão e o caseado deverão ficar semelhantes à figura "B".

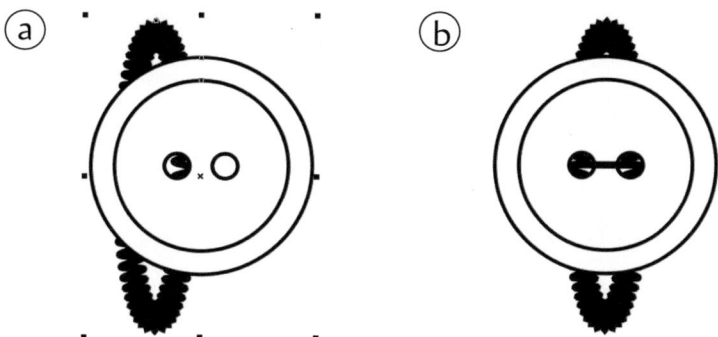

A distância do caseado para o bolso é de 1 cm.

Selecione todos os elementos do bolso caseado e agrupe. Com o bolso selecionado, vá a Arquivo/Salvar como/Somente selecionados. Salve na pasta de bolsos.

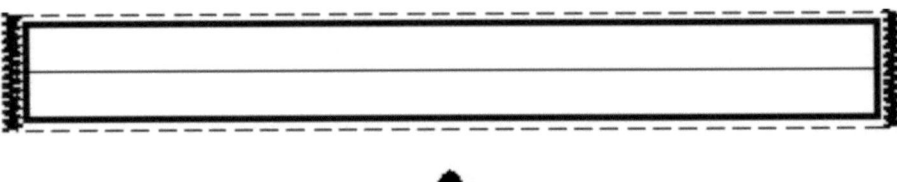

6. CORPO DIGITAL

Até o momento, não há um método definido para a construção técnica digital de coleções de moda. Cada escola possui uma proposta diferente para tratar o desenho de moda e define um formato a ser desenvolvido durante o aprendizado.

Profissionais atuantes no mercado também possuem formas diferentes para o desenho técnico de suas coleções. Alguns aprenderam conforme a necessidade, em escolas brasileiras ou internacionais. Outros desenvolveram o aprendizado de desenho digital de maneira autodidata. Cada um seguiu um caminho de acordo com sua escola ou vivência no programa.

O método apresentado é mais uma possibilidade para o desenho técnico digital, bastante testada por profissionais e estudantes. Sugere estabelecer um diálogo sobre a criação de bases no formato de corpos digitais em 3D, com a intenção de aproximar o desenho de moda das proporções humanas, não idealizadas, para que esse desenho possa ser lido de forma clara e objetiva pelos envolvidos no processo de ensino de moda e de confecção.

O resultado esperado é conscientizar as equipes de criação de empresas de moda sobre a necessidade de desenvolver um projeto com base no desenho técnico planificado, a partir da escala humana proposta a princípio pelo pensador grego Policleto (Arana, 2011), e estabelecer uma melhor comunicação entre os designers de moda, a fim de se aproximar de uma codificação que possa ser compreendida por todos os envolvidos na indústria de confecção.

O corpo humano

O corpo humano, bastante estudado pelos gregos no século V a.C., tem sido utilizado como suporte para o desenho de moda a partir de proporções profundamente alteradas no decorrer do tempo, bem distantes das medidas propostas por Policleto (Arana, 2011).

A construção da figura humana por cânones clássicos propõe a altura da cabeça humana como unidade de medida e estabelece a medida de sete cabeças e meia como o ideal de corpo harmonioso masculino (Ribeiro Jr., 2009).

A partir de Lísipo, discípulo de Policleto (Arana, 2011), foram feitas alterações nessa proporção. Essas alterações, ou acréscimo de cabeças, vieram com a intenção de alongar a silhueta, para deixar a figura humana mais elegante e esguia – variável constante, que muda de acordo com as tendências sociais de cada época (Saltzman, 2004: 33).

Os textos do escultor grego Policleto (470-405 a.C.), reunidos em um tratado intitulado *Cânone*, discutem as proporções matemáticas do ideal de corpo e propõem um equilíbrio dinâmico entre as partes tensas e distendidas (Panofsky, 2009). Sua obra mais importante foi *Doríforo*, exemplo das suas regras de proporção áurea, que chegou até nós por meio de cópias feitas em mármore pelos romanos (UAEC, 2009).

É válido ter a figura humana alongada, relacionada a uma proposta ilustrativa, sem a necessidade de exatidão de medidas. Nesse formato, podemos propor ideias, estabelecer o conceito de coleção com liberdade gestual, sem a interferência do desenho técnico, caso este possa de alguma forma limitar a criatividade.

No que se refere ao desenho de moda direcionado à produção, esse alongamento da figura humana com técnicas ilustrativas torna-se um desafio para as equipes de modelagem. Traduzir o modelo e aproximá-lo da proporção corporal biológica necessariamente implicará uma reinterpretação da forma, o que pode ocasionar alterações consideráveis no projeto inicial.

Pede-se ao profissional de modelagem experiente em suas técnicas de planificação do vestuário que compreenda o desenho de um modelo com distorções de perspectivas e com formas idealizadas. Ele terá que analisar e interpretar pelo seu ponto de vista, que pode não corresponder ao que o designer de moda projetou.

O corpo aqui estudado não é o traduzido para as artes ou para a moda. É o estudo do corpo biológico, real, sem interpretações ou traduções. Assim como é feito na modelagem, pois não seria possível se vestir com medidas baseadas em um ideal de determinada época, não é válida a tradução romantizada para essa proposta. O mesmo deve ocorrer com o corpo digital direcionado ao vestir, que receberá o tecido modelado, cortado e costurado na forma de uma peça de vestuário que deverá ser construída a partir de referências provenientes do desenho técnico de moda.

É o desenho de vestuário com a intenção de vestir o corpo humano, a interpretação do têxtil que envolve o corpo e determina suas formas, suas curvas e deve ajustar-se ou distanciar-se em partes definidas (Saltzman, 2004). Não o desenho conforme padrões de uma época, ou interpretação artística, que deve ter suas medidas respeitadas de acordo com a proporção na cultura em que se insere para a construção de fato de uma coleção. Deve-se pensar a proporção humana no desenho técnico de forma adequada à etnia, à estrutura corporal de acordo com sua cultura e os aspectos físicos herdados de seus antepassados.

> (...) é crucial que o desenhista compreenda as necessidades vitais do ser humano e sua articulação com os valores de época, de maneira a conciliar o ideal de corpo em um determinado tempo com o corpo real dos indivíduos, e assim impulsionar uma restauração ética do que se propõe (ao usuário e à sociedade) por meio do projeto. (Saltzman, 2004: 34)

A reflexão está na observação científica. Os cânones clássicos servem de base de construção, mas o designer, após seus desenhos conceituais, que o guiarão em suas ideias, deve perceber o outro, deve compreender a proporção corpórea do usuário e estudá-la para ajustar sua criação com a intenção de fornecer conforto, beleza e equilíbrio de forma.

O desenho de moda é a oportunidade de desenhar o corpo humano de acordo com o que é bem-aceito em seu tempo. A insatisfação com proporções, características, etnia, talvez não tão bem-aceitas socialmente em uma cultura, encontra no desenho a chance de construção de um corpo com as medidas perfeitas, definidas no momento de sua concepção.

A modelagem plana ou tridimensional exige exatidão nas medidas. Estas não entendem as distorções em relação ao movimento tão desejado dos tecidos. Se no momento do projeto utilizarmos formas idealizadas, estaremos nos distanciando do corpo que vai receber e vestir o traje.

Pensar o desenho técnico de moda como um projeto de arquitetura, ainda que também existam contradições nessa área, servirá de base de construção para a arquitetura corporal. Será óbvia a compreensão do projeto no qual cada pence, prega ou decote deverá repousar no local exato em que foi planejado.

São diversas as formas de construção de coleções a partir de programas gráficos como o CorelDRAW X6®. Há profissionais que desenham sem ter uma base humana e outros que preferem ter como apoio peças de vestuário reais para definir as bases dos seus modelos.

Há ainda a possibilidade de construção do vestuário e de acessórios a partir de medidas reais, observadas na modelagem planificada ou de peças de verdade.

Essa opção, ainda complexa para estudos iniciais, pode ser desenvolvida com ótimos resultados a partir de corpos digitais em 3D, que simulam os mais diversos tipos de corpo humano, com suas características físicas e étnicas.

Esse formato de desenho sobre o corpo digital possibilita uma melhor compreensão das formas corporais e de seus limites, fornece a visualização de ângulos, do posicionamento de braços e pernas, o que é necessário para uma interpretação técnica com mais precisão.

O corpo digital 3D será a base de corpo que usaremos para o desenho das coleções. Os próximos exercícios serão desenhados a partir dessa base, para que você tenha um desenho técnico de moda mais aproximado de um corpo real.

7. GOLA

Para desenhar uma gola esporte sem colarinho, utilizaremos como base o corpo digital feminino, que aqui chamaremos de Theodora.

Após abrir o CorelDRAW X6®, vá a Arquivo/Abrir. Localize a pasta desenho_de_moda, clique em Corpo Digital Feminino-Theodora.cdr e depois em OK.

Aparecerá na página de trabalho o corpo digital Theodora, com as seguintes características: mulher de 20 anos, com 1,70 m de altura e corpo digital 40. Você verá linhas de apoio no corpo digital. Elas servirão para direcionar seu desenho sobre o corpo, principalmente quando falarmos sobre ângulos das mangas.

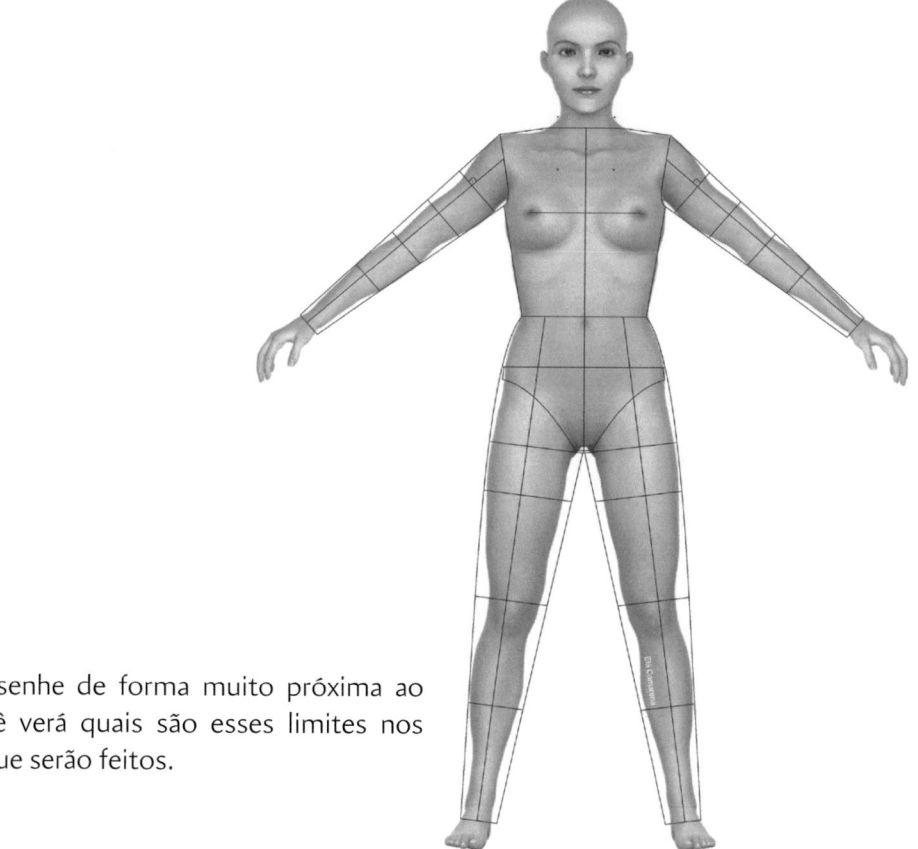

Não desenhe de forma muito próxima ao corpo. Você verá quais são esses limites nos exercícios que serão feitos.

Clique na Theodora com o botão direito do mouse e selecione a opção Bloquear objeto.

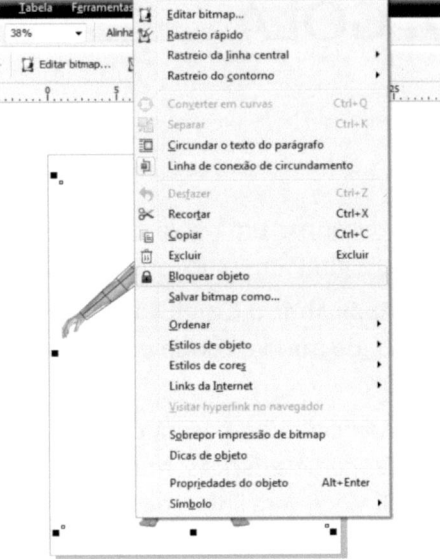

O corpo digital ficará em um nível inacessível. Isso significa que você poderá desenhar sobre ele livremente, sem correr o risco de movimentá-lo. Se quiser desfazer essa ação, é só clicar novamente na Theodora com o botão direito do mouse e selecionar a opção Desbloquear objeto.

Quando for utilizar os corpos digitais, sempre aproxime com a ferramenta Zoom a região que será trabalhada. Dessa forma, você terá mais controle sobre o desenho.

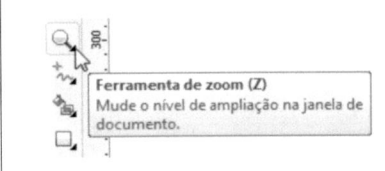

Selecione a ferramenta Zoom na Caixa de ferramentas. Clique acima da orelha esquerda da Theodora com o botão esquerdo do mouse, segure e arraste até um pouco acima da cintura.

Visualize a Theodora conforme a figura abaixo. Assim, com o corpo digital mais próximo, você poderá desenhar a gola com mais facilidade.

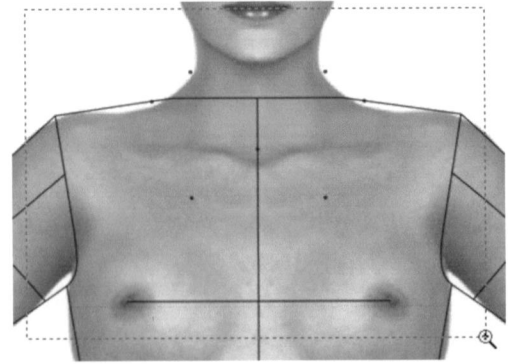

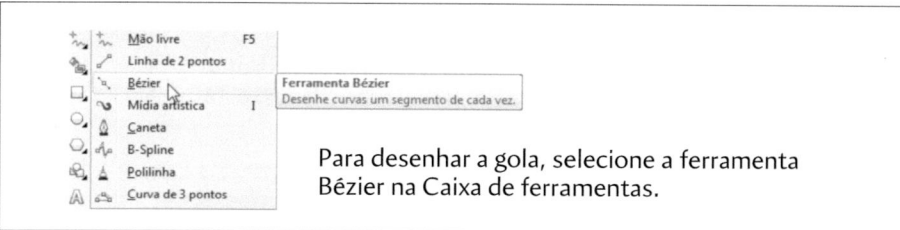

Para desenhar a gola, selecione a ferramenta Bézier na Caixa de ferramentas.

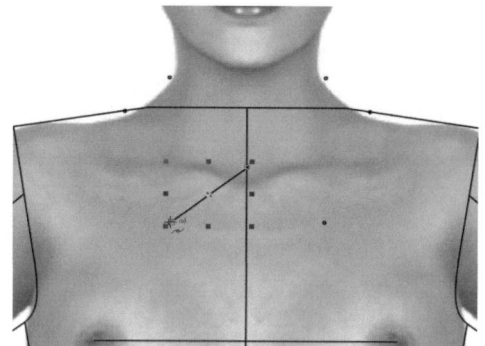

Com a ferramenta Bézier, clique no ponto ao centro do corpo digital logo abaixo do queixo e tire o dedo do mouse.

Ainda com a ferramenta Bézier, faça uma linha inclinada à esquerda para desenhar a ponta da gola. Não se preocupe em acertar na primeira vez. Lembre-se de que tudo poderá ser ajustado com a ferramenta Forma.

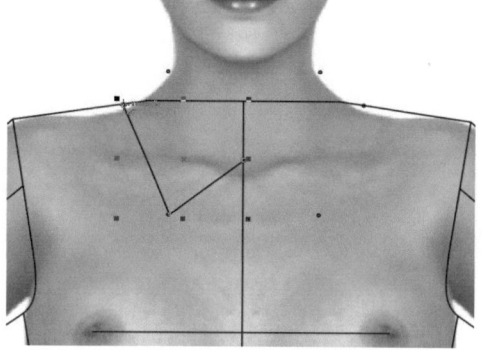

Mantenha a ferramenta Bézier e faça a próxima linha inclinada conforme a figura acima.

Lembre-se sempre de que, a cada clique com a ferramenta Bézier, é necessário tirar o dedo do mouse para fazer linhas retas.

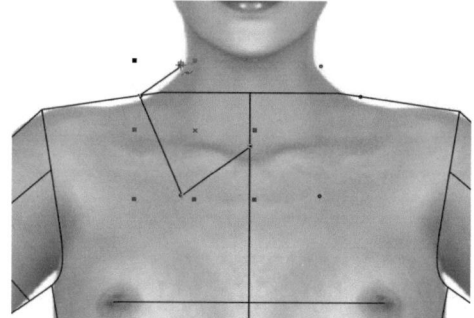

Com a ferramenta Bézier ainda habilitada, faça a próxima linha, que encostará no pescoço do corpo digital.

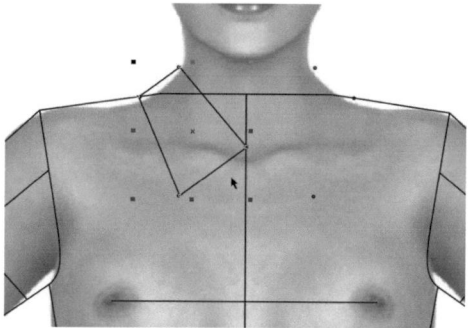

Finalize essa parte da gola, clicando no ponto em que a iniciou. Isso fará com que seu desenho seja fechado.

Para ter certeza de que o desenho está fechado, selecione o objeto e verifique se o botão Fechar curva, na Barra de propriedades, está apagado.

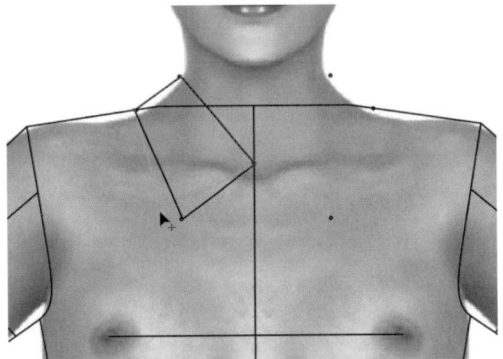 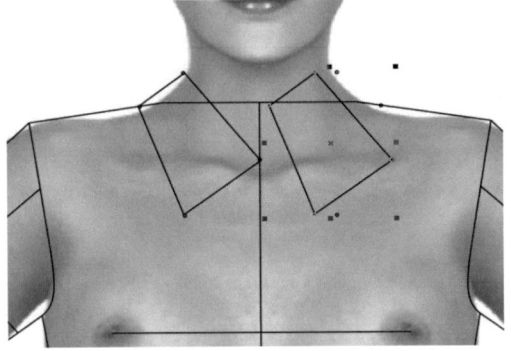

Se quiser ajustar o modelo da gola, após terminar de desenhá-la clique na ferramenta Forma.

Clique na gola e ajuste-a clicando nos nós, que são os quadradinhos em cada encontro das linhas. Clique no nó, segure e arraste.

Você deve ajustar a gola somente antes de duplicá-la.

Clique na metade da gola com a ferramenta Seleção e vá a Organizar/Duplicar.

Se você configurou seu CorelDRAW X6® para não mover o objeto ao ser duplicado, clique com o botão esquerdo do mouse sobre a linha de qualquer uma das partes da gola, segure e arraste, conforme a figura anterior.

Clique na metade duplicada com a ferramenta Seleção e depois na ferramenta Espelho, na Barra de propriedades.

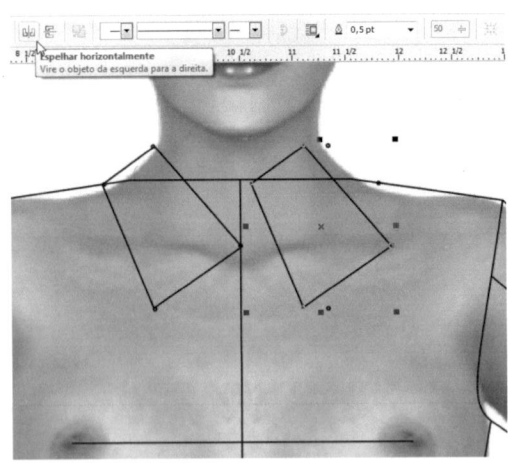

Selecione as duas metades e vá a Organizar/Alinhar e distribuir/Alinhar pelo topo, para confirmar se as duas partes da gola estão alinhadas. Você pode usar também a Caixa de diálogo Alinhar e distribuir (pp. 42-44).

Ou, ainda, movimente a metade da gola pressionando a tecla CTRL. Você conseguirá arrastar o objeto e manter o alinhamento.

Quando arrasta o objeto e pressiona a tecla CTRL, você mantém o alinhamento do objeto durante o deslocamento.

Ao finalizar, tire primeiro o dedo do mouse e só depois solte a tecla CTRL para que seu desenho não sofra nenhum movimento indesejado.

Clique na metade da gola da direita, segure e arraste até encostar na metade da esquerda, conforme mostra a figura abaixo.

Encoste as duas pontas centrais. Não sobreponha os desenhos.

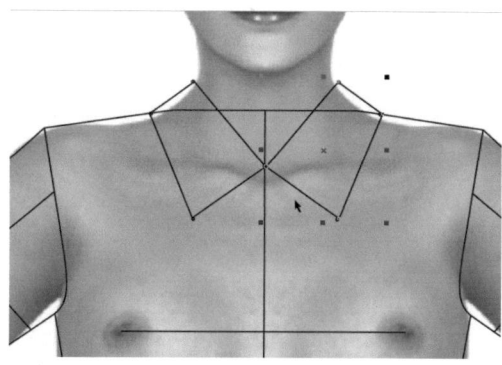

Selecione as duas partes e vá a Organizar/Combinar. Ou, ainda com as duas partes da gola selecionadas, clique na opção Combinar na Barra de propriedades.

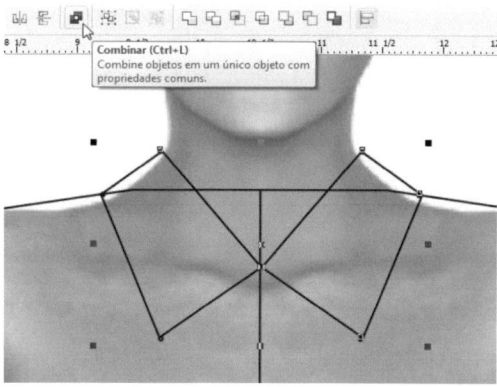

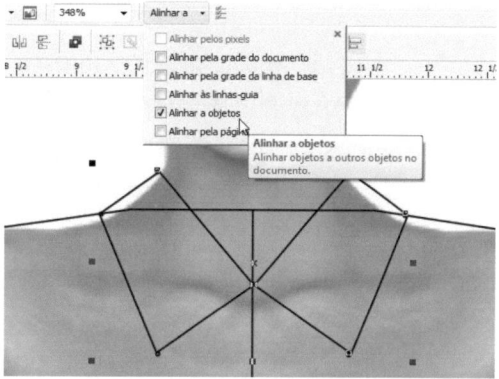

Ao combinar, as duas partes ficarão unidas e poderão ser alteradas em suas linhas e cores simultaneamente. Agora, para o CorelDRAW X6®, elas são um único objeto.

Selecione a opção Alinhar a objetos na Barra de propriedades.

Clique em um dos cantos da gola, tire o dedo do mouse, clique no próximo ponto e assim por diante, até fechar o objeto, da mesma forma que fez ao desenhar a gola.

Selecione a gola, frente e costas, e combine.

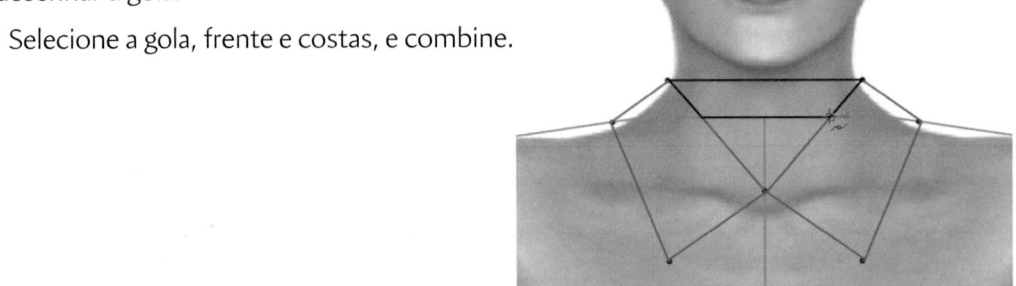

Nos cantos da gola poderão aparecer pontas. Para eliminá-las, clique na gola com a ferramenta Seleção e vá à ferramenta Caneta de contorno/Caneta de contorno e escolha Cantos arredondados. As pontinhas sumirão.

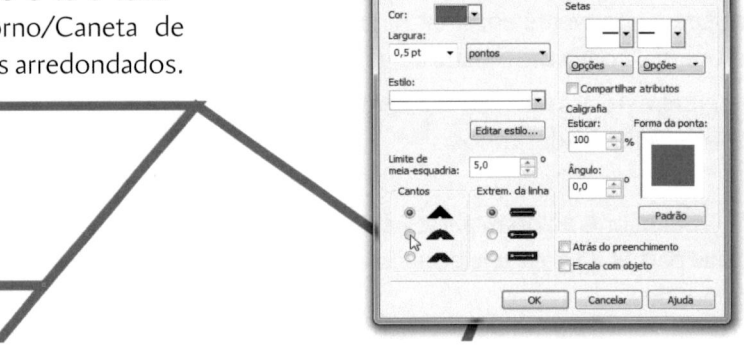

Se quiser pintar a gola, selecione-a e clique na cor desejada na paleta de cores que fica à direita na sua área de trabalho.

Lembre-se de clicar com o botão esquerdo do mouse sobre a cor.

Você já pode apagar o corpo digital. Clique nele com a ferramenta Seleção e pressione a tecla Delete.

Se você o bloqueou, clique nele com o botão direito do mouse e na opção Desbloquear objeto. Depois, com ele selecionado, pressione a tecla Delete.

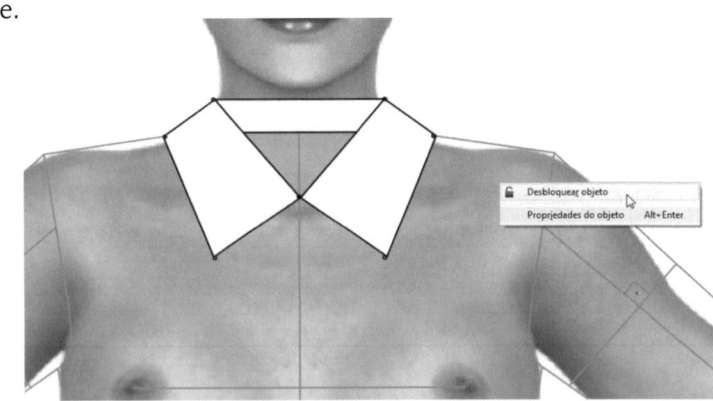

Para desenhar a parte de trás da gola, utilize a frente como gabarito.

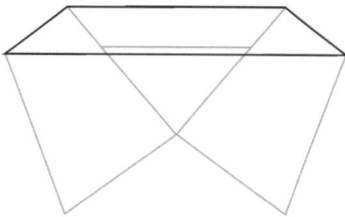

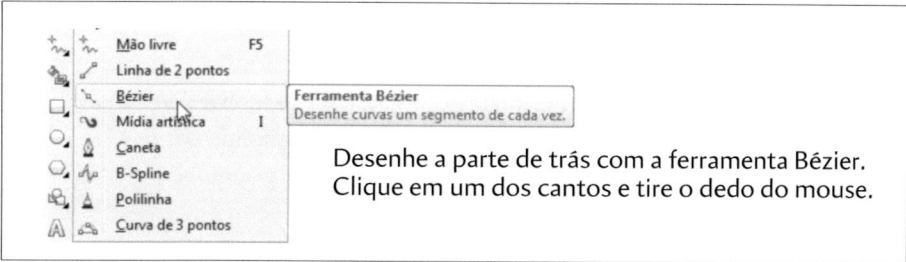

Desenhe a parte de trás com a ferramenta Bézier. Clique em um dos cantos e tire o dedo do mouse.

Clique no próximo canto e faça o desenho de acordo com a figura anterior, sobre a frente da gola.

Ao terminar, arredonde os cantos. Clique em Caneta de contorno na Caixa de ferramentas/Caneta de contorno e depois em Cantos arredondados.

Selecione a parte de trás da gola e pinte.

Coloque o desenho da frente e da parte de trás da gola um ao lado do outro.

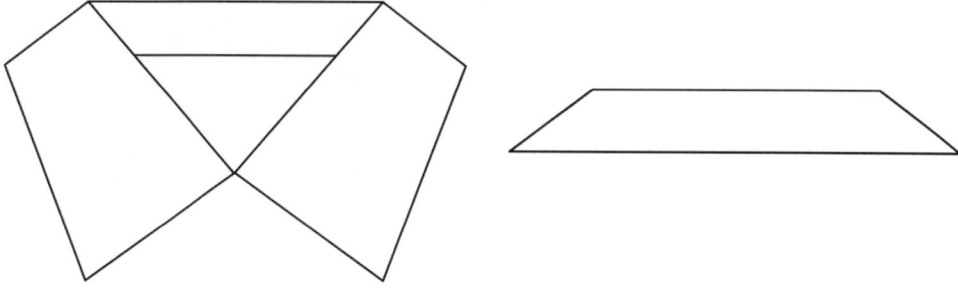

Selecione frente e costas e vá a Arquivo/Salvar como. Em Meus documentos, crie uma pasta com o nome Golas. Abra a pasta, escolha um nome para sua gola e clique em Salvar.

Você pode também criar uma pasta com o nome Desenho Tecnico (não utilize acentuação). Dentro dessa pasta, crie as pastas de botão, gola e tudo o mais que fizer. Salve seus arquivos de forma organizada.

Sempre observe golas reais para saber como são. Não confie na memória. Você só terá facilidade em desenhá-las após analisar atentamente todos os detalhes de golas em peças de vestuário.

Vá a lojas e estude como são os modelos. Veja como outros designers criam golas diferentes, observe os acabamentos e preste bastante atenção em como são feitas as costuras e pregadas as etiquetas.

Só depois de estudar outros modelos e desenhá-los várias vezes, você terá mais conhecimento e agilidade para criar seus modelos.

O CorelDRAW X6® é apenas uma ferramenta de desenho. Para desenhar coleções de moda, é importante conhecer muito sobre vestuário. A agilidade para lidar com o programa será adquirida naturalmente. É só treinar um pouquinho todos os dias.

Há muitos modelos de gola. Vamos desenhar uma gola esporte. Você utilizará novamente o corpo digital Theodora. Sempre capriche no desenho, pois você o fará apenas uma vez e depois vai utilizá-lo sempre.

Abra novamente o arquivo do corpo digital Theodora. Da mesma forma como fez anteriormente, selecione a ferramenta Bézier na Caixa de ferramentas.

A gola esporte é um pouco mais difícil de desenhar, por ser feita em duas partes. Veja a figura ao lado.

No corpo digital Theodora, há alguns pontos de apoio para você estudar essa gola.

Lembre-se sempre de clicar com a ferramenta Bézier, com o botão esquerdo do mouse, soltar e completar a figura até fechá-la, clicando no primeiro nó que fez.

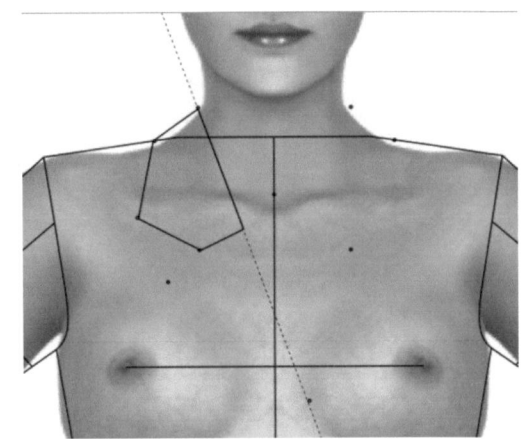

Para desenhar as duas partes da gola com a mesma inclinação, utilize a linha-guia na posição inclinada.

Clique na linha-guia e arraste até o desenho da metade da gola. Tire o dedo do mouse. Clique uma vez sobre ela com a ferramenta Seleção. Clique novamente sobre a linha-guia.

Aparecerá no canto próximo à régua um símbolo com duas setas, como na figura anterior.

Clique sobre esse símbolo com o botão esquerdo do mouse, segure e arraste em rotação. Coloque a linha-guia inclinada sobre a inclinação da primeira parte da gola, como na figura ao lado.

Selecione as opções Alinhar às linhas-guia e Alinhar a objetos na Barra de propriedades.

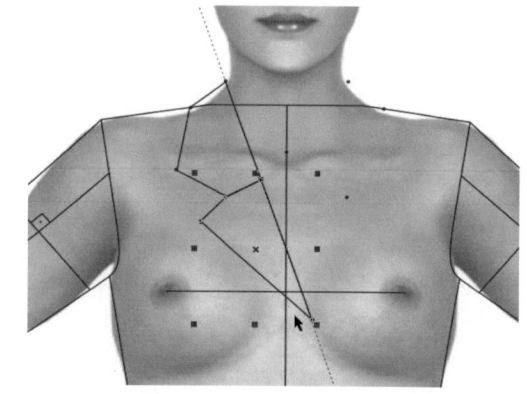

Com a ferramenta Bézier, desenhe a segunda parte da gola e utilize a linha-guia como apoio, para que ambas as partes tenham a mesma inclinação.

Para selecionar a linha-guia sem dificuldade, clique em uma parte da linha-guia que não esteja sobre o desenho ou sobre o corpo digital Theodora. Você perceberá que, enquanto desenha, as linhas sofrem uma atração pela linha-guia. Isso acontece porque você habilitou as opções Alinhar às linhas-guia e Alinhar a objetos. Acompanhe os pontos de referência conforme a figura anterior.

Selecione a metade da gola e vá a Editar/Duplicar.

Veja a indicação da metade que foi duplicada no lado direito da figura ao lado.

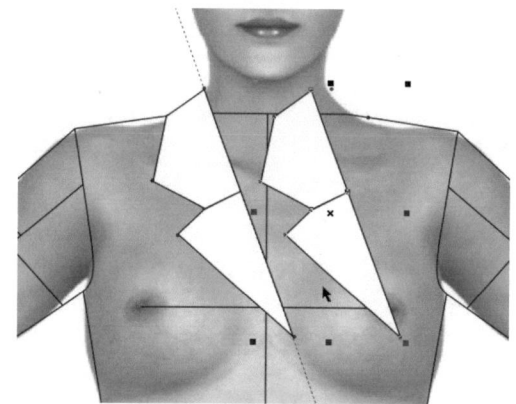

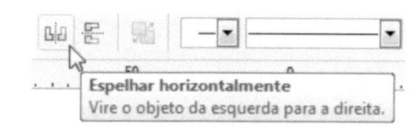

Clique sobre o desenho duplicado, vá à Barra de propriedades e clique na opção Espelhar horizontalmente.

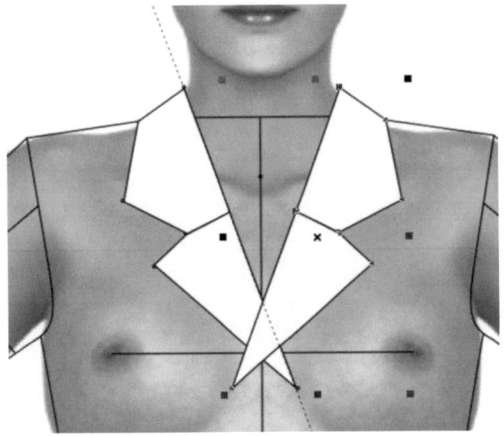 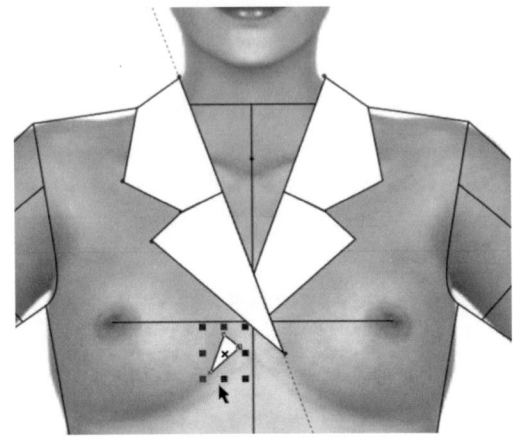

Posicione a segunda metade dese-nhada no lado direito, conforme mostra a figura acima.

Lembre-se de pressionar a tecla CTRL ao arrastar a metade da gola, para manter o alinhamento em relação à primeira me-tade desenhada. Ao final, tire primeiro o dedo do mouse e depois da tecla.

Agora é preciso apagar a pontinha que sobrou na metade da gola desenhada à di-reita.

Clique com o botão esquerdo do mouse na metade da gola à esquerda, pressione Shift, segure, clique na metade da gola à direita, solte a tecla e depois o botão do mouse.

Na Barra de propriedades aparecerá a opção Aparar. Clique nesse botão.

Ao fazer isso, a metade da gola à esquerda cortou a metade da gola à direita, mas elas ainda não estão separadas.

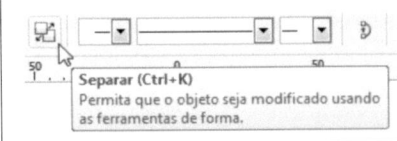

Para separá-las, selecione a metade da gola à direita e vá a Organizar/Separar curva. Você pode clicar também no bo-tão Separar na Barra de propriedades.

Com a ferramenta Seleção, clique na pontinha da gola que foi cortada e pressione a tecla Delete. Selecione as duas partes da gola e vá a Organizar/Combinar.

A ação sempre acontece no segundo objeto selecionado. Por isso, para cortar a metade da gola à direita, primeiro você selecionou a metade da gola à esquerda e só depois a metade da gola à direita.

Há uma regra em relação à sobreposição e ao abotoamento de peças de vestuário. A forma de abotoamento é diferente entre peças femininas e masculinas.

O transpasse que acabamos de fazer com a gola esporte exemplifica um abotoamento feminino.

Para desenhar a parte de trás da gola, faça exatamente como foi feito na gola básica.

Com a ferramenta Bézier, desenhe as costas da gola conforme mostra a figura ao lado.

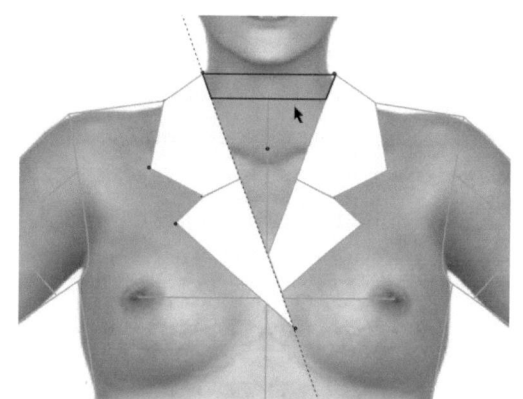

Lembre-se de soltar o botão esquerdo do mouse a cada clique da ferramenta Bézier.

Novamente, verifique se a opção Alinhar a objetos está selecionada.

Desenhe e feche o objeto. Não faça apenas uma linha nas costas da gola. Além de errado, se fizer isso não conseguirá pintar a parte de trás.

Desenhe o objeto inteiro e feche-o clicando no local em que iniciou o desenho – é onde estará o primeiro nó.

Clique no corpo digital e pressione a tecla Delete para apagá-lo. Se ele foi bloqueado, clique nele com o botão direito do mouse e com a ferramenta Seleção. Escolha a opção Desbloquear objeto e depois pressione a tecla Delete.

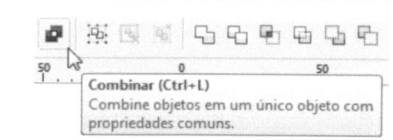

Ao terminar a gola, selecione todas as partes e vá a Organizar/Combinar.

Selecione a gola combinada e vá à ferramenta Caneta de contorno. Na janela Caneta de contorno, selecione a opção Cantos arredondados.

Defina a espessura da linha.

Desenhe a parte de trás da gola sobre a parte da frente com a ferramenta Bézier. Utilize a gola da frente como gabarito.

Lembre-se: tire o dedo do mouse a cada clique da ferramenta Bézier.

Arredonde os cantinhos da parte de trás da gola como fez com a parte da frente.

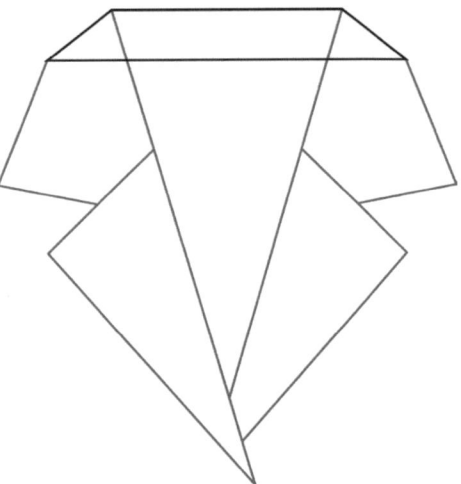

Coloque a frente e a parte de trás da gola lado a lado.

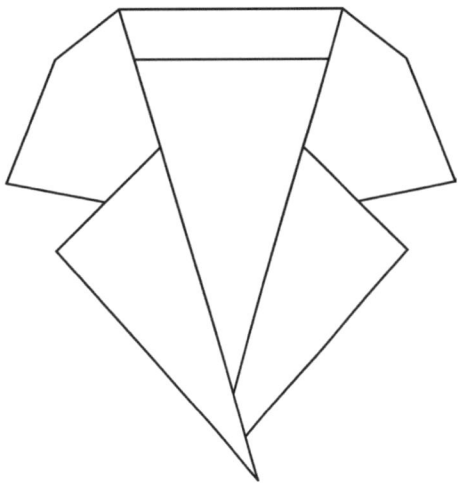

Clique nos dois desenhos com a ferramenta Seleção e vá a Arquivo/Salvar como. Clique na opção Somente selecionados e salve na pasta Golas com o nome Gola esporte.

Quando desenhar suas golas, preste atenção à posição do abotoamento.

As costas da gola indicadas aqui são uma referência. Elas podem ter diversos acabamentos, que propiciarão outras formas de desenho. Por isso, estude modelos reais para entender quais são as variações.

Para saber qual lado deve cortar o outro, preste atenção nas formas de abotoamento masculino e feminino, pois podem ser diferentes.

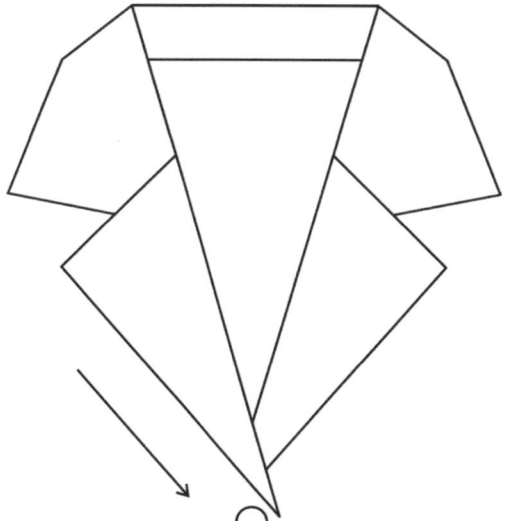

No vestuário feminino, o abotoamento costuma ser pela esquerda.

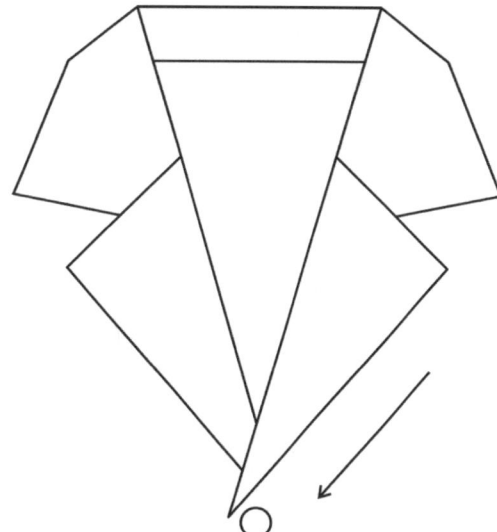

No vestuário masculino, o abotoamento costuma ser pela direita.

Uma das possíveis explicações para o abotoamento ser diferente no vestuário feminino e masculino é porque, no século XVII, os homens tinham por hábito se vestir sozinhos, e o abotoamento de camisas pelo lado direito é mais prático. Já as mulheres eram vestidas por criadas, e o abotoamento das roupas foi desenvolvido do lado esquerdo para facilitar o trabalho delas.

O abotoamento pelo lado esquerdo nas roupas femininas se mantém até hoje, mas, em alguns casos, essa regra já não é tão utilizada.

Nos modelos unissex, por exemplo, prevalece a regra masculina, pois os homens podem se incomodar mais que as mulheres caso essa regra não seja utilizada.

Todas as vezes que tiver dúvida no desenho, procure olhar para uma gola que seja mais próxima do modelo que pretende desenhar. Isso facilita bastante a compreensão de como deve ser o detalhamento técnico.

Crie livremente, sempre respeitando questões técnicas de modelagem e costurabilidade e principalmente os limites do corpo humano.

Agora vamos desenhar uma gola assentada e incluir curvas.

Ela é assentada porque não se aproxima tanto do pescoço como as desenhadas até o momento.

Com a ferramenta Bézier, faça o desenho da metade da gola sem se preocupar com as curvas.

Neste caso, não utilize os pontos de apoio do corpo digital.

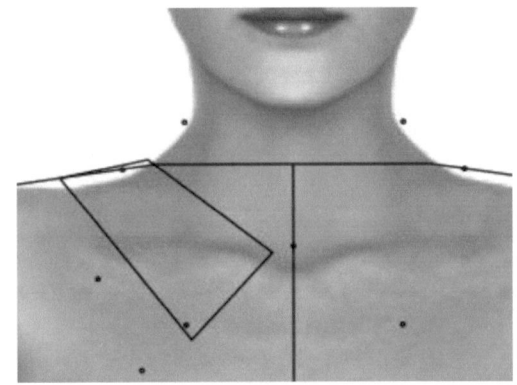

Não se preocupe em conseguir o desenho perfeito. Faça de maneira aproximada e depois ajuste com a ferramenta Bézier.

É importante lembrar que sempre desenharemos uma metade da gola para depois completá-la, duplicando a parte desenhada. Portanto, toda e qualquer alteração no modelo deve ser feita antes de duplicá-lo, para que se possa obter um desenho simétrico.

Tendo como base a ponta da gola, coloque um nó antes e um nó depois da ponta.

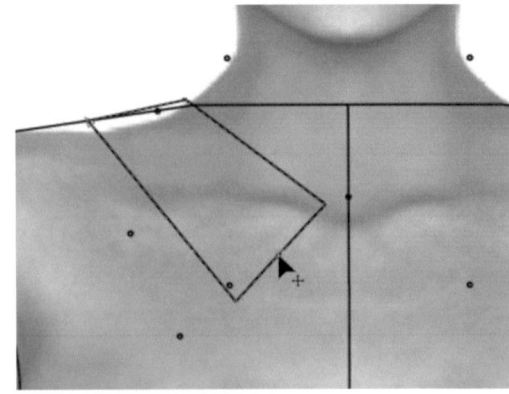

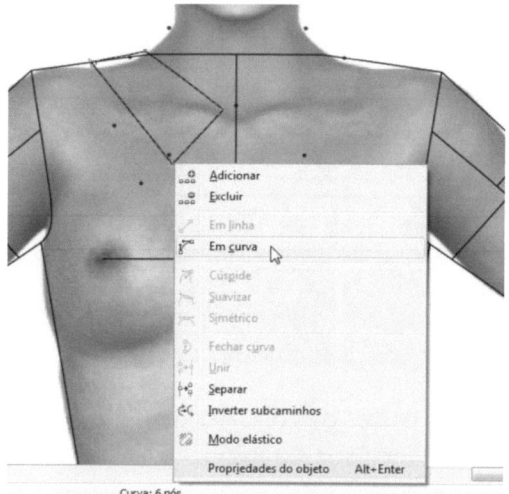

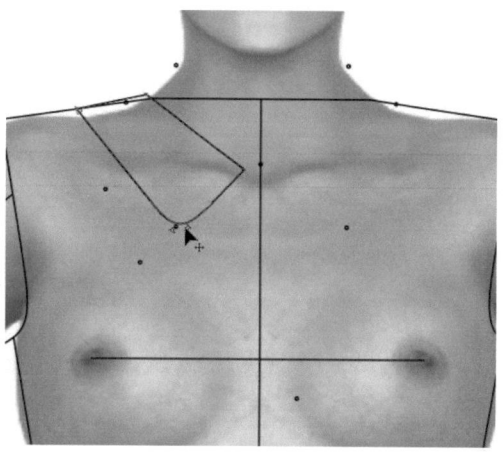

Com o botão direito do mouse, clique no nó que está na ponta da gola e selecione Em curva.

Clique novamente nele com a ferramenta Forma e pressione a tecla Delete.

Clique nos nós que colocou antes e depois da ponta da gola, depois nos vetores azuis e ajuste a ponta da gola para que fique arredondada.

Os vetores são as setas azuis que aparecem ao clicar nos nós com a ferramenta Forma.

Clique nelas e empurre para ajustar a curva, conforme mostra a figura abaixo.

Sempre que quiser curvar determinada região de uma linha, crie um nó antes e um nó depois dessa região. Assim, você limitará a área a se curvar.

Se a linha sofrer alterações inesperadas antes e depois de um dos nós que você esteja ajustando, clique na gola com a ferramenta Forma e selecione todos os nós.

Com a ferramenta Forma, clique em qualquer um dos nós com o botão direito do mouse e escolha a opção Nó cúspide no menu. Agora, você poderá trabalhar com qualquer linha do decote livremente.

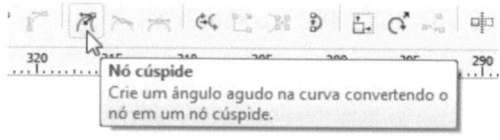

Faça como nos exercícios anteriores. Clique na metade da gola e vá a Editar/Duplicar. Clique no botão Espelho horizontal, posicione a metade duplicada para formar a gola, selecione as duas partes e combine.

Neste modelo, as pontas da gola não se encontram no meio.

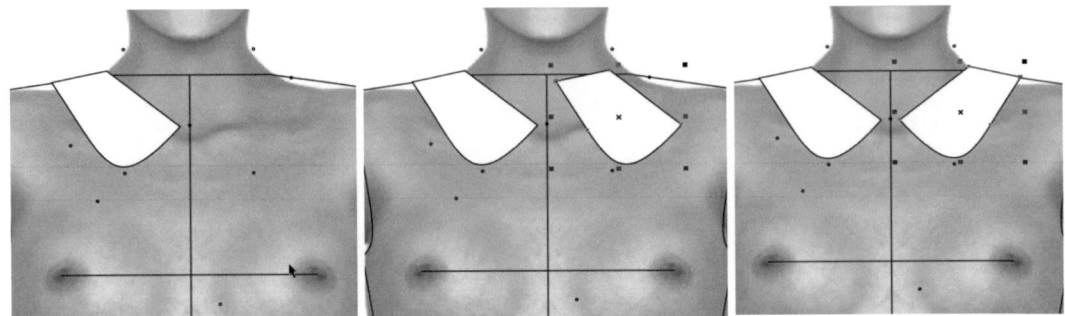

Ao finalizar o desenho, sempre combine todas as partes da gola. Assim, todas as vezes que for pintá-la, a cor será aplicada em toda sua extensão – e não apenas em parte dela.

Construiremos a parte de trás da gola assentada, só que dessa vez faremos em mais etapas.

As costas da gola assentada possuem uma curva acentuada. Veja as etapas de construção a seguir.

Utilize a frente da gola assentada como base para desenhar a parte de trás.

Coloque uma linha-guia no centro da gola já desenhada e desenhe metade da gola com a ferramenta Bézier.

Com a ferramenta Forma, curve a linha de cima das costas da gola.

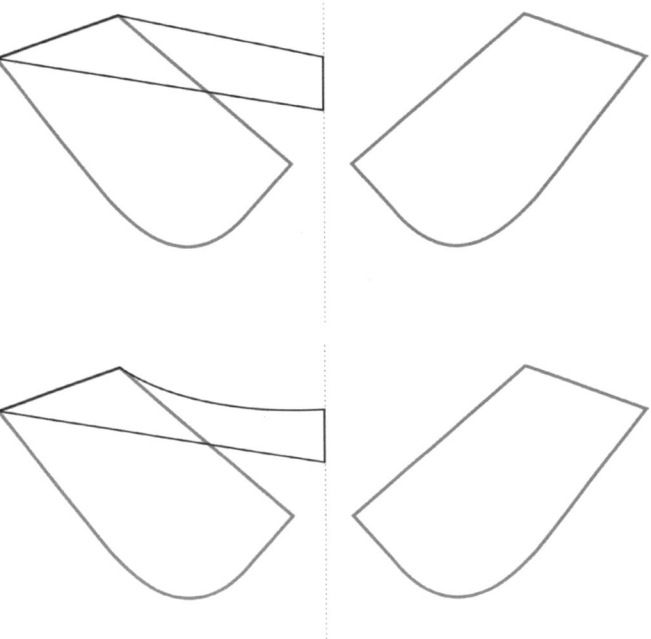

Novamente com a ferramenta Forma, curve a próxima linha das costas da gola, conforme a figura ao lado.

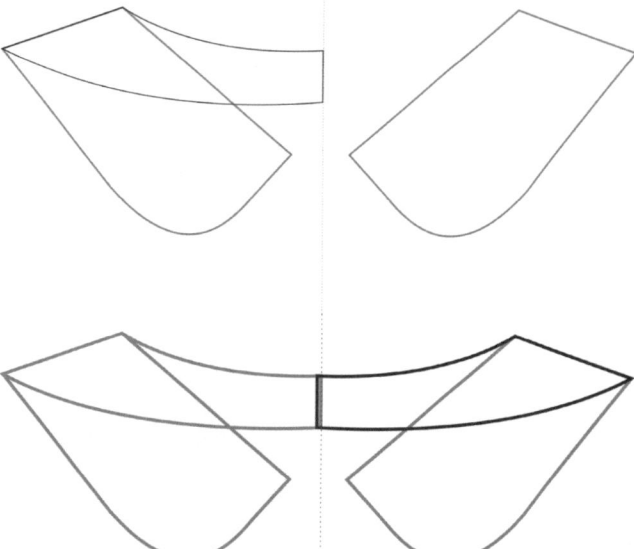

Selecione a metade da gola e vá a Editar/Duplicar/Espelhar e posicione conforme mostra a figura ao lado.

Antes de continuar a explicação sobre a parte de trás da gola, vamos tratar com mais detalhe da função Soldar.

Para unir objetos (fechados) e transformá-los em um único objeto no CorelDRAW X6®, sempre use a função Soldar. Essa função aparece quando dois ou mais objetos são selecionados na área de trabalho.

Dois objetos só se tornarão um quando um objeto estiver sobre o outro. Isso é extremamente importante!

Imagine duas folhas de papel. Para colar uma na outra, após passar cola, é preciso que estejam sobrepostas, ou seja, pelo menos uma parte de cada uma das folhas deve estar sobre a outra. E isso não é possível se elas estiverem distantes.

Para unir ou colar dois objetos, é preciso que eles estejam um sobre o outro, como as folhas de caderno.

No CorelDRAW X6®, ao colocar um objeto sobre o outro e usar a opção Soldar, que fica na Barra de propriedades, esses dois objetos se tornarão um só.

Veja como essa ferramenta é utilizada nas costas da gola.

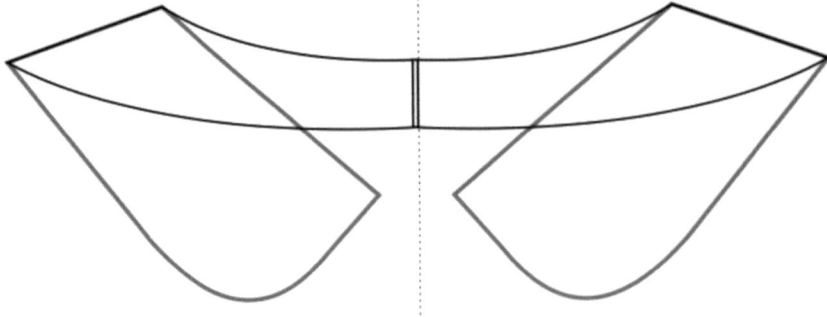

Observe que os dois lados das costas da gola estão sobrepostos. Há duas linhas no centro da parte de trás da gola.

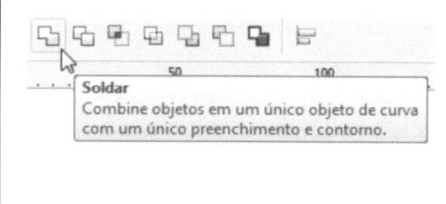

Para unir as duas partes, clique em um dos lados da gola, pressione Shift, mantenha a tecla pressionada, clique na outra parte da gola, tire o dedo do mouse e depois da tecla. Na Barra de propriedades, selecione a opção Soldar.

Ao serem unidas, as duas partes poderão ficar como mostra a figura ao lado.

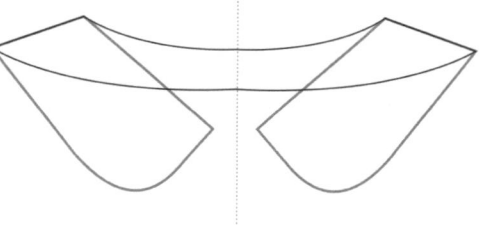

Com a ferramenta Forma, clique nas costas da gola e selecione os nós que estão no centro dela.

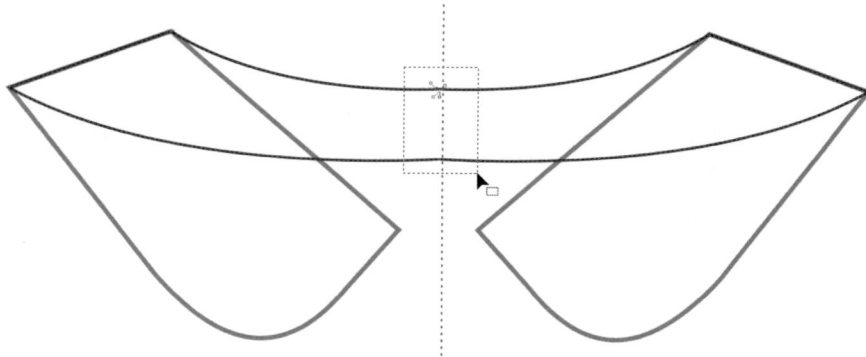

Selecione a gola com a ferramenta Forma. Clique com o botão esquerdo do mouse um pouco acima dos nós centrais, segure e arraste na diagonal (veja a figura acima).

Pressione a tecla Delete para apagá-los. Qualquer imperfeição que houver no centro das costas da gola desaparecerá.

Seu desenho deverá ficar semelhante à figura ao lado.

As curvas foram ajustadas com a ferramenta Forma e a gola foi pintada de branco.

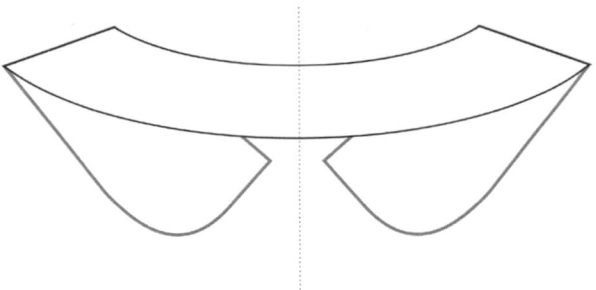

Clique na parte de trás da gola que acabou de desenhar e duplique. Reserve esse desenho para ser usado na finalização da gola.

Para finalizar a frente da gola, clique na parte da frente com o botão esquerdo do mouse, pressione Shift e segure o mouse e a tecla.

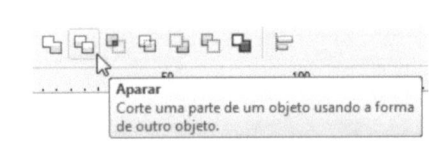

Clique na parte de trás da gola, tire o dedo do mouse e depois da tecla. Pressione Aparar na Barra de propriedades.

Lembre-se de que a ação sempre acontece no segundo objeto selecionado. Por isso, clique primeiro na frente e só depois na parte de trás da gola. A frente cortará a parte de trás.

Selecione a gola e vá a Organizar/Combinar. Pinte a gola de branco.

Selecione a gola combinada, vá à ferramenta Caneta de contorno e selecione Cantos arredondados, como fez nas outras golas.

Pinte a gola da cor que quiser, utilizando a paleta de cores. Não empregue nenhum artifício de sombreamento, como pintar a parte interna de cinza. Isso poderá causar dupla interpretação.

Para desenhar as costas da gola, utilize o desenho que foi pedido para ser reservado.

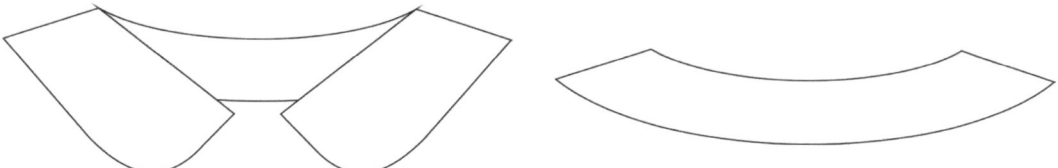

Coloque a frente e as costas da gola lado a lado, clique em ambas com a ferramenta Seleção, vá a Arquivo/Salvar como/Somente selecionados e salve na pasta Golas.

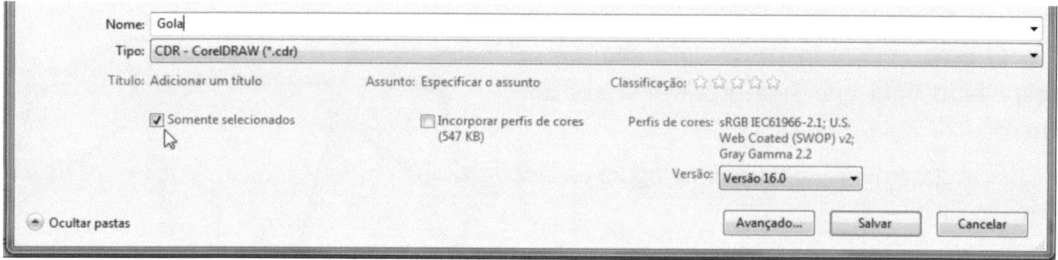

Transpasse e abotoamento

Veja como indicar o transpasse no desenho das golas.

A gola em tracejado representa a metade da gola que foi duplicada e espelhada para formar a gola inteira.

Veja o espaço de sobreposição em relação à outra parte no centro do desenho (pontas da gola).

Para fazer a linha de transpasse, indicada pela seta, utilize a ferramenta Mão livre.

Certifique-se de que a opção Alinhar a obje-tos esteja selecionada.

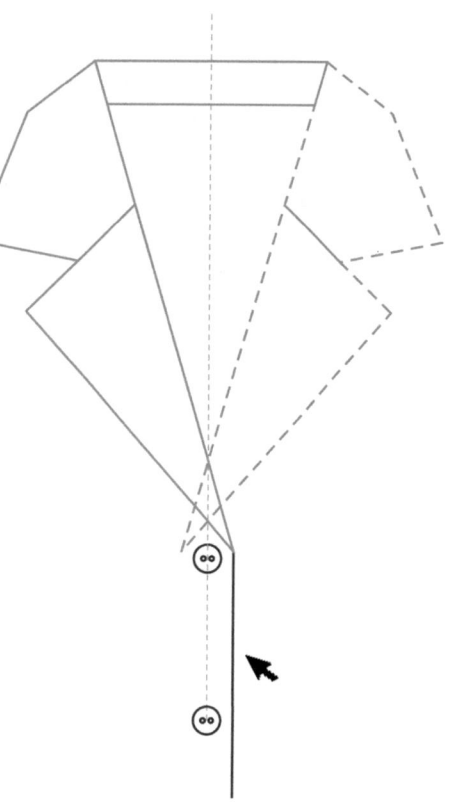

Clique na ferramenta Mão livre na Caixa de ferramentas e depois na ponta da gola, conforme a figura anterior. Tire o dedo do mouse, desça a linha até a barra da camisa, blusa ou casaco, clique novamente e tire o dedo do mouse.

Para manter a linha reta, pressione a tecla CTRL enquanto desce a linha. Ao terminar, tire o dedo do mouse e depois da tecla.

Note que o transpasse (linha vertical em preto) está à direita dos botões (ponto de vista de quem olha a gola). Este é um abotoamento feminino.

Os botões estão no centro. Lembre-se de que eles sempre ficam no centro, a não ser que o modelo que você criou exija outro posicionamento.

O espaço de transpasse deve sempre ser respeitado para que seja possível o abotoamento.

O abotoamento mostrado na figura ao lado é masculino.

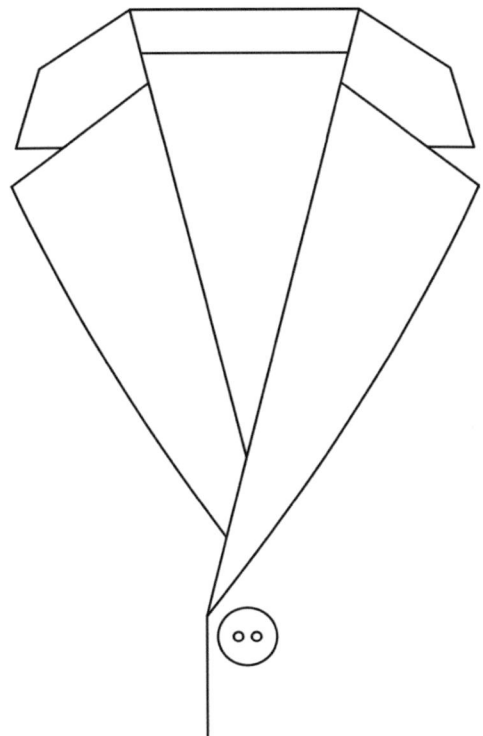

8. DECOTE

Careca

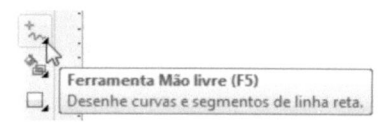 Para desenhar o decote, usaremos a ferramenta Mão livre.

Selecione o corpo digital Theodora e aproxime a área do pescoço com a ferramenta Lupa.

Sempre aproxime a área em que você irá trabalhar. Isso facilitará bastante o uso do CorelDRAW X6®.

Com a ferramenta Mão livre, faça uma linha em diagonal, conforme a figura ao lado.

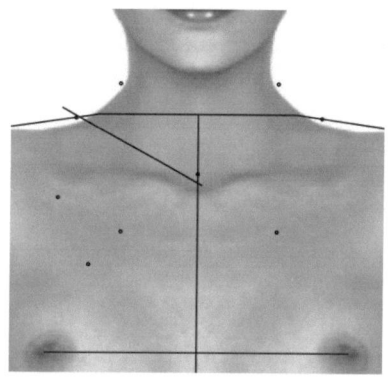

Lembre-se: clique com a ferramenta Mão livre, tire o dedo do mouse, clique no próximo ponto, tire o dedo do mouse e clique na ferramenta Seleção.

É importante que a linha seja desenhada além do ombro e vá até um pouquinho depois do centro do corpo digital.

Os pontos de apoio do corpo digital são apenas sugestões. Você pode fazer de acordo com o modelo que planejou, desde que ultrapasse o corpo conforme explicado.

Clique na linha com a ferramenta Forma. Clique na linha novamente com o botão direito do mouse. No menu, clique em Em curva.

Clique na linha mais uma vez e curve para baixo conforme a figura ao lado.

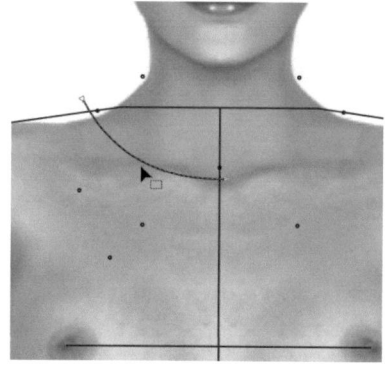

Qualquer alteração que queira realizar deve ser feita sempre na metade desenhada antes de duplicar o desenho.

Preste bastante atenção em como a linha está no centro do corpo digital: ela deve estar o mais perpendicular possível em relação ao eixo (linha vertical central).

Clique na linha com a ferramenta Seleção e aumente a espessura. Neste caso, ela está com 0,25 cm.

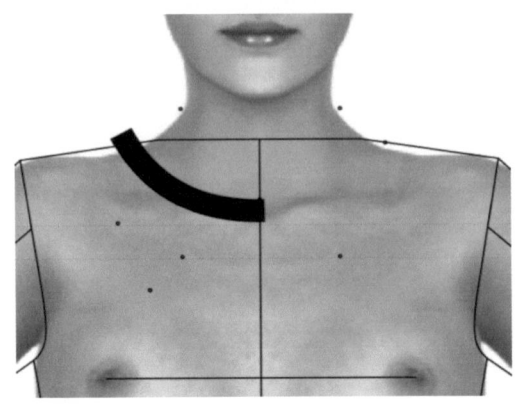

Após clicar na linha, aparecerá na Barra de propriedades a opção de espessura de linha (veja a figura ao lado). Você pode usar as medidas predefinidas (que já estão especificadas), ou apagar a medida com o cursor e digitar o valor que quiser.

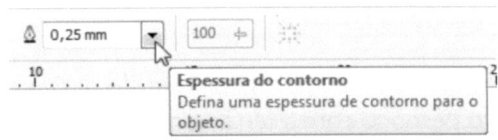

O que foi desenhado é uma linha. Ela possui a característica de poder ser pintada apenas como contorno, pois não tem preenchimento. No CorelDRAW X6®, é possível transformar essa linha em objeto, que poderá ter contorno e preenchimento alterados. Esse exercício é muito simples, pois você usará apenas uma função e a linha se transformará na metade da sua gola.

Clique na linha com a ferramenta Seleção, vá a Organizar e clique na opção Converter contorno em objeto (veja a figura o lado).

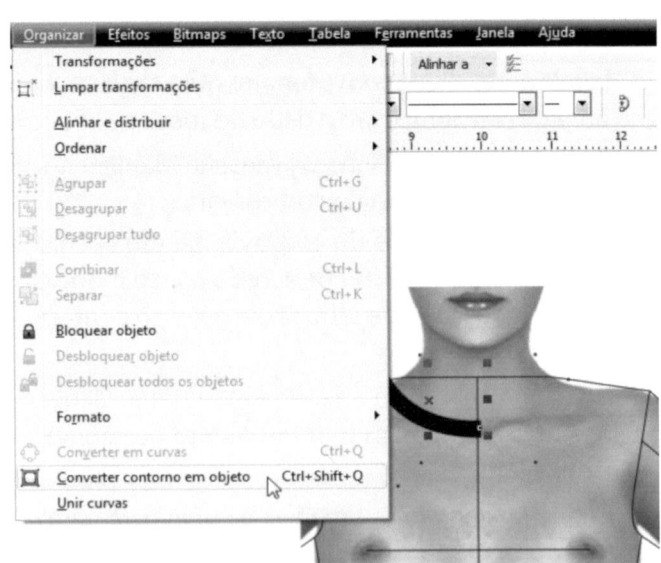

Agora, a linha se transformou em um objeto: tanto contorno como preenchimento podem ser alterados.

Para ter certeza que deu certo, clique novamente no objeto com a ferramenta Seleção e depois na cor de sua preferência, na paleta de cores, com o botão esquerdo do mouse. O preenchimento do objeto deverá se modificar, por não ser mais apenas uma linha.

Usamos esse recurso porque seria muito difícil conseguir um decote com essa curvatura com as medidas equidistantes a partir de um retângulo.

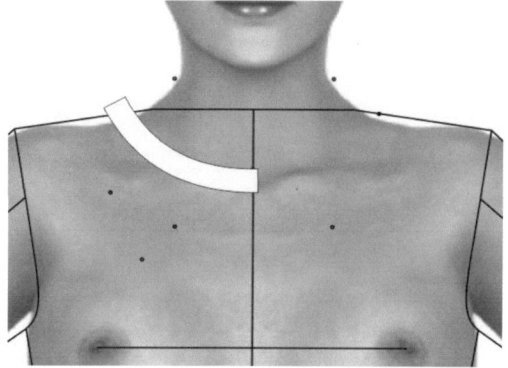

O desenho da metade do seu decote deverá ficar semelhante à figura acima. Veja também que a metade do decote ultrapassa um pouco o ombro e o centro do corpo digital. Faremos ajustes a seguir.

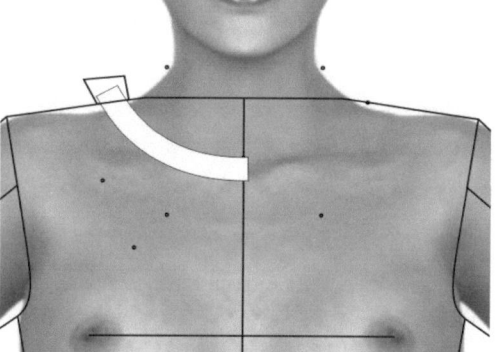

Com a ferramenta Bézier, construa um objeto conforme a figura acima.

Lembre-se: é importante que ele esteja fechado.

O objeto desenhado está exatamente sobre a linha inclinada do ombro e envolve o pedaço do decote que está além da linha inclinada.

Para eliminar a parte do decote que está além do ombro, você usará a opção Aparar. Veja a sequência a seguir para entender como fazer.

Clique no objeto que desenhou com a ferramenta Seleção. Pressione Shift, mantenha a tecla pressionada, clique no decote, tire o dedo do mouse e depois da tecla.

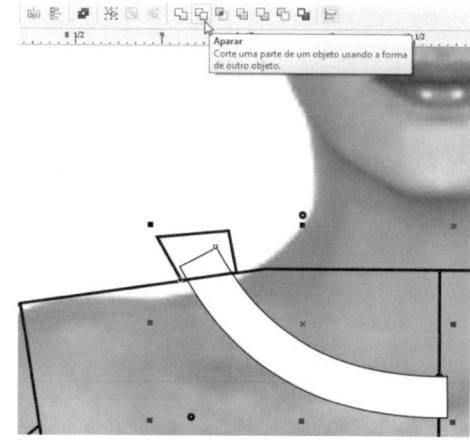

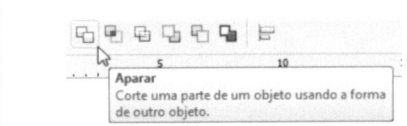

Na Barra de propriedades, clique na função Aparar.

Lembre-se: primeiro você clicou no objeto e só depois clicou no decote. O objeto corta o decote.

Clique no objeto que usou para cortar o decote com a ferramenta Seleção e pressione a tecla Delete .

Clique na metade do decote com a ferramenta Seleção e vá a Editar/Duplicar. Clique em Espelhar horizontalmente.

Posicione a outra metade do decote para montá-lo conforme a figura ao lado.

Ao posicionar a segunda parte do decote, certifique-se de que as duas partes estejam sobrepostas no centro.

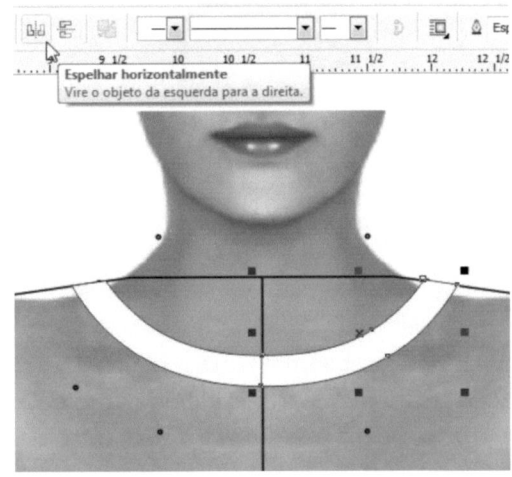

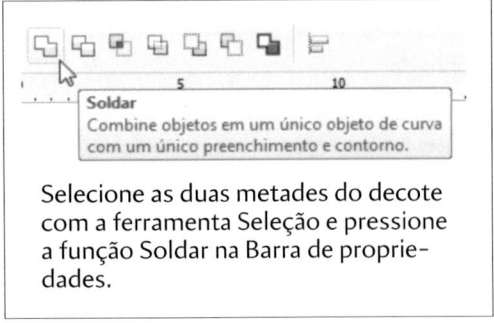

Selecione as duas metades do decote com a ferramenta Seleção e pressione a função Soldar na Barra de propriedades.

Selecione o decote e pinte de branco.

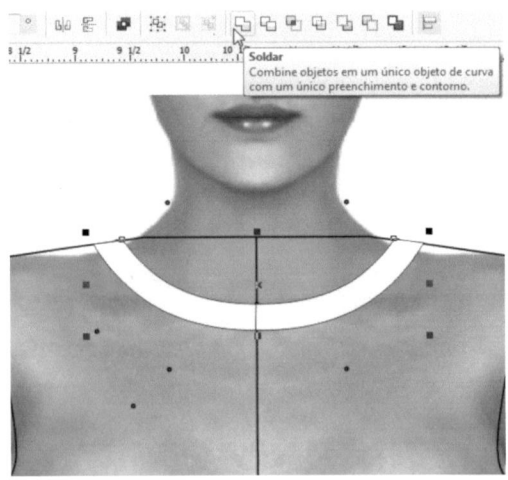

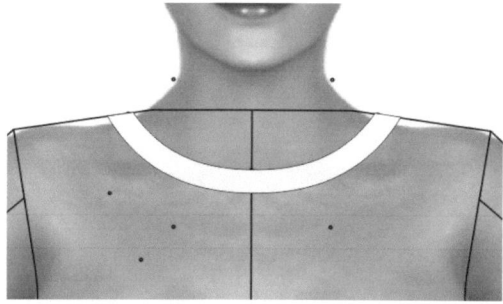

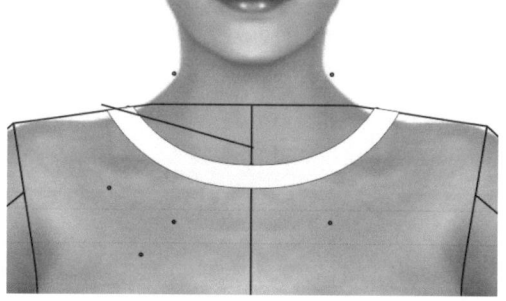

A linha no centro deverá sumir. Por isso, é importante que as duas metades estejam sobrepostas antes de soldá-las.

Lembre-se das folhas do caderno: para que uma cole na outra, uma folha precisa estar sobre a outra.

Para desenhar a parte de trás do decote, selecione a ferramenta Mão livre.

Desenhe uma linha conforme a figura acima.

Lembre-se: clique no local desejado, tire o dedo do mouse e finalize a linha.

Veja que a linha acima do decote o ultrapassa um pouco à esquerda no ombro e passa um pouco do eixo central do corpo digital.

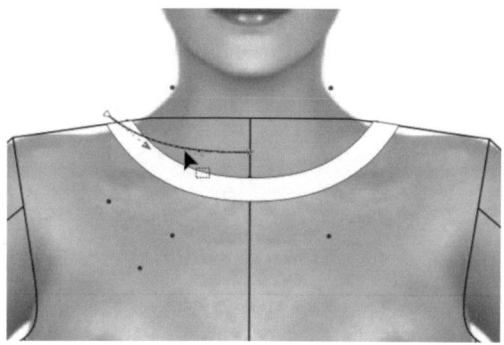

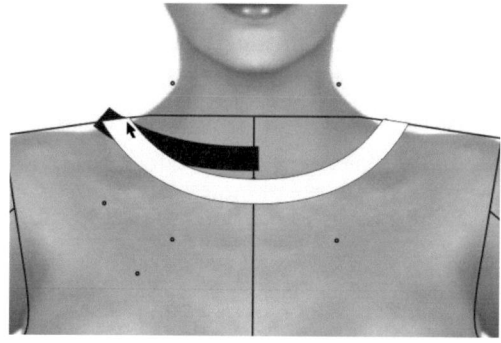

Clique na linha desenhada e curve-a com a ferramenta Forma.

Perceba que a curva do decote traseiro é um pouco menos acentuada no centro do pescoço do corpo digital.

Clique na linha e aumente a espessura, utilizando a mesma da frente do decote.

Veja que o decote traseiro (em preto) ultrapassa o desenho do decote frontal (em branco, indicado pela seta).

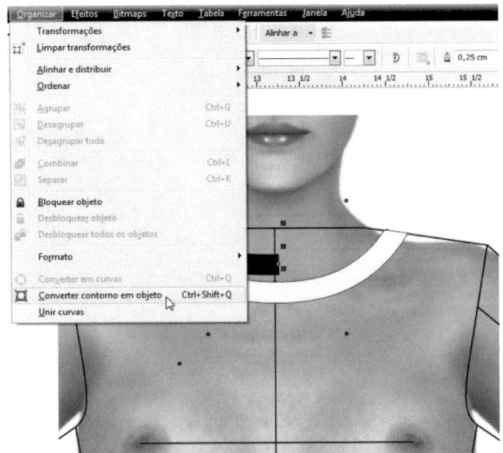

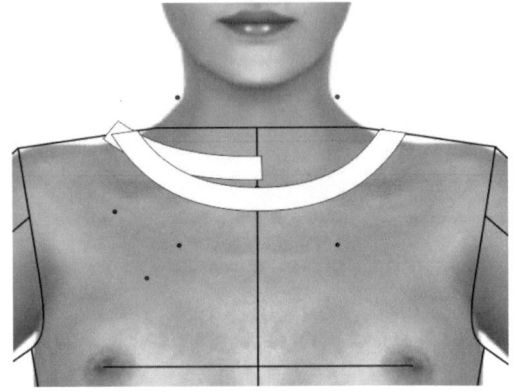

Assim como fez no decote frontal, transforme a linha em objeto.

Clique na paleta de cores com o botão esquerdo do mouse para pintar o decote de branco.

Com o botão direito do mouse, clique novamente na paleta de cores para pintar o contorno de preto.

No desenho técnico digital, tem se tornado comum pintar o contorno do vestuário de preto, como se estivesse sendo desenhado com uma caneta técnica. Talvez a ideia seja simular o desenho técnico manual, feito com canetas técnicas à base de tinta nanquim preta.

Selecione a metade do decote, duplique, espelhe na horizontal e posicione conforme a figura abaixo.

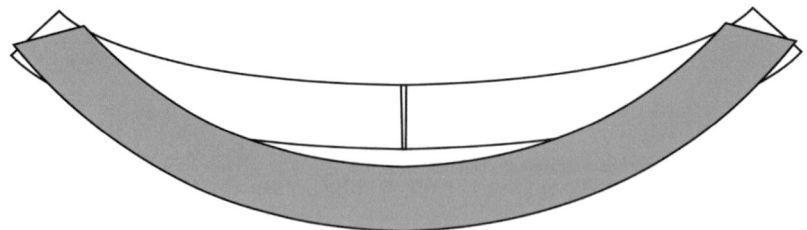

A parte cinza dessa figura é a frente do decote e a branca são as costas.

As costas ainda estão em duas partes. Você precisa selecionar as duas partes do decote traseiro e soldá-las.

Lembre-se de que as duas metades do decote devem estar sobrepostas.

Com a ferramenta Seleção, clique em uma das metades das costas, pressione Shift, mantenha a tecla pressionada, clique na outra metade, tire o dedo do mouse e depois da tecla.

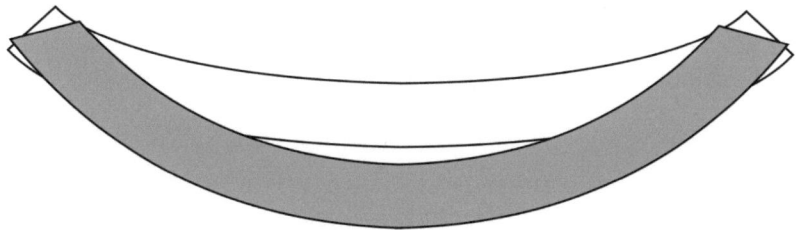

Com as duas metades selecionadas, pressione a função Soldar na Barra de propriedades.

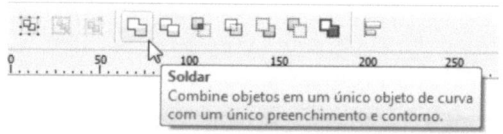

As linhas no centro do decote traseiro deverão sumir. Se não sumirem, é porque as duas partes do decote não estão sobrepostas.

Veja que há pontas nos cantos do decote. Para eliminá-las, clique com a ferramenta Seleção no decote da frente (cinza).

Pressione Shift, mantenha a tecla pressionada, clique no decote das costas (branco), tire o dedo do mouse e depois da tecla.

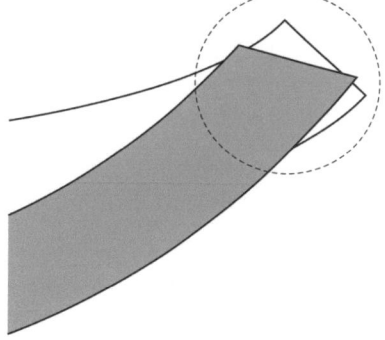

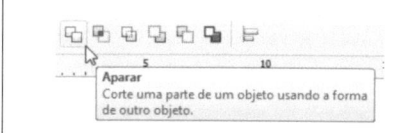

Após selecionar frente e costas, clique na função Aparar na Barra de propriedades.

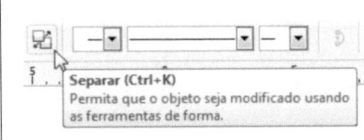 A frente do decote cortará as costas. Em seguida, para separar os pedaços que serão excluídos, vá a Organizar/Separar curva.

Preste atenção: a frente do decote (cinza) se sobrepõe às costas.

Para finalizar, clique nos pedaços além do decote frente e costas e pressione a tecla Delete .

Veja os pedaços além do decote na figura abaixo. Clique em cada um com a ferramenta Seleção e pressione Delete. Selecione frente e costas, combine e pinte de uma única cor.

Só é possível eliminar os pedaços que estão sobrando após cortá-los com a ferramenta Aparar. Depois vá a Organizar/Separar curva para separá--los definitivamente do desenho do decote.

Para desenhar as costas do decote que aparecerá na camiseta, utilize o decote frontal como gabarito.

Habilite a opção Alinhar a objetos.

Com a ferramenta Bézier, construa o desenho conforme a figura abaixo.

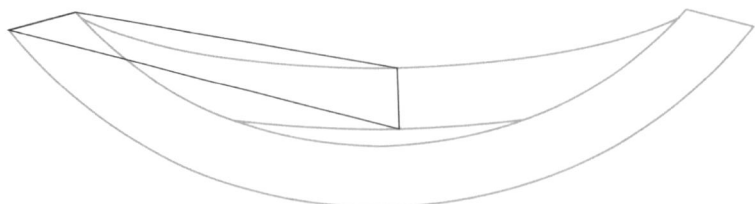

Clique em um canto do decote desenhado (em cinza), tire o dedo do mouse e construa sem se preocupar com as linhas. Feche o desenho clicando no nó em que ele teve início.

Faça seu desenho até a metade do decote (contorno em cinza).

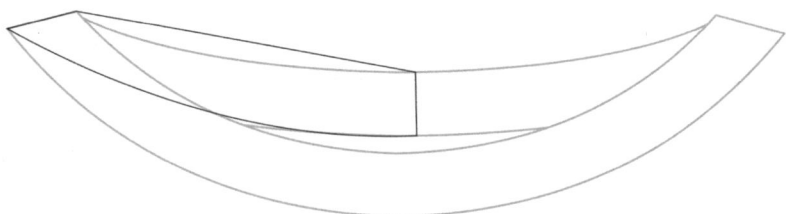

Com a ferramenta Forma, transforme as linhas em curva e ajuste o objeto desenhado até que ele seja posicionado sobre o decote frontal.

Se você habilitou Alinhar a objetos, perceberá que seu desenho será atraído pelas linhas cinzas do decote frontal.

Você deverá ajustar as linhas com a ferramenta Forma até que elas fiquem conforme a figura abaixo.

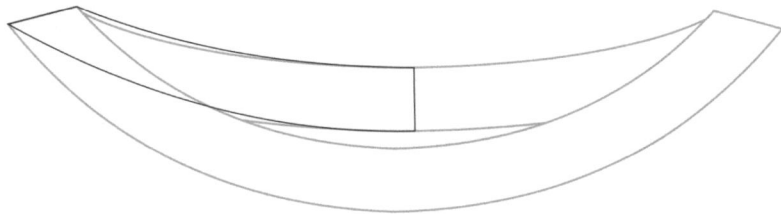

Selecione a metade do decote, duplique, faça o espelho horizontal e posicione conforme a figura abaixo.

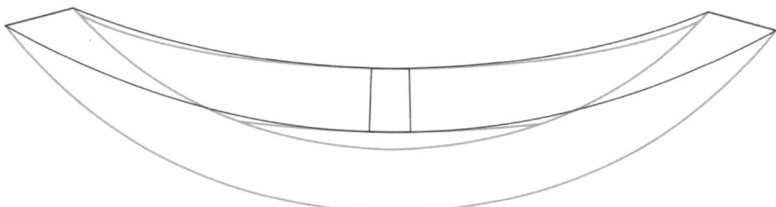

Certifique-se de que as duas partes do decote estejam sobrepostas.

Após clicar nas duas partes do decote com a ferramenta Seleção, clique na função Soldar na Barra de propriedades.

Apague o decote frontal usado como gabarito.

Coloque a frente e as costas do decote lado a lado. Selecione as duas partes, vá a Arquivo/Salvar como, habilite a opção Somente selecionados e salve na pasta de golas e decotes.

V

Para desenhar o decote V, você utilizará as mesmas ferramentas do decote careca.

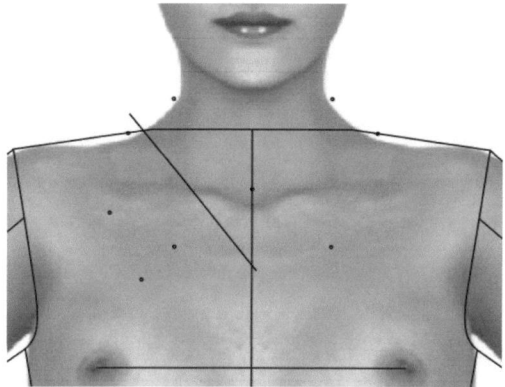
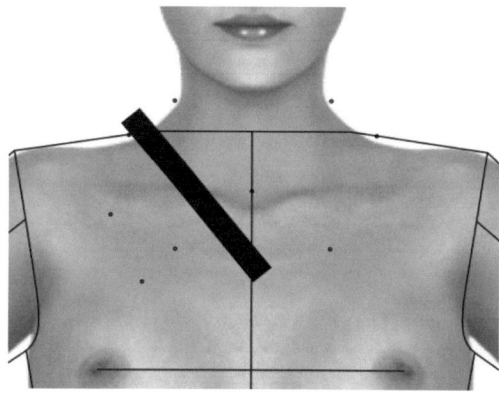

Selecione a ferramenta Mão livre e desenhe uma linha inclinada sobre o corpo digital Theodora, conforme a figura acima.

Veja que a linha ultrapassa os limites do corpo digital na altura do ombro e vai um pouco além do centro do corpo digital.

Clique na linha desenhada e digite uma medida. Aqui utilizamos 0,25 cm.

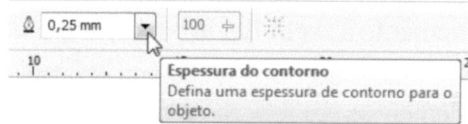

Observe que na linha com espessura maior, indicada na figura acima, as pontas também ultrapassam o ombro e o centro do corpo digital.

Após selecionar essa linha, vá a Organizar/Converter contorno em objeto.

Neste caso, a linha se transformou em um retângulo: preenchimento e contorno podem ser alterados.

Escolha a cor que preferir para o preenchimento. O contorno deverá ser pintado de preto.

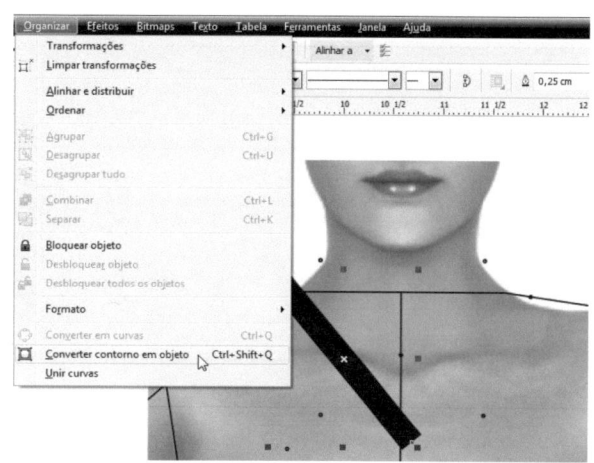

Com a ferramenta Bézier, construa os elementos que serão utilizados apenas para aparar os excessos da metade do decote.

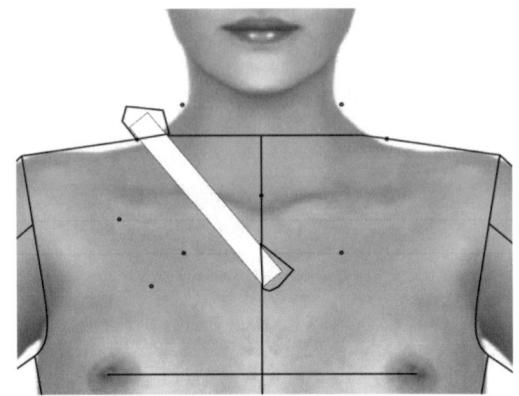

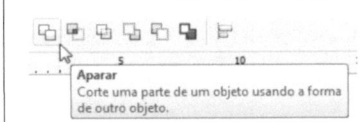

Clique no elemento construído com o botão esquerdo do mouse, pressione Shift, segure o botão do mouse, clique no decote e depois em Aparar.

Faça isso em cada elemento, um de cada vez.

Lembre-se de que a ação sempre se dá no segundo objeto selecionado. Ou seja, o objeto que sofrerá alteração, neste caso, é o retângulo do decote.

Use a linha vertical do centro do corpo digital como guia para desenhar o elemento a ser utilizado para aparar o decote.

Habilite a opção Alinhar a objetos. Isso tornará mais fácil o desenho dos elementos em relação ao corpo digital.

Seu desenho deverá ficar semelhante à figura ao lado.

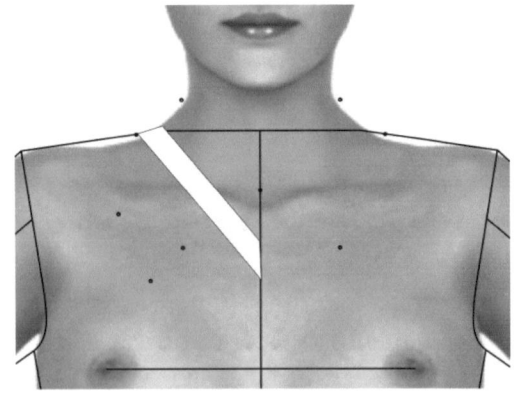

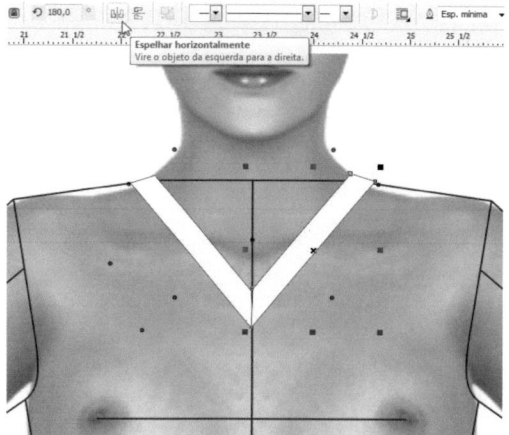

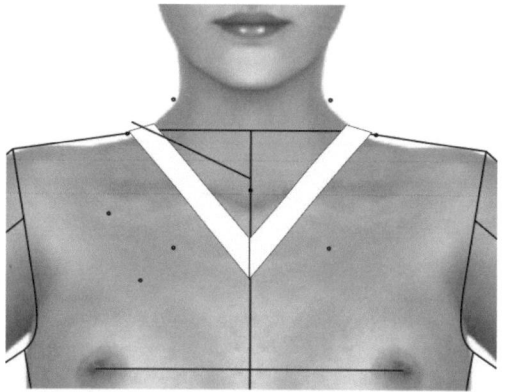

Clique na primeira parte do decote V com a ferramenta Seleção e vá a Editar/Duplicar.

Clique novamente no decote duplicado e vá a Espelhar horizontalmente na Barra de propriedades.

Selecione a metade duplicada e espelhada e posicione-a conforme a figura acima.

Encoste as pontas do decote no centro do corpo digital e transforme os cantos em curvas utilizando a ferramenta Contorno.

Selecione as duas partes e combine.

Para o desenho das costas, utilize o decote V frontal como gabarito.

Você também pode utilizar as costas do decote careca como base para desenhar as costas do decote V.

Com a ferramenta Mão livre, faça uma linha inclinada que ultrapasse o limite lateral e o centro do decote, conforme a figura abaixo.

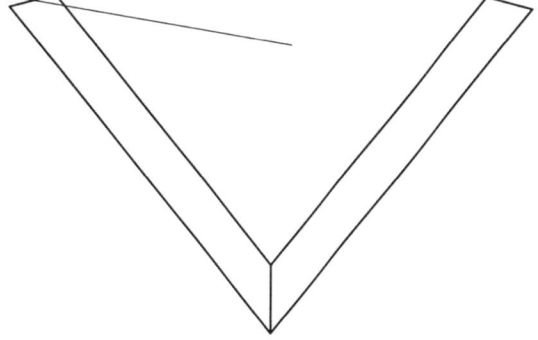

Lembre-se: dê um clique com o botão esquerdo do mouse, tire o dedo do mouse e clique mais uma vez para finalizar a linha.

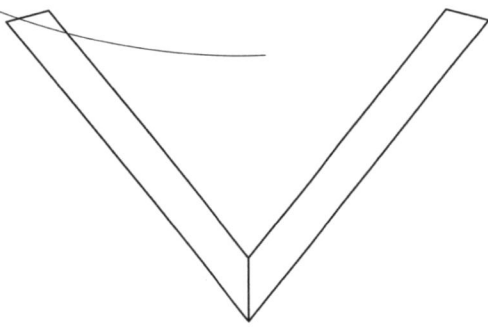

Clique na linha inclinada com a ferramenta Forma e transforme-a em curva.

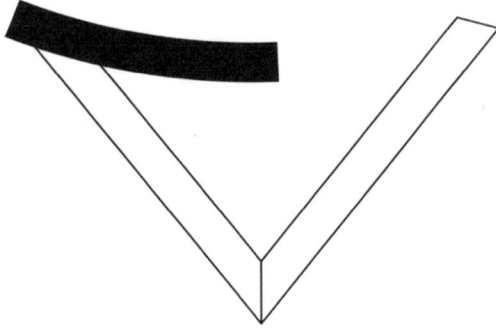

Utilize para a linha a mesma espessura do decote V frontal.

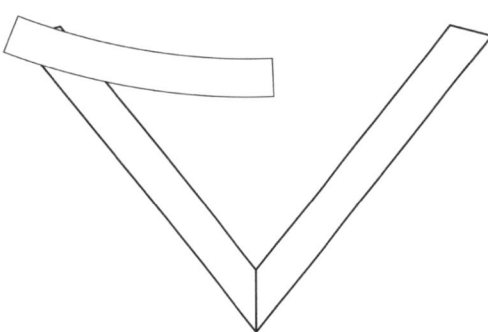

Transforme a linha em objeto, pinte o preenchimento da cor que quiser e o contorno de preto, conforme a figura acima.

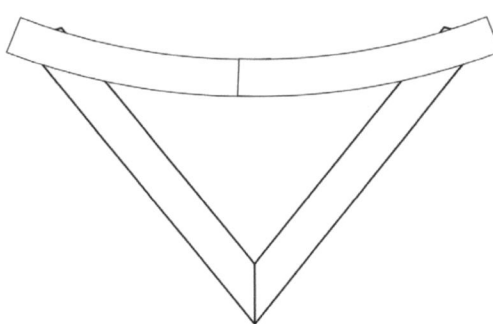

Duplique a metade do decote traseiro e posicione-a conforme a figura acima.

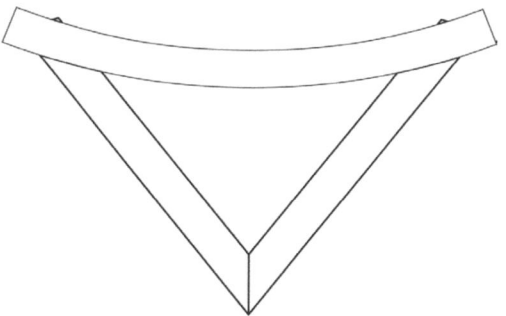 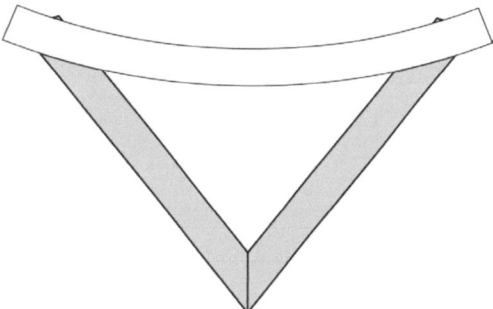

As duas partes precisam estar alinhadas. Para se certificar sobre o alinhamento, selecione as duas partes do decote traseiro e pressione a letra T (Alinhar pelo topo).

Ou, com as duas partes do decote traseiro selecionadas, vá a Organizar/Alinhar pelo topo.

Selecione as duas metades do decote traseiro e solde.

Alinhe o decote traseiro em relação ao decote frontal: selecione frente e costas e pressione a letra C. Ou vá a Organizar/Alinhar pelo centro vertical.

Verifique se as duas metades da frente do decote estão combinadas.

Para eliminar os pedaços que estão a mais, clique primeiro no decote da frente (cinza).

Pressione Shift, mantenha a tecla pressionada e clique no decote traseiro (branco).

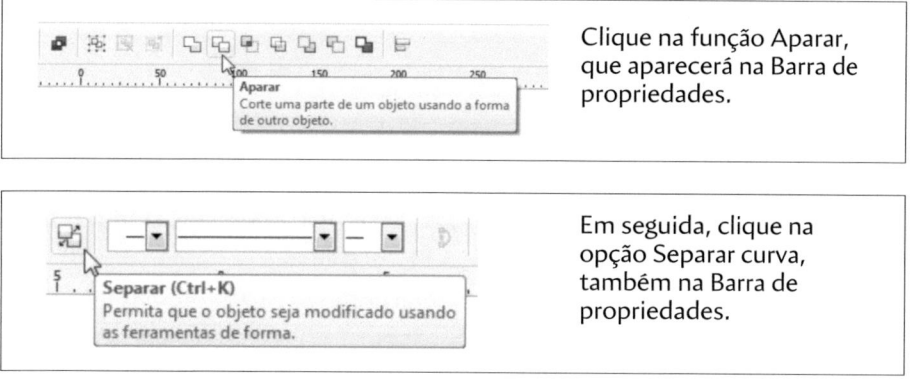

Clique na função Aparar, que aparecerá na Barra de propriedades.

Em seguida, clique na opção Separar curva, também na Barra de propriedades.

Feito isso, os pedaços além do decote estarão separados e poderão ser apagados.

Clique em cada um com a ferramenta Seleção e pressione a tecla Delete.

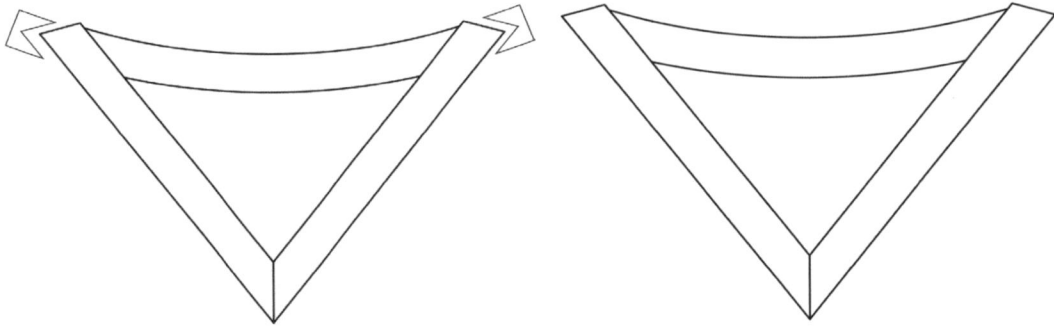

Para desenhar as costas do decote, faça da mesma forma que com as costas do decote careca, usando como apoio a frente do decote V. Veja a sequência abaixo.

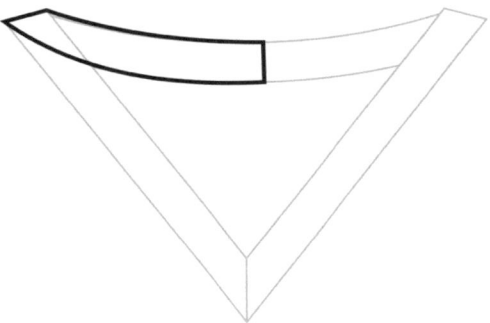

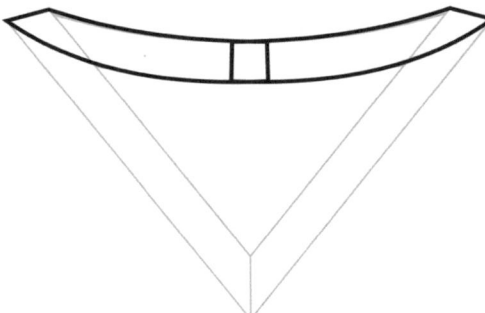

Com a ferramenta Bézier desenhe as costas do decote sobre a frente, conforme a figura acima.

Lembre-se de transformar as linhas em curva e de utilizar a ferramenta Forma para ajustá-las.

Selecione a metade desenhada, duplique, faça o espelho e posicione conforme a figura acima.

Veja como as duas metades estão sobrepostas.

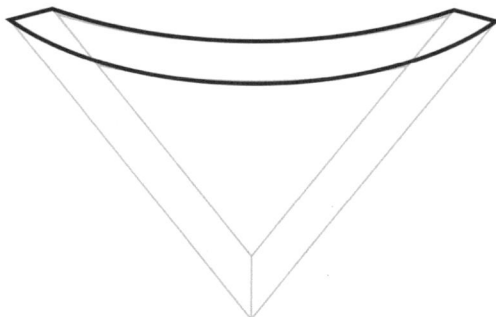 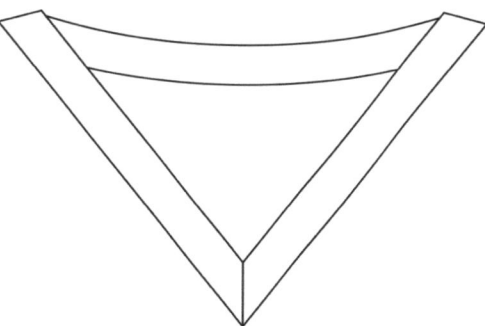

Selecione as duas metades e solde.

Caso fique algum defeito no meio do decote traseiro, clique na ferramenta Forma na Caixa de ferramentas.

Selecione os nós que estão no centro do decote e pressione a tecla Delete.

Selecione frente e costas do decote V, vá a Arquivo/Salvar como, habilite Somente selecionados e salve na sua pasta de golas e decotes.

9. FORMAS

Iniciaremos os estudos de construção de vestuário a partir das formas do vestuário feminino.

Essas formas definem como você criará a coleção: com modelos mais ajustados ao corpo ou mais distantes, de acordo com o conceito que determinar a partir de suas pesquisas. Tais formas facilitarão a compreensão e servirão de exercício para a construção de modelos no CorelDRAW X6®.

Trapézio invertido

Para a construção das formas, utilizaremos o corpo digital Theodora. Veja que há diversas linhas de apoio. Elas servem de orientação para o desenho dos ângulos das mangas, o posicionamento das cavas, da cintura, do quadril, entre outros itens importantes.

Para desenhar uma forma mais larga nos ombros e mais ajustada a partir do quadril (trapézio invertido), selecione a ferramenta Bézier na Caixa de ferramentas.

Clique no centro do pescoço do corpo digital com o botão esquerdo do mouse, tire o dedo do botão, clique em linha reta à esquerda do corpo (pressione a tecla CTRL enquanto arrasta o cursor para manter o alinhamento), clique acima do ombro com o botão esquerdo do mouse, tire o dedo do botão e desça em uma linha inclinada, conforme a figura ao lado.

Continue o desenho até completar a metade, clicando por último no nó em que iniciou o desenho para fechar o objeto.

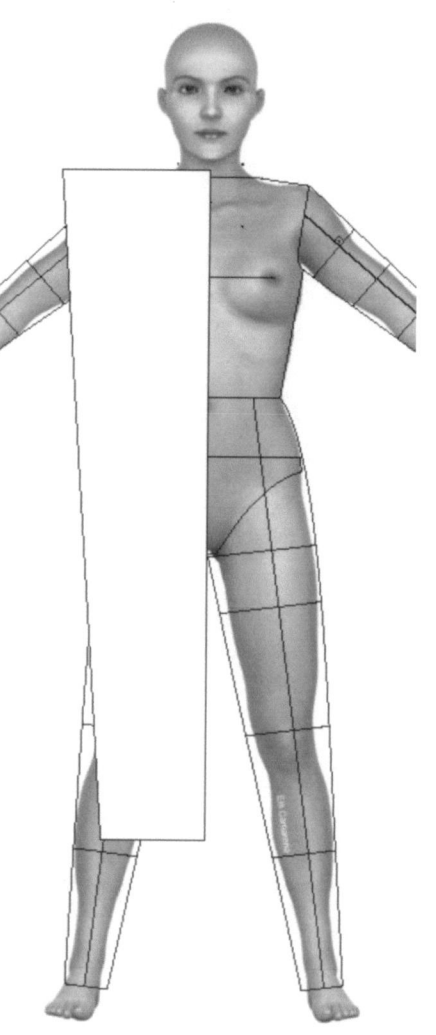

É importante lembrar que todas as vezes que fizer linhas retas, você deve pressionar a tecla CTRL enquanto arrasta o mouse para manter o alinhamento.

Quando for desenhar linhas inclinadas, não pressione a tecla CTRL. Nesse caso, essa tecla atrapalhará o movimento do mouse.

Faça toda alteração que desejar na metade desenhada antes de duplicá-la.

Clique na metade desenhada e duplique; depois, clique na ferramenta Espelho e posicione a metade duplicada conforme a figura ao lado.

Lembre-se sempre de colocar uma metade sobre a outra para depois, com as duas selecionadas, clicar em Soldar na Barra de propriedades.

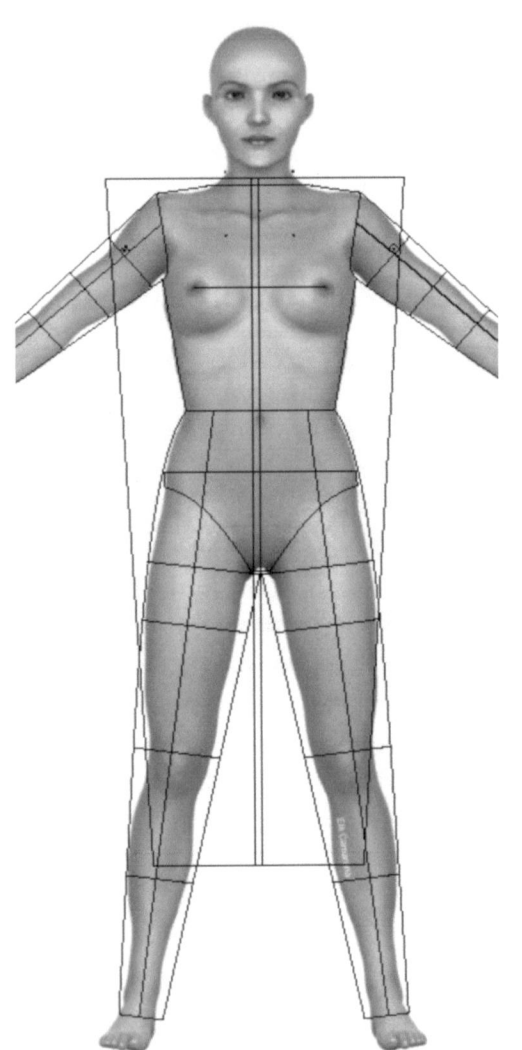

A linha ou sobreposição dos objetos desenhados deverá sumir. As duas metades precisam sempre se tornar um único objeto.

Se a linha central não sumir, vá a Editar/Desfazer para voltar atrás.

Com a ferramenta Seleção, clique novamente na metade esquerda, pressione Shift e mantenha a tecla pressionada.

Clique na metade direita e verifique se as duas metades estão sobrepostas. Se não estiverem, clique em uma delas e arraste um pouco para cima da outra.

Tire o dedo do mouse e depois da tecla.

Pressione a opção Soldar na Barra de propriedades.

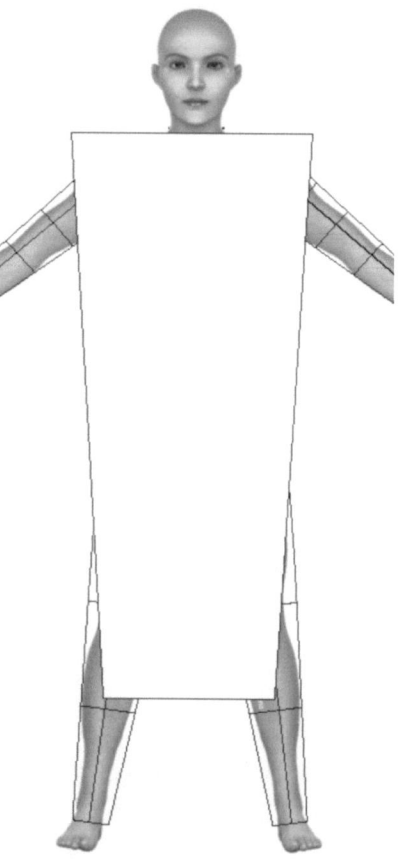

Exemplos:

Trapézio

Forma retangular

Forma acinturada – base inferior justa

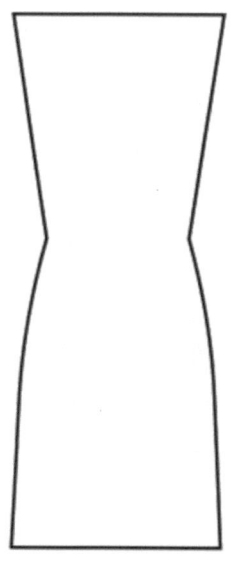
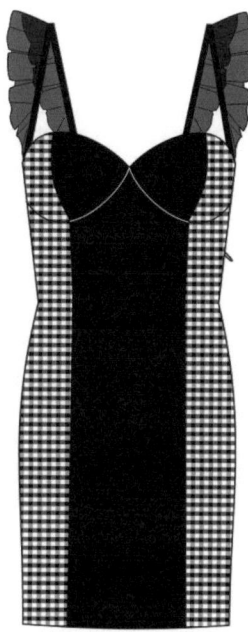

Forma acinturada – base inferior ampla

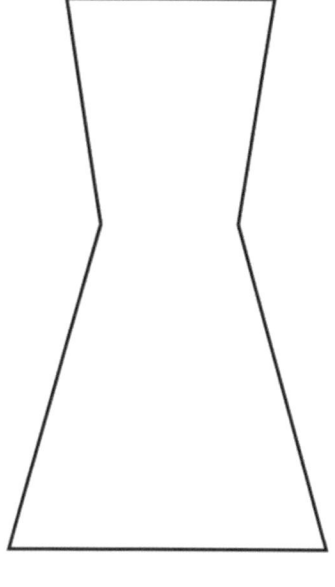

Forma ampla

10. CAMISA

Você perceberá que a sequência de construção dos modelos sempre se repetirá.

Novamente, você utilizará a ferramenta Bézier para a construção da base da camisa.

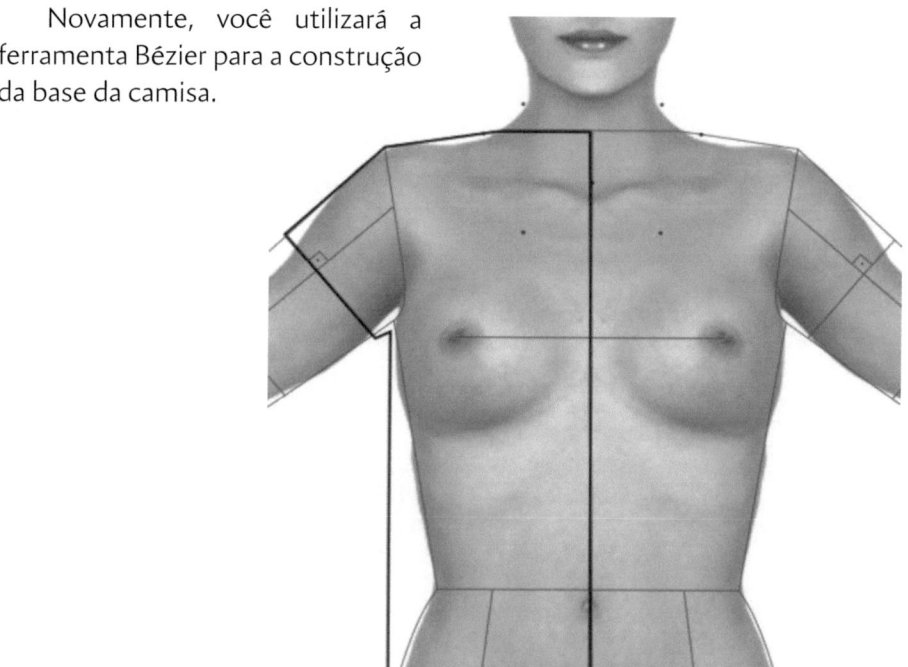

Clique no ombro com o botão esquerdo do mouse, tire o dedo do mouse e desça uma linha inclinada acompanhando o braço do corpo digital.

Preste atenção ao ângulo da boca da manga. Ela faz um ângulo reto em relação à lateral externa do braço (veja a indicação de ângulo reto na figura acima).

Acompanhe a linha de referência no corpo digital e continue seu desenho. Veja a posição de cada linha da manga na figura ao lado.

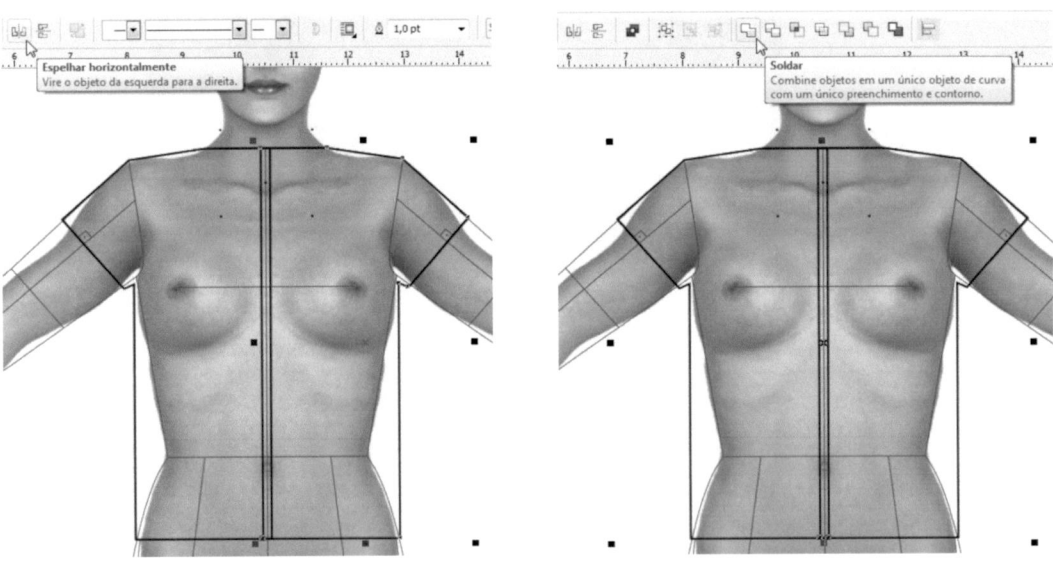

Clique na metade desenhada e vá a Editar/Duplicar/Espelhar horizontalmente e posicione a metade duplicada conforme a figura abaixo. Lembre-se de que uma metade deverá ficar sobre a outra.

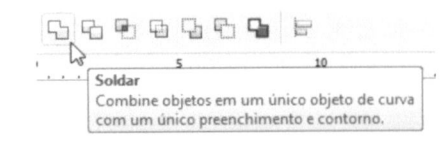

Com as duas metades selecionadas, clique em Soldar na Barra de propriedades.

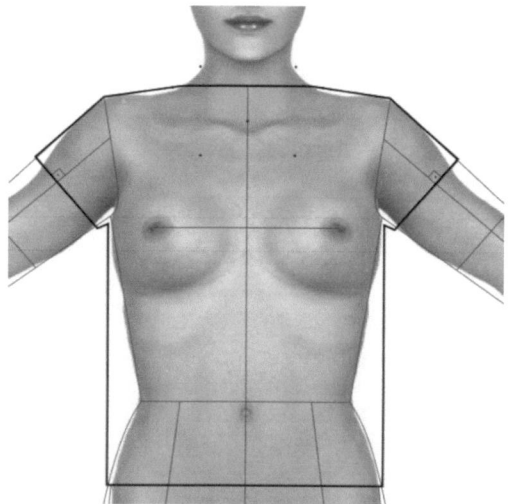

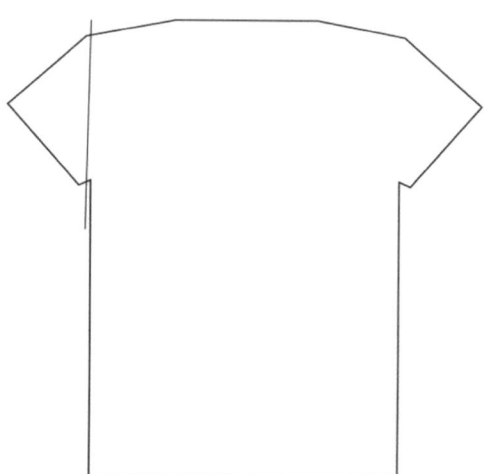

As linhas centrais deverão sumir.

Com a ferramenta Mão livre, desenhe uma linha próxima à cava da camisa.

Clique com o botão esquerdo do mouse acima da linha da manga da camisa, tire o dedo do mouse e clique novamente logo abaixo da manga.

Veja que a linha desenhada está além dos limites da camisa.

A linha deverá ser reta. Os ajustes serão feitos posteriormente com a ferramenta Forma.

Com a ferramenta Forma, clique na linha da cava com o botão direito do mouse e escolha a opção Em curva.

Clique novamente na linha da cava e movimente-a para que a linha seja a cava da camisa. Ajuste para que se pareça com as cavas da figura ao lado.

Clique na linha da cava que desenhou, vá a Editar/Duplicar, clique em Espelhar horizontalmente e posicione a cava duplicada conforme a figura ao lado.

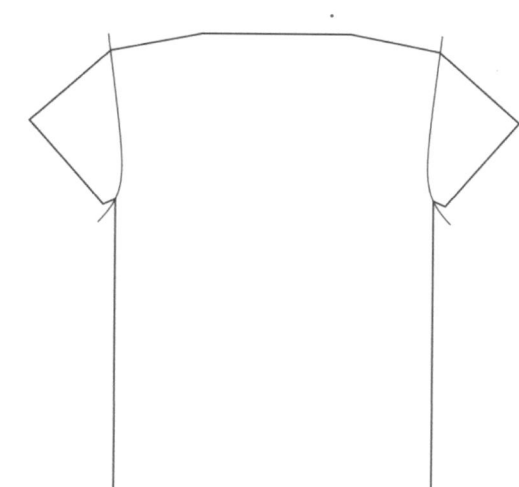

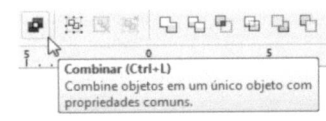 Para ter certeza de que as cavas estão alinhadas em relação à camiseta, selecione as duas cavas e clique na opção Combinar na Barra de propriedades.

Clique na linha de uma das cavas, pressione Shift, clique na linha da camisa com o botão esquerdo do mouse e tire o dedo do mouse. Pressione a letra C para alinhar as cavas em relação à camiseta.

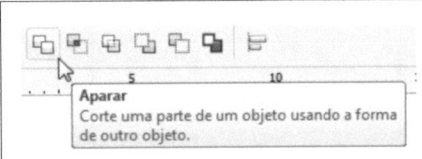 Para separar as mangas da camisa, caso queira pintá-las de cor diferente, clique na linha da cava, pressione Shift, clique na linha da camiseta e depois na opção Aparar na Barra de propriedades.

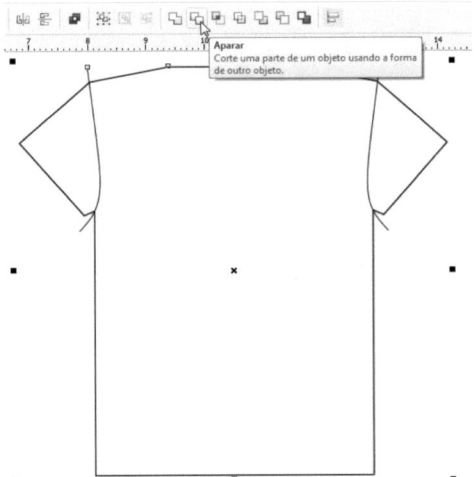

Clique na linha da cava que usou para cortar a camiseta e pressione a tecla Delete.

Selecione a manga e vá a Organizar/ Separar curva. Clique na ferramenta Seleção e depois em uma parte da área de trabalho que não tenha desenhos.

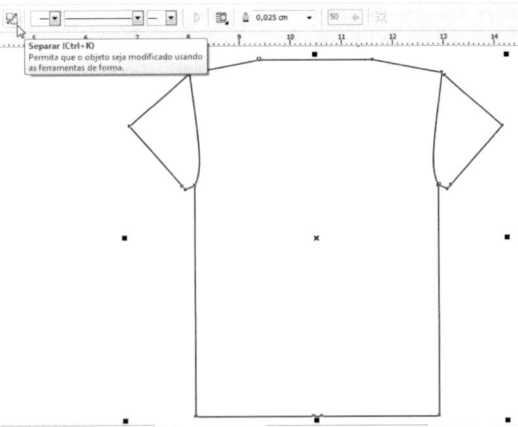

Dessa forma, as mangas ficarão desvinculadas do corpo da camiseta e poderão ser coloridas de maneira independente.

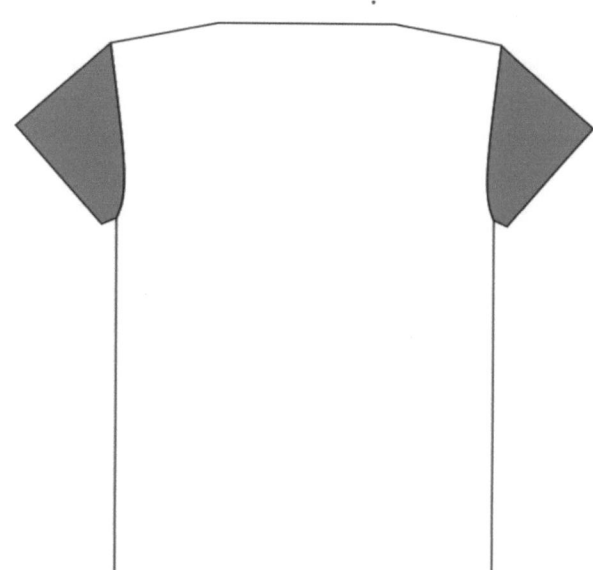

Em qualquer situação que você precise cortar um objeto, a linha que servirá para fazer o corte deverá ser maior que o objeto a ser cortado.

Esta é uma base de camisa ou camiseta a partir da qual será possível criar diversos modelos.

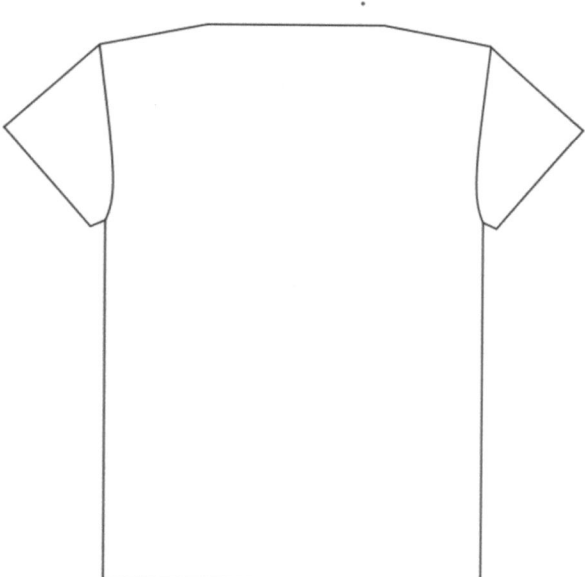

Com a ferramenta Mão livre, desenhe linhas nas mangas e na barra da camisa. Selecione a linha tracejada na Barra de propriedades (veja a linha tracejada na figura ao lado).

Selecione as linhas tracejadas e escolha uma espessura menor que a do contorno da camisa. Também selecione-as e combine. Essas linhas tracejadas representarão as costuras de uma camisa confeccionada em tecido plano.

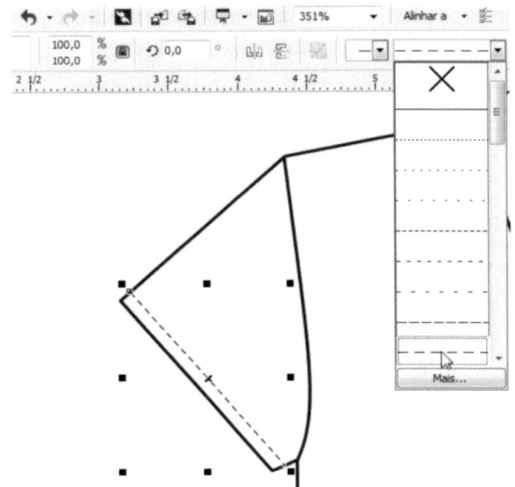

Lembre-se de selecionar a base frente e a base costas desenhadas e salvar na sua pasta de bases.

A partir desse desenho, começaremos a incluir elementos já desenhados por você. Eles formarão o banco de imagens para a construção de suas coleções.

Selecione a camisa e suas costuras e vá a Organizar/Agrupar.

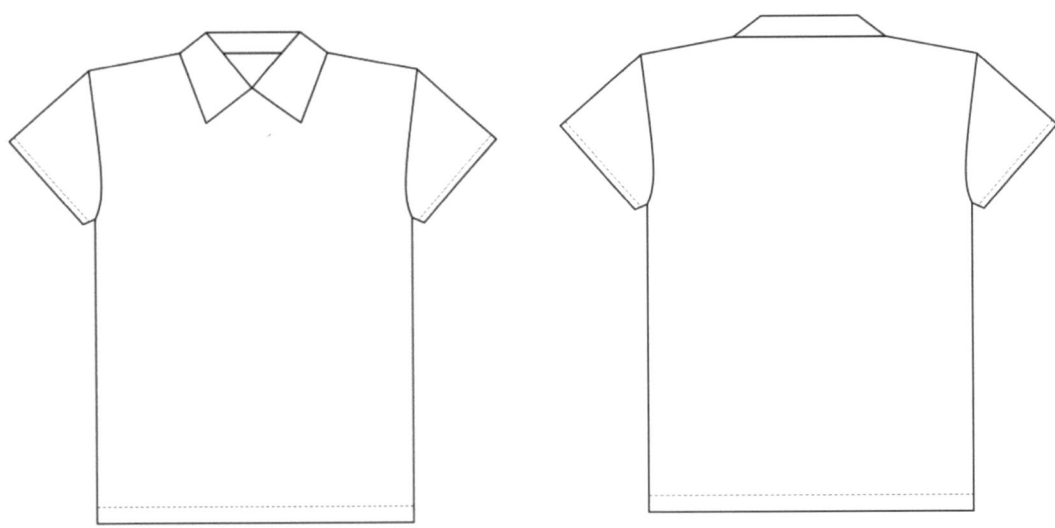

Acrescente todos os detalhes de costura e aviamentos da camisa.

Clique na linha da camisa (ela deve estar agrupada), duplique e posicione ao lado da primeira camisa.

Vá a Arquivo/Importar e escolha uma das golas já desenhadas.

Se ao colocar a gola sobre a camisa ela ficar atrás, selecione a gola e vá a Organizar/Ordenar, selecione Para a frente da página e pinte a gola da cor da camisa.

Para continuar o desenho da camisa, coloque a gola frontal sobre o desenho da camisa para defini-la como frente e as costas da gola sobre a camisa duplicada para se tornar a parte de trás.

É importante desenhar todas as bases e elementos dos modelos sempre em proporção. Desse modo, cada vez que utilizar um dos elementos ele já estará no tamanho correto.

Combine somente as duas partes frontais da gola.

Com a ferramenta Contorno, coloque as linhas de costura na gola da camisa.

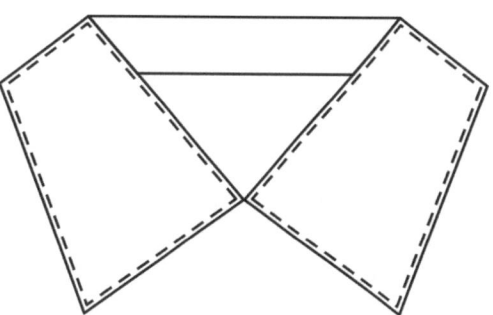

Ao definir o contorno na gola da camisa, as linhas aparecerão em toda a volta da gola. Há linhas que precisarão ser eliminadas.

Ao terminar, lembre-se de fazer o contorno. Vá a Organizar/Separar grupo de contorno.

Para eliminar um trecho de linha no CorelDRAW X6®, você precisará utilizar a ferramenta Forma.

Para separar um trecho de linha, escolha a ferramenta Forma, clique com o botão direito do mouse no ponto da linha onde quer separá-la e escolha a opção Separar.

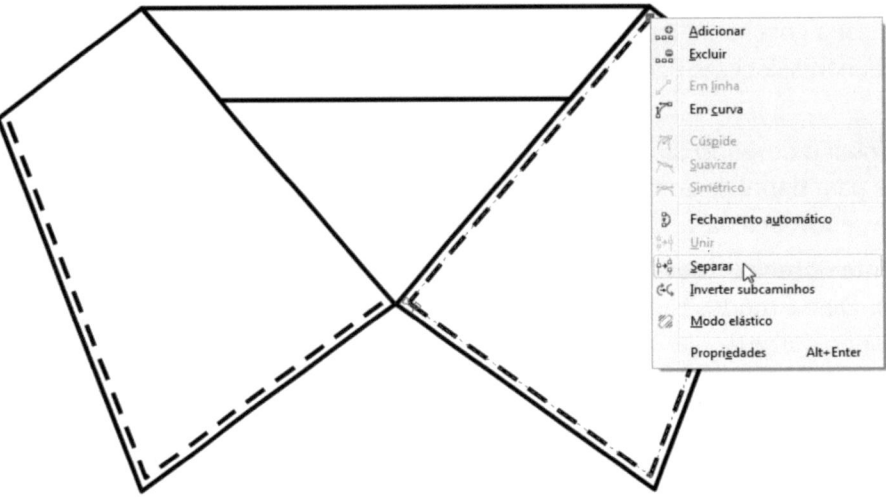

Repita esse procedimento no próximo ponto a ser separado.

Após separar os nós, vá a Organizar/ Separar curva, clique com a ferramenta Seleção nos trechos de linha entre os nós quebrados e pressione a tecla Delete.

Na gola, você deverá clicar com a ferramenta Forma no canto mais externo e, com o botão direito do mouse, na opção Separar.

Veja quais linhas deverá apagar na figura ao lado.

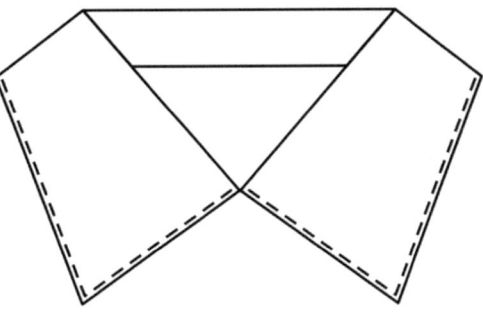

Coloque os botões, os bolsos e outros detalhes da camisa. Também ajuste as costuras de acordo com o tecido que escolheu.

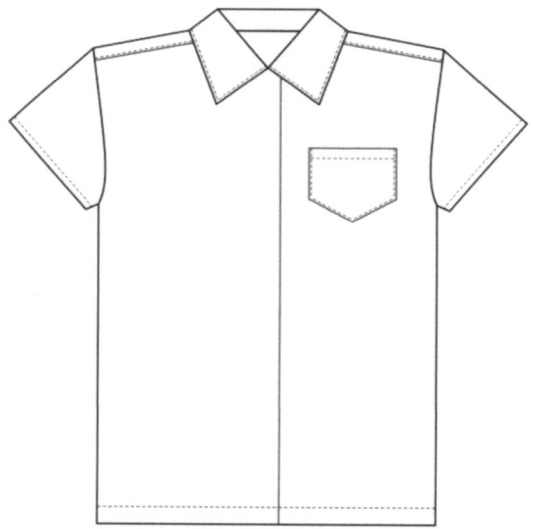

Importe o botão que desenhou e coloque-o logo abaixo da gola.

Vá a Editar/Duplicar e arraste até a próxima posição do botão. Repita esse processo até colocar a quantidade de botões que deseja na camisa.

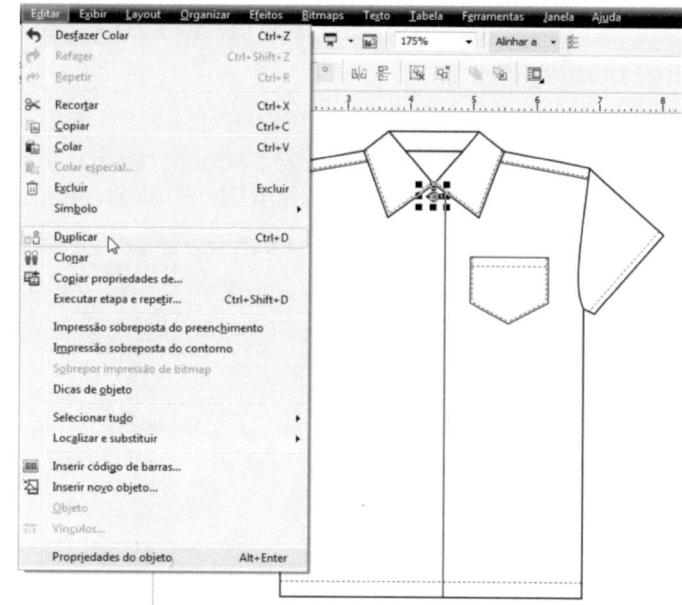

Com a ferramenta Seleção, posicione o primeiro botão (próximo à gola) e o último (próximo à barra).

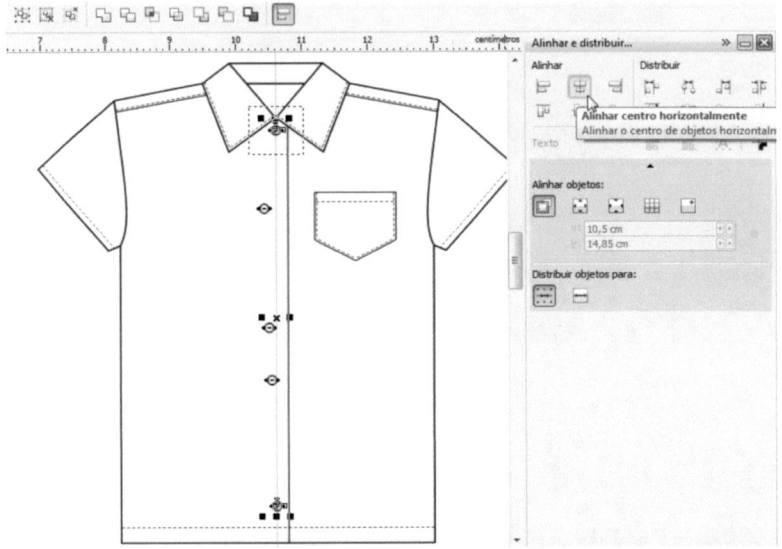

Selecione o último botão, pressione Shift e clique sobre o primeiro. Vá a Alinhar e distribuir..., na Barra de propriedades, e na opção Alinhar clique em Alinhar centro horizontalmente.

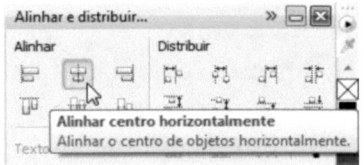

Selecione todos os botões e vá a Alinhar centro horizontalmente. Em seguida, na opção Distribuir, clique em Distribuir ao centro verticalmente.

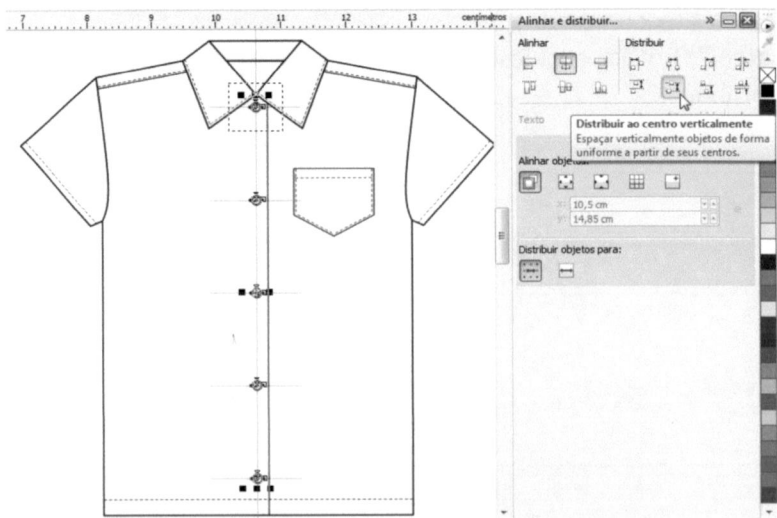

Na opção Alinhar objetos, clique em Objetos ativos e, em Distribuir objetos para, clique em Extensão da seleção.

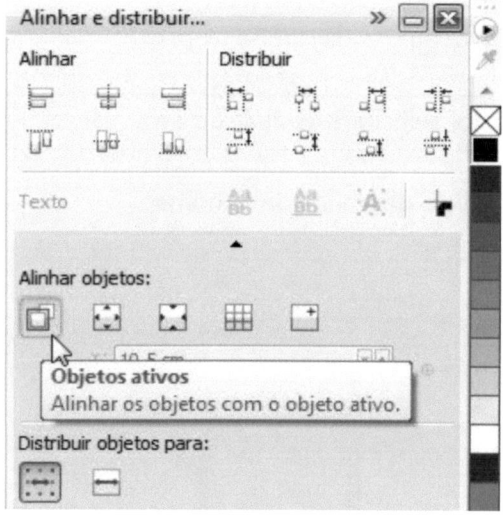 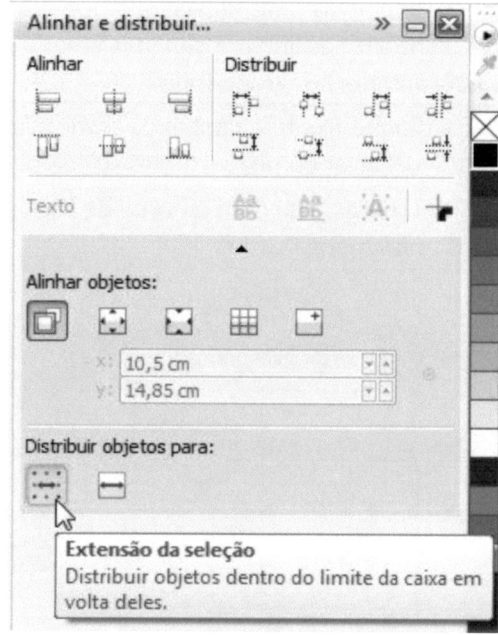

Selecione todos os botões e agrupe.

Para fazer o alinhamento dos botões, certifique-se de que eles estejam combinados (furos e calota) e agrupados com a indicação de linha de costura.

Para finalizar a parte de trás da camisa, utilize o desenho que se observa na figura ao lado.

Certifique-se de que a gola da parte de trás esteja alinhada à camisa.

Faça uma linha com a ferramenta Mão livre, aproximadamente no centro das cavas, para indicar a pala traseira. Coloque uma linha de costura acima da pala.

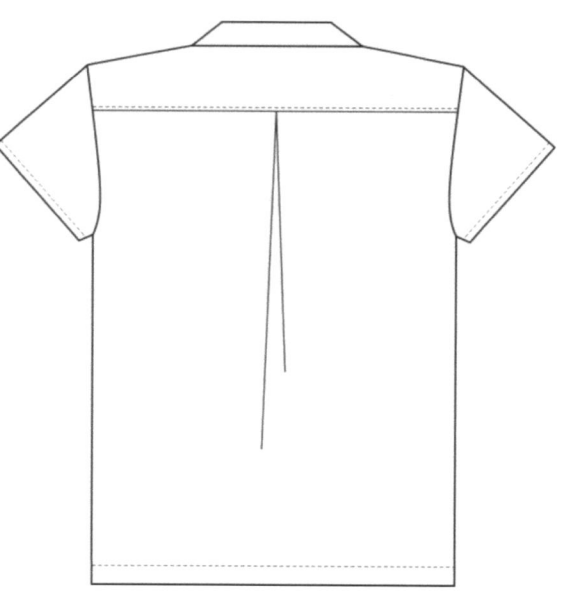

Para fazer a prega nas costas, faça uma linha inclinada, duplique e faça o espelho.

Combine as duas linhas para que representem a prega no meio das costas, centralize as linhas inclinadas em relação à parte de trás da camisa (veja a figura anterior) e agrupe tudo.

Coloque frente e costas da camisa lado a lado, selecione as duas e vá a Arquivo/Salvar como/Somente selecionados.

Crie uma pasta com o nome de Modelos e salve o desenho com o nome de Camisa manga curta.

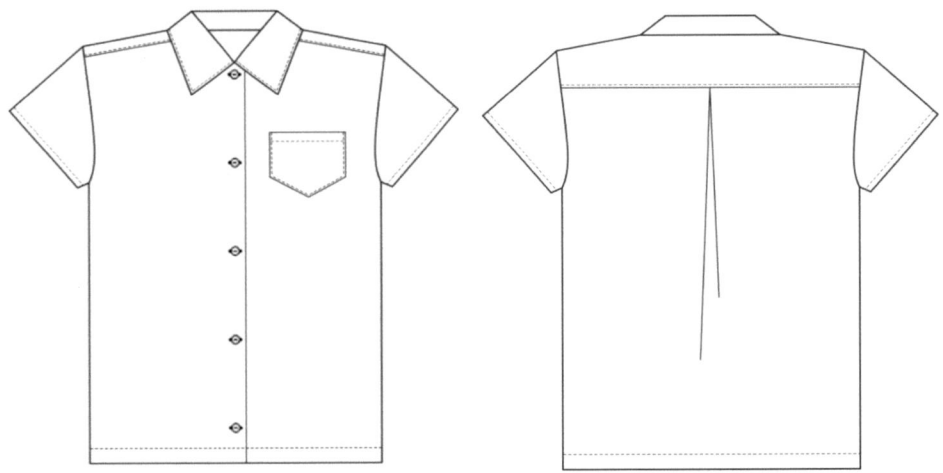

Quando usamos tecido plano em um modelo, significa que utilizaremos maquinário específico para costurá-lo.

Nesse caso, podemos usar máquinas com uma ou duas agulhas – portanto, no seu desenho poderá haver uma ou duas linhas tracejadas para representar graficamente as costuras.

No modelo de camisa, a opção foi apenas uma linha tracejada nas mangas e na barra da camisa.

Essa é uma costura possível em um modelo feito com tecido plano, realizada em uma máquina reta.

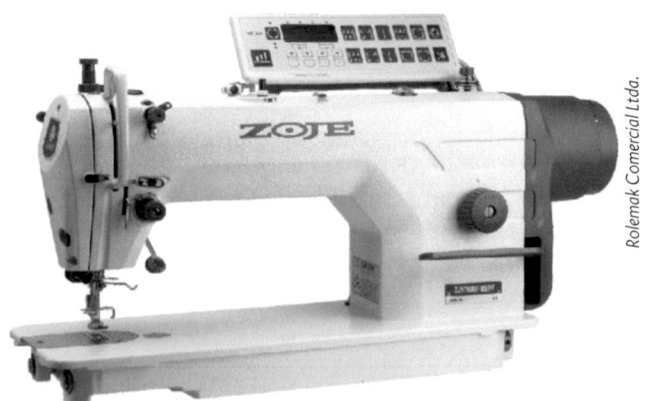

Máquina reta eletrônica Zoje
ZJ-9700MF-RS

Rolemak Comercial Ltda.

Os tecidos planos para confeccionar uma camisa, nas mais variadas composições, podem ser popeline, tricoline, jeans, linho, seda, entre vários outros .

Quando sua base for uma camiseta de malha, você poderá usar duas costuras para representar o tipo de ponto de uma máquina galoneira.

De um lado, a representação são duas linhas tracejadas. Do outro, são linhas cruzadas, conforme mostra em detalhe a figura ao lado.

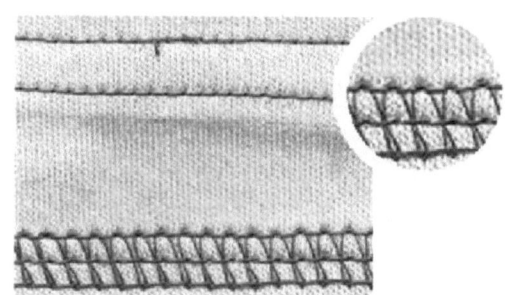

A máquina galoneira é utilizada para costurar camisetas, camisas polo e bermudas.

A representação das suas costuras são duas linhas tracejadas.

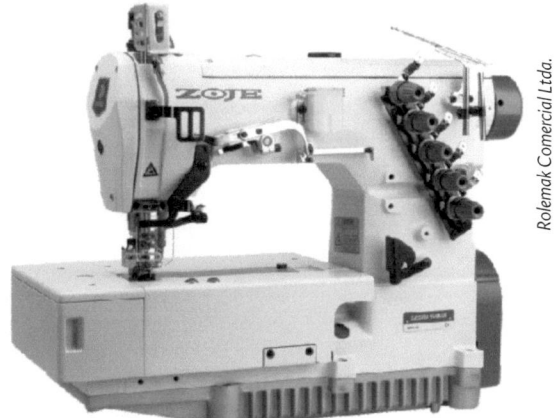

Rolemak Comercial Ltda.

Máquina Zoje - ZJ 2500A – 164M – VF

Para fechar a camiseta ou camisa, usa-se uma máquina overloque.

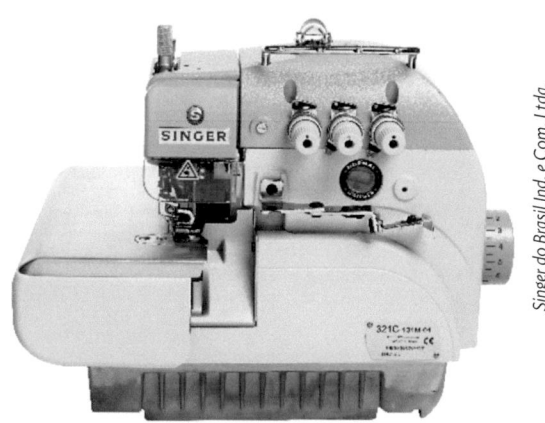

Singer do Brasil Ind. e Com. Ltda.

Máquina Singer – 321C 131M – 04

11. CAMISETA

Na explicação do desenho de uma camiseta, será utilizada malha de algodão.

Para a costura desse tipo de vestuário, utilizam-se duas linhas tracejadas que representam o tipo de ponto da máquina galoneira, como visto na página 151.

Preste atenção na utilização de tecidos e malhas no momento em que estiver desenhando.

Verifique o tipo de material e o maquinário utilizado na sua confecção. Isso definirá se você usará uma ou mais linhas tracejadas para representar as costuras.

Como a malha possui mais elasticidade que um tecido plano (sem elastano), a costura precisará ter resistência e acompanhar a movimentação da malha para que os pontos não arrebentem.

Para fazer a camiseta de malha, utilize a base de camisa já desenhada. As costuras tracejadas, neste caso, deverão ser duplas.

Importe o decote careca que desenhou e posicione-o na camiseta conforme a figura abaixo. Veja que a linha da base da camiseta, indicada em cinza na figura abaixo, aparece acima do desenho do decote.

Essa linha cinza faz parte da base da camisa que deverá ser modificada conforme o modelo que você desenhar.

Essa linha sempre deverá ser modificada de acordo com a gola ou o decote que você colocar sobre a base da camiseta.

Para eliminar a linha cinza, primeiro verifique se a base da camiseta está agrupada.

Clique na base e veja se o botão Objetos agrupados está na Barra de propriedades.

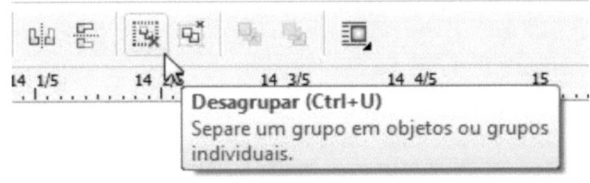

Se estiver, clique nele para desagrupar os objetos.

A ferramenta Forma não funciona em objetos agrupados.

Para ajustar o decote da base em relação ao decote careca, selecione a ferramenta Forma na Caixa de ferramentas e clique na linha na base da camiseta.

Veja se existem nós no meio da linha. É só clicar na linha da base, indicada em cinza na figura abaixo, que eles aparecerão.

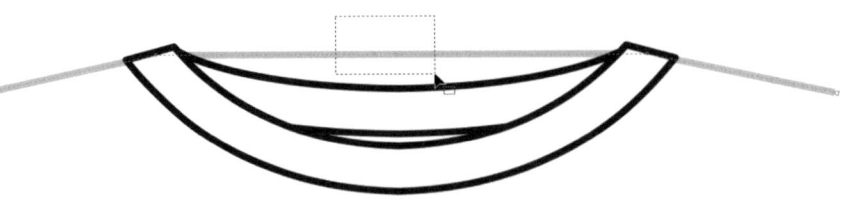

Com a ferramenta Forma, selecione os nós que estão no local onde as duas metades da camisa foram soldadas e pressione a tecla Delete.

Com a ferramenta Forma, clique novamente na linha com o botão esquerdo do mouse, segure o botão e arraste para baixo até a linha desaparecer atrás do decote.

Caso o decote esteja atrás da base da camiseta, selecione o decote e vá a Organizar/Ordenar/Para a frente da página.

Será comum fazer esse ajuste nas bases de camisas ou camisetas para posicionar o decote ou a gola.

Veja que o único ajuste feito na base da camisa foi na linha do decote. Você utilizou a mesma base tanto para fazer uma camisa como para fazer uma camiseta. Só mudaram os elementos e costuras. Isso agiliza bastante o desenho da sua coleção.

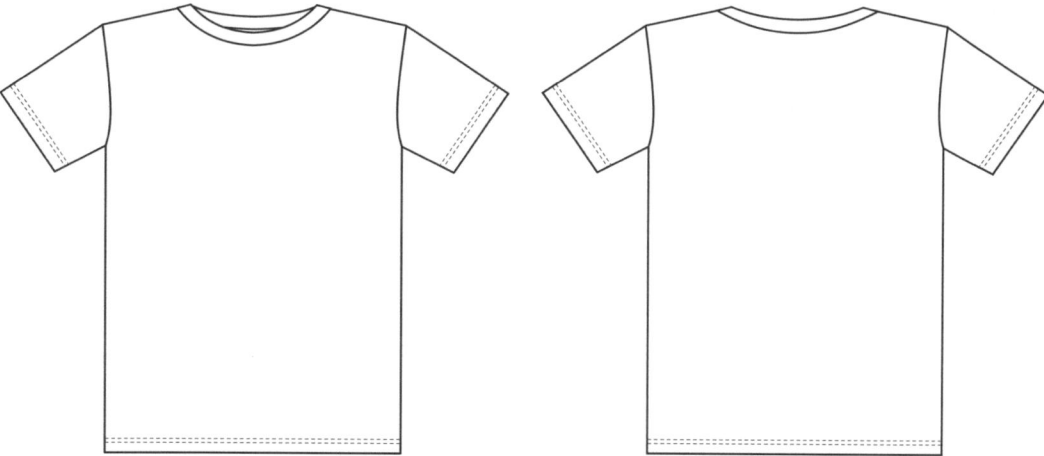

Para finalizar, repita o procedimento no decote das costas da camiseta. Agrupe a parte da frente e também de trás da camiseta, vá a Arquivo/Salvar como/Somente selecionados e salve na pasta específica para esse modelo.

Baby-look

Para fazer uma camiseta mais ajustada, você deverá curvar a lateral da camiseta.

Desenhe metade da camiseta no corpo digital. Com a ferramenta Forma, clique na lateral da camiseta com o botão direito do mouse e clique em Em curva.

Com a ferramenta Forma, clique novamente, com o botão esquerdo do mouse, na linha que transformou em curva, segure o botão e arraste para fazer a curva lateral da camiseta.

Após fazer o ajuste na curva na metade da camiseta, duplique a metade, faça o espelho, posicione conforme a figura abaixo para formar a camiseta, selecione as duas metades e solde.

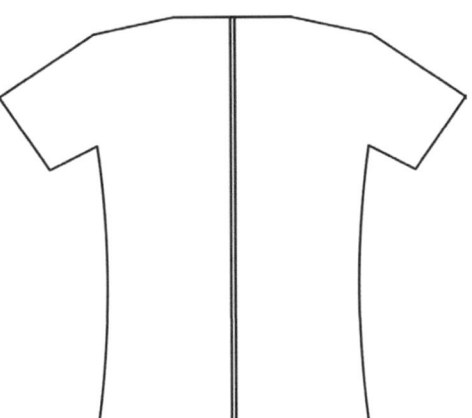

Sempre faça modificações na metade desenhada para depois duplicá-la e finalizar a sua base. Desse modo, você sempre terá bases simétricas.

Novamente, importe o decote ou a gola, adicione costuras e botões (se for uma camisa), e duas linhas tracejadas na boca da manga e na barra (se for uma camiseta de malha).

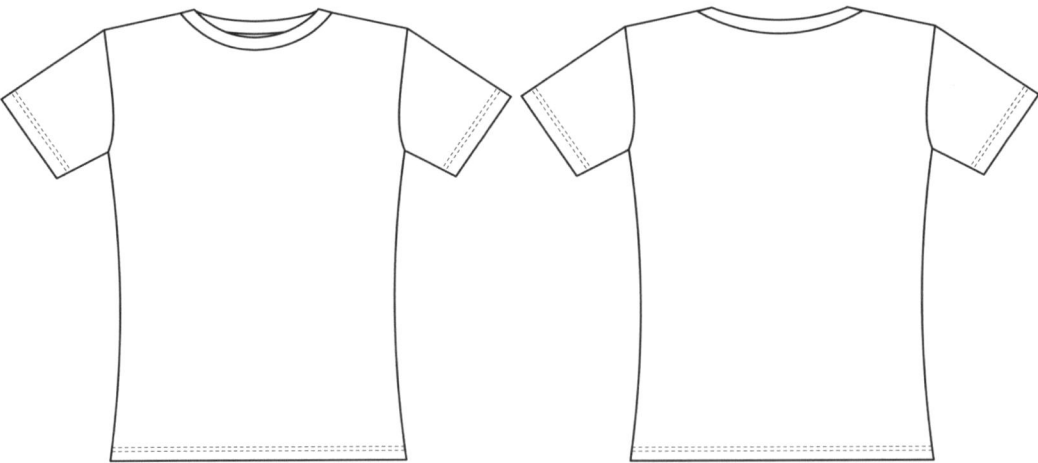

Sempre desenhe frente e costas do seu modelo.

Salve a base como Baby-look e guarde-a para utilizá-la diversas vezes com os elementos que quiser. Vá a Arquivo/Salvar como/Somente selecionados e salve na pasta específica para esse modelo.

Veja outros exemplos de camisetas e camisas. Observe como as proporções mudam entre os modelos feminino, masculino e infantil.

12. CACHE-COEUR

Para desenhar um modelo assimétrico como um cache-coeur, utilize a base da camiseta.

Com a ferramenta Bézier, desenhe um objeto (indicado em cinza) sobre a base da camiseta, conforme a figura abaixo.

Ele será chamado de objeto de corte.

Desenhe o objeto de corte de forma que passe pela área da camiseta a ser excluída, assim como foi feito na figura acima.

É importante que esse objeto seja fechado. Por isso, construa o objeto e finalize clicando no nó em que iniciou o desenho.

Preste atenção para que o objeto de corte não invada a área onde fica a abertura do decote.

Clique primeiro no objeto de corte com a ferramenta Seleção.

Pressione Shift, mantenha a tecla pressionada, clique com o botão esquerdo do mouse na linha da base da camiseta, solte a tecla e o botão.

Com os dois objetos selecionados, clique na opção Aparar na Barra de propriedades.

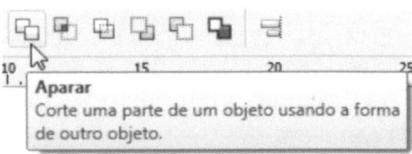

O objeto de corte cortará parte da camiseta, como na figura ao lado.

Sempre que quiser cortar um objeto (no caso, a camiseta), clique primeiro no objeto de corte e depois na camiseta para selecionar a opção Aparar na Barra de propriedades.

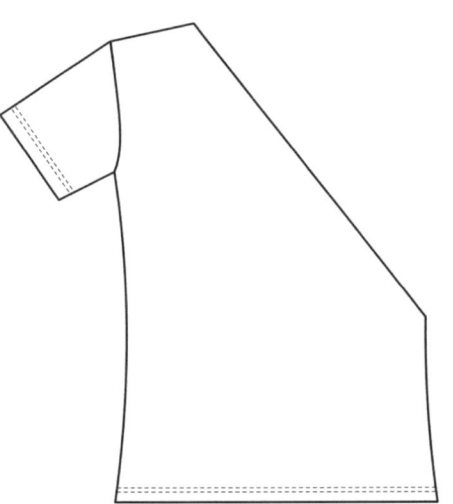

A ação sempre se dá no segundo objeto selecionado.

O cache-coeur tem uma construção assimétrica. Para o desenho ser simétrico, você sempre deverá partir de uma base simétrica já desenhada – neste caso, a base da camiseta.

Habilite a opção Alinhar a objetos.

Clique na metade da camiseta que foi cortada, vá a Editar/Duplicar e faça o espelho.

Arraste a metade duplicada até sobrepô-la à primeira metade desenhada. Pressione a tecla CTRL enquanto arrasta a metade para manter o alinhamento.

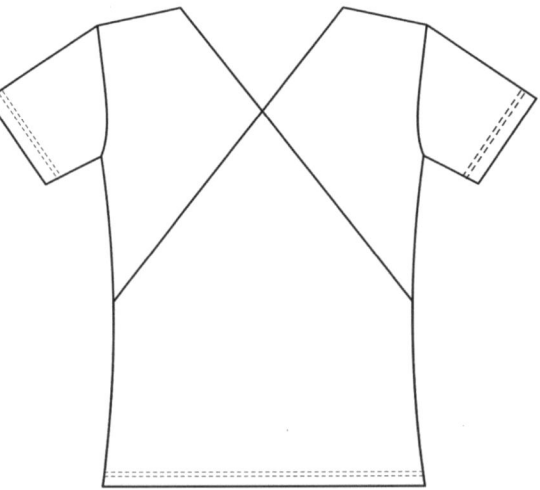

Com a opção Alinhar a objetos habilitada, você sentirá que a metade arrastada à direita tenderá a grudar na metade que ficou à esquerda.

Clique na metade da esquerda (indicada em cinza), pressione Shift e mantenha a tecla pressionada.

Clique na metade da direita, tire o dedo do mouse e depois da tecla.

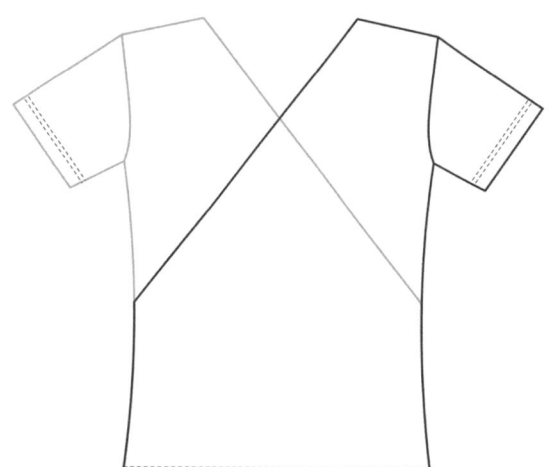

Clique em Aparar na Barra de propriedades.

Lembre-se de que a ordem de seleção dos objetos altera o resultado.

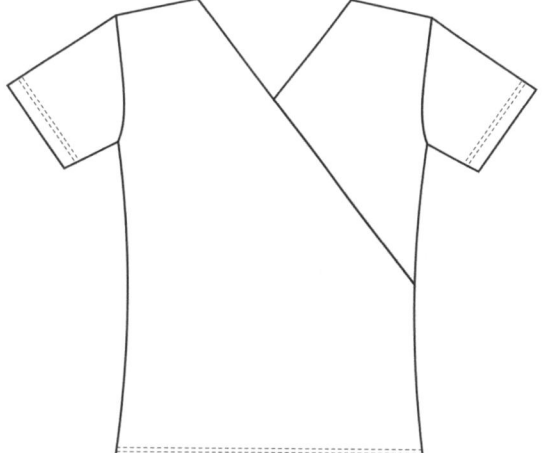

Verifique se a opção Alinhar a objetos está habilitada.

Para desenhar a parte de trás do cache-coeur, selecione a ferramenta Bézier.

Clique na abertura do decote e construa as costas conforme a figura ao lado. Use a frente como guia para o desenho das costas (que aparece na frente da blusa).

Curve a linha do decote traseiro com a ferramenta Forma. Para fazer isso, desabilite a opção Alinhar a objetos.

As costas (que aparecem na frente do cache-coeur) precisam ser um objeto fechado. Só assim será possível pintá-lo.

Para fazer a parte de trás, utilize a base da camiseta e adicione os detalhes do cache-coeur. Para fazer a tirinha que passa pelas costas, use a ferramenta Retângulo.

Veja que o lacinho foi colocado no lado oposto em relação a como está na frente.

Se o cache-coeur for de tecido plano, você poderá colocar uma linha tracejada para representar as costuras.

Se for de malha, será preciso adicionar costuras duplas para simular a costura da máquina galoneira, ou de alguma outra máquina que possua um ponto que suporte a elasticidade da malha.

Lacinho

Existem diversas maneiras de desenhar um laço. Ele pode ser bastante realista, se você desenhá-lo a partir da observação de um laço real, ou bastante simplificado, para ser utilizado como representação gráfica de um laço em uma peça de vestuário.

Nossa proposta é a representação gráfica com a intenção de indicar elementos de vestuário. Por isso, desenharemos um laço simplificado a partir de elipses e retângulos.

Clique na ferramenta Retângulo e faça um retângulo com 1,5 cm de largura e 3,5 cm de altura.

Lembre-se de abrir o cadeado para poder digitar as medidas de modo independente uma da outra.

Para definir o tamanho do retângulo, desenhe um retângulo qualquer.

Com o retângulo selecionado, vá à Barra de propriedades e, em Tamanho do objeto, digite as medidas.

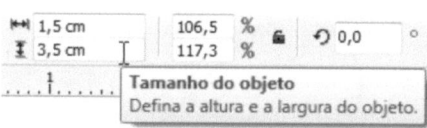

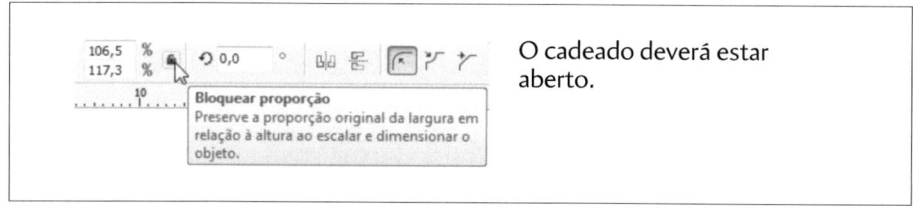

O cadeado deverá estar aberto.

Com o retângulo selecionado, vá a Raio do canto na Barra de propriedades e coloque 20,0 cm.

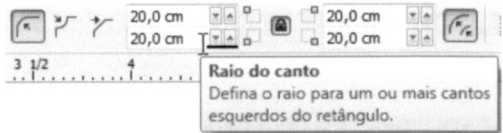

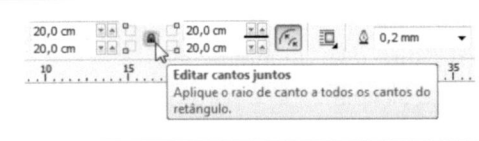

O cadeado deverá estar fechado para que todos os cantos fiquem arredondados ao mesmo tempo.

Os cantos do retângulo ficarão arredondados.

Com a ferramenta Seleção, clique no retângulo. Na barra de propriedades, vá a Ângulo de rotação.

Digite a medida 45,0.

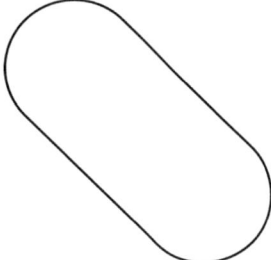

O objeto ficará no ângulo definido por você.

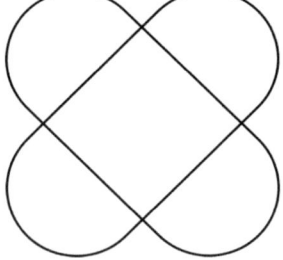

Clique no objeto com a ferramenta Seleção.

Vá a Editar/Duplicar e clique em Espelho.

Posicione o objeto duplicado do lado oposto ao primeiro.

Com a ferramenta Seleção, clique no objeto indicado em cinza.

Pressione Shift, mantenha a tecla pressionada e clique no outro objeto.

Tire o dedo do mouse e depois da tecla.

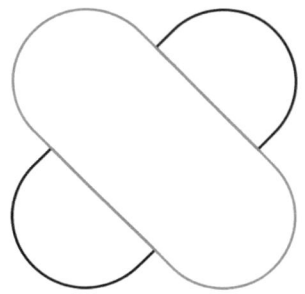

Com os dois objetos selecionados, vá a Aparar na Barra de propriedades.

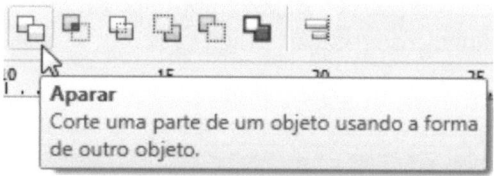

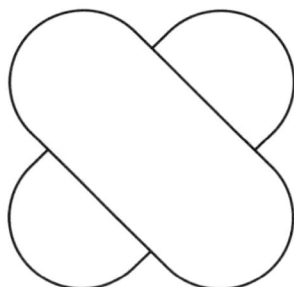

Esse objeto será a representação do nó do lacinho.

Selecione os dois objetos e combine.

Para desenhar um dos laços, desenhe uma elipse qualquer com a ferramenta Elipse.

Vá a Tamanho do objeto e digite 1,8 cm e 4,5 cm.

Selecione a elipse e faça seu contorno interativo com 0,5 cm, com uma etapa de contorno.

Utilize a opção Contorno interno.

Após fazer o contorno interativo e separar grupo de contorno, selecione as duas elipses e combine.

Clique nas elipses combinadas, vá a Ângulo de rotação e digite 70.

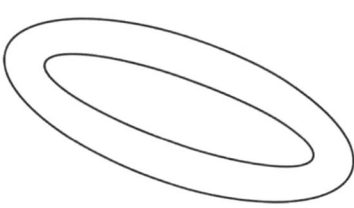

Esta será uma parte do laço.

Duplique a metade do laço e posicione-a conforme a figura acima. Rotacione o objeto. Clique uma vez, clique novamente e rotacione o objeto pelas alças de rotação.

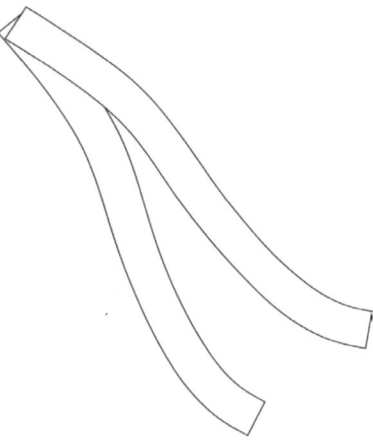

Com a ferramenta B-Spline, faça uma linha com curvas semelhante à figura acima.

Clique na linha com a ferramenta Seleção, com o botão direito do mouse, e converta em curvas.

Clique novamente na linha com a ferramenta Seleção.

Vá a Organizar/Converter contorno em objeto.

Selecione o objeto, que será uma parte do laço, duplique, digite um ângulo com 18º e posicione-o conforme a figura acima. Agrupe. Esses dois objetos serão as pontas do laço.

Selecione cada parte do lacinho e agrupe.

Selecione cada parte novamente e pinte de branco.

Selecione mais uma vez e sobreponha um ao outro para montar seu laço.

Selecione todas as partes do laço e agrupe.

Vá a Arquivo/Salvar como/Somente selecionados e salve em uma pasta para o lacinho. Pode ser uma pasta específica só para aviamentos.

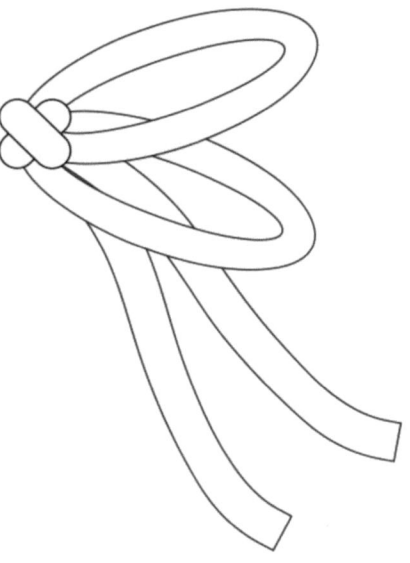

Veja que, na figura anterior, o nozinho deverá ficar sobre os outros elementos do laço. Caso não esteja, antes de agrupar o laço clique nele com a ferramenta Seleção e vá a Organizar/Ordenar/Para a frente da página.

Essa é uma proposta de lacinho para indicar que há uma amarração em alguma parte do modelo. É utilizado no modelo de cache-coeur do exercício anterior.

Com as ferramentas que você já aprendeu a usar, encontre outras soluções para a criação de laços. Você pode também redesenhar um laço usando como base um laço verdadeiro escaneado ou pesquisado na internet. Para fazer isso, utilize a ferramenta Bézier ou B-Spline e desenhe por cima da imagem.

Lembre-se de bloquear a foto para ter mais liberdade no desenho. É só clicar na imagem pesquisada com a ferramenta Seleção, com o botão direito do mouse, e escolher a opção Bloquear objeto.

13. BABADO

Para a compreensão do babado, iniciaremos a explicação a partir de uma linha.

Faça uma linha com a ferramenta Mão livre. Pressione a tecla CTRL enquanto desenha, para manter o alinhamento.

Lembre-se: com a ferramenta Mão livre, clique na área de trabalho, tire o dedo do mouse e clique novamente.

Com a ferramenta Forma, clique no final da linha à direita e pressione o botão Adicionar nós, que surgiu na Barra de propriedades.

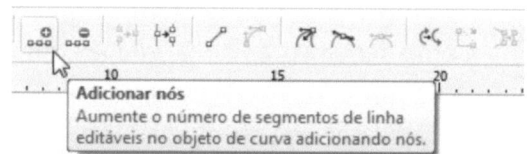

Observe que vão aparecer quadradinhos ao longo da linha: são os nós que você adicionou.

Clique neles e acrescente os nós necessários, que se transformarão nas curvas dos babados.

Selecione os nós criados com a ferramenta Forma. Clique em um dos nós com o botão direito do mouse e, depois, clique na opção Em curva (figura abaixo).

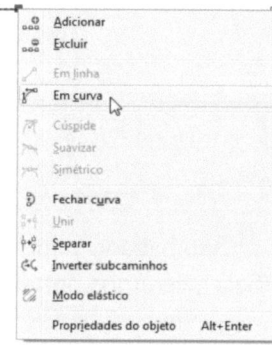

Selecione todos os nós novamente e clique em um deles com o botão direito do mouse. No menu, clique na opção Simétrico.

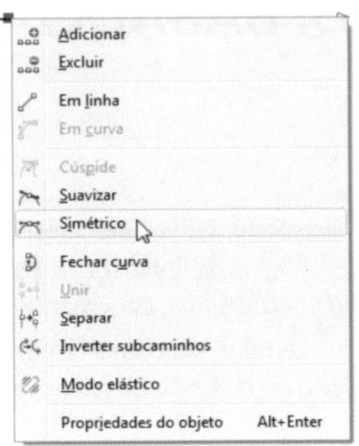

Com a ferramenta Forma, clique com o botão esquerdo do mouse nos intervalos entre os nós da linha desenhada, segure, arraste, empurre para a direita e para a esquerda. Sinta como as curvas se comportam.

Repita esse procedimento até conseguir dispor as linhas curvas, conforme a figura abaixo. É preciso treinar um pouco para adquirir habilidade e controle sobre a ferramenta Forma.

Para finalizar a representação gráfica de um babado, habilite a opção Alinhar a objetos.

Com a ferramenta Mão livre, clique nos cantos das curvas e faça linhas levemente inclinadas, conforme a figura abaixo. Essas linhas darão a impressão de volume no babado.

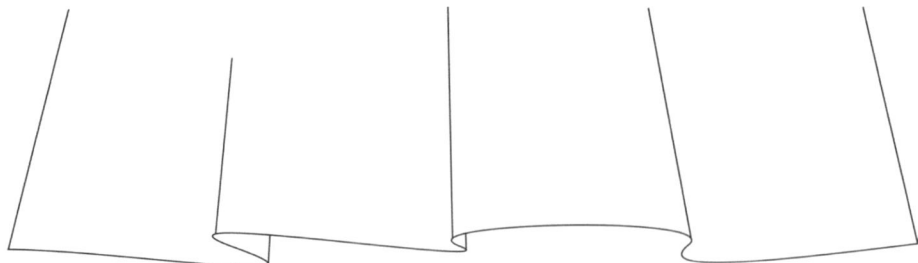

Seu babado poderá ser usado em blusas, saias ou vestidos. No capítulo "Saia", veremos outras formas de aplicação.

14. LISTRAS

As listras podem ser desenhadas a partir de retângulos. Clique na ferramenta Retângulo na Caixa de ferramentas.

Desenhe um retângulo com 0,25 cm de largura e 10,0 cm de altura.

Pinte o preenchimento clicando com o botão esquerdo do mouse na paleta de cores.

Elimine o contorno do retângulo clicando no X logo no início da paleta (parte superior) com o botão direito do mouse.

O retângulo deverá estar selecionado.

Clique no retângulo com a ferramenta Seleção e vá a Editar/Duplicar.

Arraste para a direita, pressione a tecla CTRL para manter o alinhamento e tire o dedo do mouse.

Mantenha o retângulo duplicado selecionado.

Vá novamente a Editar/Duplicar. Repita esse processo até duplicar o retângulo vinte vezes. Selecione todas as listras com a ferramenta Seleção e vá a Organizar/Combinar.

Quando você duplica um objeto no CorelDRAW X6® e o arrasta, a distância percorrida será memorizada pelo programa.

Da próxima vez que for duplicado, o objeto andará exatamente a mesma distância definida por você na primeira vez em que foi duplicado.

Sempre funcionará, desde que você mantenha o objeto selecionado.

Esse é o princípio das listras. Veja outro exemplo a seguir.

Ao desenhar o retângulo com 0,25 cm de largura e 10,0 cm de altura, estipule uma rotação de 45°.

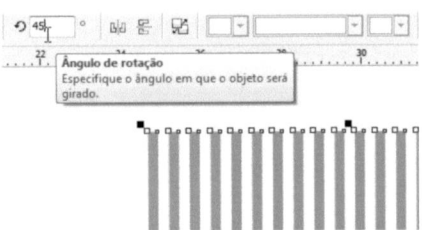

Clique no retângulo desenhado, duplique e arraste para a direita. Duplique o retângulo vinte vezes, selecione todos os retângulos e combine.

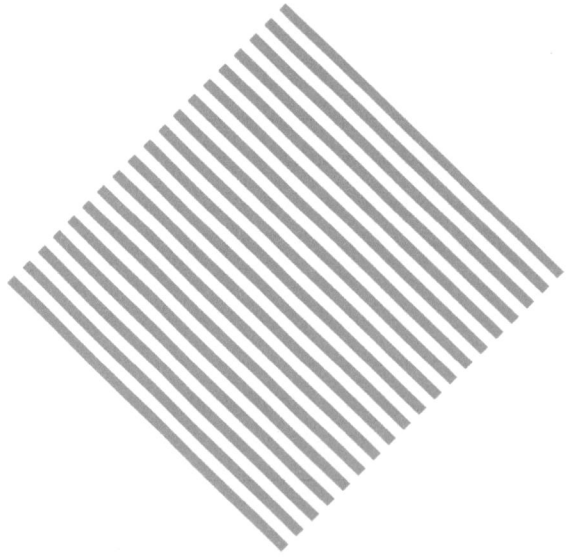

Clique nos retângulos, vá à Barra de propriedades e clique na ferramenta Cortar.

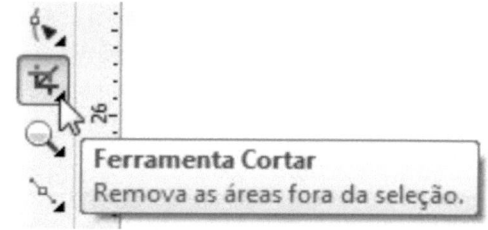

Todas as vezes que utilizar a ferramenta Cortar, selecione primeiro o objeto a ser cortado.

Com a ferramenta Cortar, clique sobre os retângulos com o botão esquerdo do mouse, segure, arraste, pressione a tecla CTRL para fazer um quadrado, tire o dedo do mouse e solte a tecla. Você desenhará um quadrado conforme a figura abaixo.

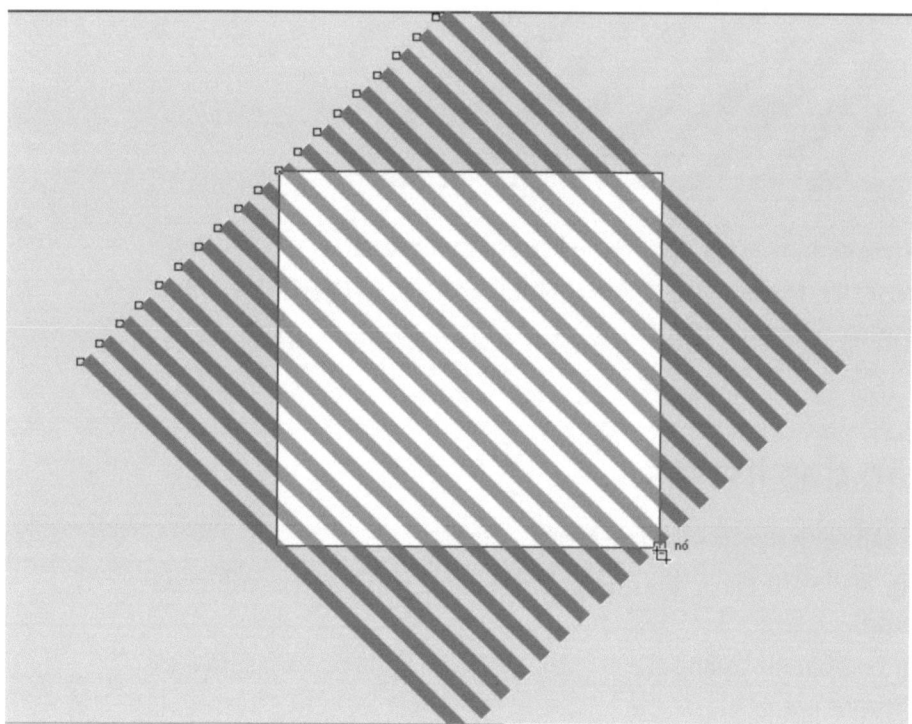

Se não acertar na primeira vez com a ferramenta, tire o dedo do mouse e clique nos quadradinhos vazios. Clique, segure e arraste para ajustar a área de corte.

Ainda com a ferramenta Cortar, dê um duplo clique dentro do quadrado desenhado. Desse modo, você eliminará a parte do desenho dos retângulos que está além do quadrado delimitado. Seu desenho deverá ficar semelhante à figura abaixo.

Você poderá criar diversas opções de listras em diagonal.

A ferramenta Cortar da Caixa de ferramentas corta todo tipo de desenho: vetorial ou bitmap, agrupado ou não.

Aplicação das listras

Importe uma camiseta da sua pasta de bases.

Certifique-se de que ela esteja desagrupada e que não esteja combinada (mangas e corpo).

Se estiver combinada (mangas e corpo), clique na linha da camiseta e vá a Organizar/Separar.

Clique nas listras que desenhou e coloque sobre a camiseta. Clique nas listras e vá a Organizar/Ordenar/Para trás da página.

Não importa se sua camiseta estiver pintada, desde que seja possível ver as listras por trás dela (as listras devem ultrapassar a camiseta, conforme mostra a figura abaixo).

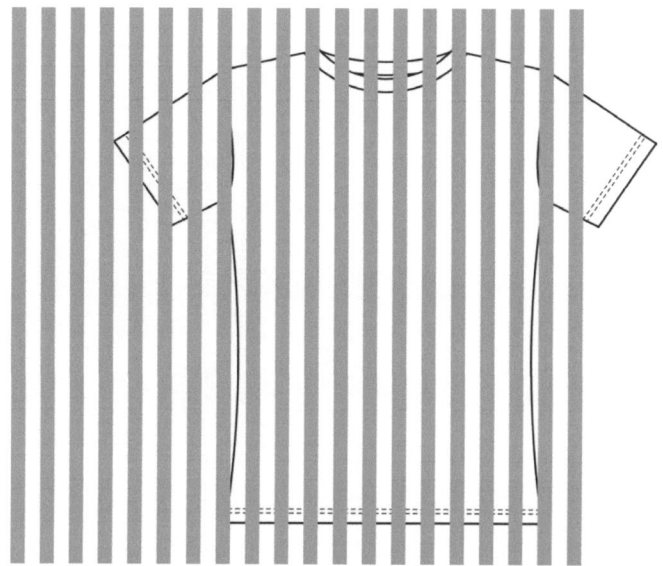

Clique na linha da camiseta, pressione Shift e mantenha a tecla pressionada.

Clique nas listras, tire o dedo do mouse e depois da tecla. Clique na opção Interseção na Barra de propriedades.

Com a ferramenta Seleção, clique fora do desenho.

Clique com a ferramenta Seleção nas listras que estão fora da camiseta e pressione a tecla Delete.

Se as listras estiverem atrás da camiseta e você não puder selecioná-las, clique no corpo da camiseta e vá a Organizar/Ordenar/Para trás da página.

Se o decote ficar atrás das listras, clique nele com a ferramenta Seleção e vá a Organizar/Ordenar/Para a frente da página

Observe que as listras foram aplicadas no corpo da camiseta, mas ainda não nas mangas (veja a figura ao lado).

Para aplicar as listras nas mangas, elas precisarão ser rotacionadas.

Se quiser, você pode fazer uma versão menor das listras, conforme a figura abaixo, mantendo a largura das listras.

Coloque as listras sobre uma das mangas.

Clique nas listras uma vez, clique novamente e aparecerão as alças de rotação.

Clique com o botão esquerdo do mouse em uma das alças (setinha curva), segure o botão do mouse e arraste em curva.

Rotacione as listras até que elas fiquem paralelas à linha superior da manga (veja a figura ao lado).

Ainda com a Ferramenta seleção, clique com o botão esquerdo do mouse na linha da manga, pressione Shift , mantenha a tecla pressionada, clique nas listras, tire o dedo do mouse e depois da tecla. Clique na opção Interseção na Barra de propriedades.

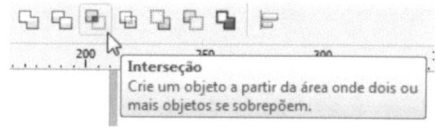

Com a ferramenta Seleção, clique nas listras que estiverem fora do contorno da manga e apague-as com a tecla Delete no teclado, clique com o botão esquerdo do mouse sobre as listras da manga e vá ao menu Editar/Duplicar, em seguida, faça o espelho e posicione sobre a outra manga da camiseta.

Veja que as listras das mangas não ficam no mesmo ângulo que as listras do corpo da camisa.

Clique nas costuras da camiseta e vá a Organizar/Ordenar/Para a frente da página.

A qualquer momento que sentir dificuldade em clicar na linha da camiseta ou das mangas, aproxime o desenho com a lupa. Assim a seleção ficará mais fácil.

15. ETIQUETA

Você pode desenhar etiquetas internas e externas para seu modelo.

Na etiqueta interna, normalmente consta o nome da marca e pode ou não haver a numeração do modelo. O desenho desse tipo de etiqueta em geral perdura por mais tempo, pois não é comum ser modificada de uma coleção para outra.

Na etiqueta externa, além de constar o nome da marca (ou não), você pode fazer alusão ao tema escolhido para a coleção naquele momento.

É desaconselhável colocar datas nas etiquetas, pois, se elas não se esgotarem na coleção em que foram criadas, não poderão mais ser utilizadas e acabarão gerando uma estocagem no almoxarifado e perda de investimento.

Se não tiverem data, em algum momento estratégico elas poderão ser reutilizadas.

Para fazer uma etiqueta de jacquard, você poderá usar teares com larguras definidas conforme modelo e fabricante. Informe-se com o fornecedor das etiquetas sobre as larguras dos teares. Você poderá estabelecer o tamanho que quiser para sua etiqueta, tendo como limite a largura definida pelo modelo de tear. O comprimento só é determinado pela peça de vestuário que será criada.

Outro item muito importante é fazer um desenho ou o logotipo da empresa de forma que fique visível e compreensível na etiqueta. Muitas vezes, o logotipo da empresa de confecção pode não ficar legível quando transferido para uma etiqueta. O logotipo deverá ser adaptado para que sua leitura seja possível. Isso gera um retrabalho em relação ao desenho.

Por esse motivo, é importante desenvolver o projeto da etiqueta prevendo sua confecção, com todas as especificações necessárias e possibilidades técnicas e financeiras para sua execução. Linhas muito finas devem ser engrossadas, mas é imprescindível ter muito cuidado para não descaracterizar a marca. Também se deve analisar a quantidade de cores e lembrar que tudo deverá passar pela aprovação dos responsáveis pela marca.

Para solicitar uma etiqueta para a empresa que a fabrica, é necessário desenvolver o desenho da etiqueta no formato que se quer e prever áreas de dobra e costura, bem como o local de fixação no modelo. Também será preciso agendar uma reunião com o fornecedor que representa a empresa desse aviamento para escolher, em uma cartela com tonalidades predefinidas, as cores que se aproximem do logotipo da empresa. Por isso, é necessário fazer uma ficha técnica específica para a etiqueta e ainda entregar um arquivo em vetor, preferencialmente em curvas (esse item será visto adiante), com o projeto da etiqueta, para que tudo saia como você planejou.

O primeiro passo para a criação da etiqueta é definir se ela será interna ou externa e onde será aplicada. Depois, saber qual o investimento disponível, para definir quantas cores você poderá utilizar. Quanto mais cores, maior será o investimento. Você deverá escolher o tipo de material: cetim, tafetá, algodão ou damask, entre outras possibilidades de tecidos e acabamentos sugeridas pelo fornecedor.

Veja a explicação a seguir, para uma etiqueta interna de camiseta.

Esta etiqueta será fixada internamente na parte de trás da camiseta, na linha de costura do decote.

Desenhe-a nas dimensões que quiser. Neste caso, ela foi desenhada com 9 cm de altura e 4,5 cm de largura.

Esse desenho será de uma etiqueta interna com uma dobra e áreas para costura.

Para definir a margem de costura com 0,5 cm, faça uma linha vertical com a ferramenta Mão livre. Veja as linhas verticais, indicadas pelas setas, na figura ao lado.

Após o desenho da linha vertical, selecione-a com a ferramenta Seleção e modifique seu tamanho para 0,5 cm na Caixa de dimensões na Barra de propriedades.

A linha vertical desenhada com 0,5 cm de altura servirá de gabarito para saber a distância em que será colocada a linha de representação da costura da etiqueta.

Clique na linha vertical desenhada, pressione Shift, clique na linha da etiqueta (retângulo maior), tire o dedo do mouse e depois da tecla.

Pressione a letra B (de *bottom*) para alinhar a linha vertical desenhada pela base do retângulo que é sua etiqueta.

Repita esse processo, mas, em vez de pressionar a letra B, pressione a letra T (de *top*) para alinhar a linha vertical ao topo da etiqueta.

Use linhas-guia para saber onde desenhar as linhas tracejadas que serão as marcações de costura.

Habilite a opção Alinhar a objetos.

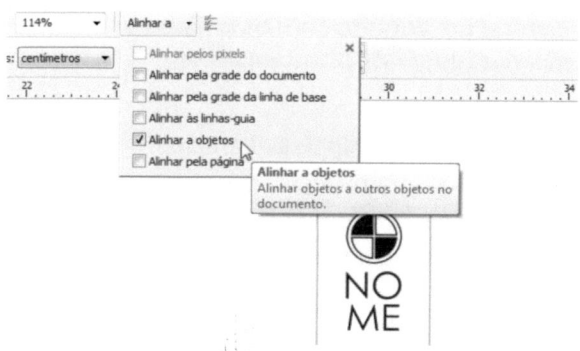

Clique na régua horizontal, arraste uma linha-guia até a base da linha vertical com 0,5 cm e tire o dedo do mouse.

Com a ferramenta Mão livre, desenhe sobre a linha-guia as linhas tracejadas que indicam a margem de costura, conforme mostra a figura ao lado. Faça também uma linha tracejada no centro da etiqueta para indicar a dobra. Escreva o que significam as linhas no projeto da etiqueta.

A primeira linha tracejada no alto da etiqueta indica a área de costura com 0,5 cm de margem. A linha tracejada no meio assinala a área de dobra da etiqueta. A linha tracejada inferior é a indicação de margem de costura, que se unirá com a linha tracejada na margem superior.

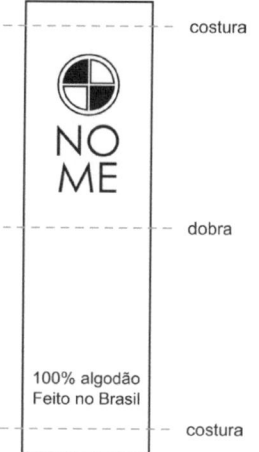

A linha desenhada com 0,5 cm de altura foi utilizada apenas para a medição da margem de costura da etiqueta. Após colocar as margens superior e inferior na etiqueta, você pode apagar essa linha. Clique nela com a ferramenta Seleção e pressione a tecla Delete.

A etiqueta foi desenhada aberta para indicar as dimensões finais e o que você quer que esteja escrito. Para a aplicação final na camiseta, ela será dobrada ao meio e costurada na parte superior de acordo com a margem de costura.

Há pelo menos duas etiquetas imprescindíveis que devem ser colocadas em uma peça de vestuário. A primeira é a etiqueta que terá informações sobre marca, procedência, dados da empresa fabricante (como o CNPJ), composição e tamanho do modelo. A segunda etiqueta, obrigatória, comumente aplicada na lateral interna esquerda da peça de vestuário, deve conter todas as informações a respeito do modelo, como composição, procedimentos de lavagem e cuidados com a peça. Você deve entrar em contato com os órgãos competentes para verificar todas as informações obrigatórias em relação ao uso de etiquetas.

Para aplicar sua etiqueta no modelo, será necessário diminuí-la. Para que ela, ao ser reduzida, não tenha o contorno alterado, será necessário habilitar a opção Escala com a imagem, que se encontra na ferramenta Caneta de contorno. Isso evita que, ao reduzir um retângulo, sua linha engrosse e fique desproporcional ao restante do desenho.

Ou seja, ao finalizar sua etiqueta (antes de agrupar), clique na linha do retângulo (contorno da etiqueta) e em qualquer outra linha do seu desenho, vá à Caixa de ferramentas/Caneta de contorno/Caneta de contorno novamente, clique em Escala com a imagem e depois em OK. Esse procedimento garante que o contorno da sua etiqueta não sofrerá alteração de espessura e acompanhará a escala de todos os elementos ao ser reduzida.

Agora, para aplicar a etiqueta no seu modelo, primeiro selecione todos os elementos da etiqueta desenhada e agrupe (Organizar/Agrupar).

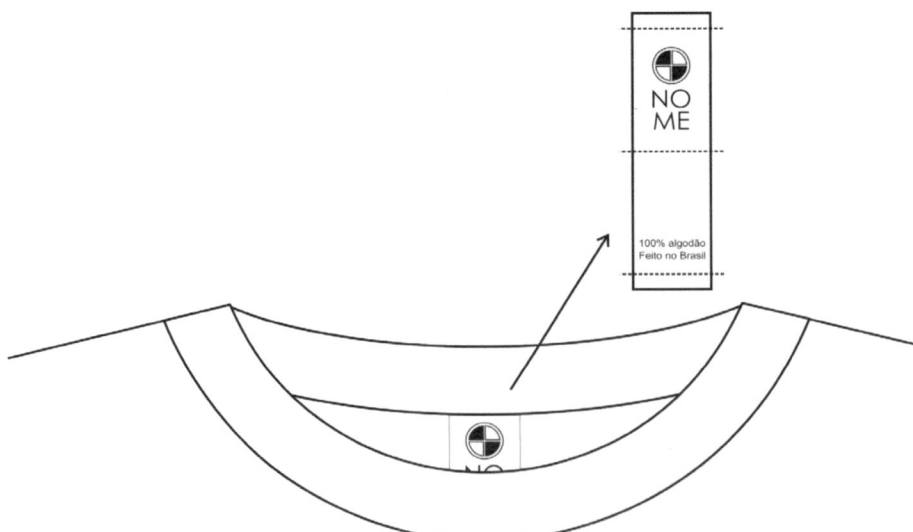

Indique no modelo onde será posicionada a etiqueta.

Para decidir sobre o material, quantas dobras, acabamento, efeitos e aplicações, agende uma reunião com o representante da empresa de etiquetas, que poderá fornecer todas as informações necessárias. Organize as informações – desenho da marca, projeto da etiqueta, dimensões e materiais definidos – e salve como arquivo. Antes de enviar o arquivo ao representante da empresa de etiquetas, certifique-se de qual versão do CorelDRAW ele possui, salve o arquivo em CD ou pen drive, ou mande por e-mail.

Lembre-se de que todos os textos utilizados deverão ser transformados em curvas.

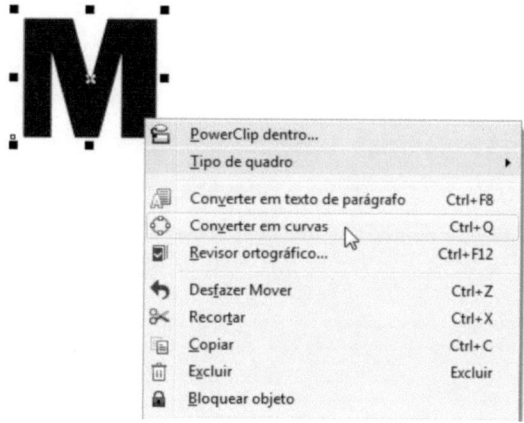

O motivo para transformar o texto em curvas é que as fontes (tipos de letra) existentes no seu computador podem não existir no computador da pessoa que receberá o seu arquivo.

Ao abrir um arquivo de outro usuário, as fontes mudarão se elas não existirem no seu computador. O mesmo ocorrerá se o seu arquivo for aberto por outro usuário cujo computador não tiver as fontes que você utilizou. Portanto, para que seu arquivo possa ser aberto na empresa de etiquetas, transforme os textos em curvas para não correr o risco de que seu projeto se modifique completamente.

Se houver texto no projeto da sua etiqueta, clique nele com a ferramenta Seleção com o botão direito do mouse. No menu, escolha a opção Converter em curvas. Ao converter o texto em curvas, você o transforma em desenho.

Agora, não importa onde seu arquivo seja aberto, os desenhos das fontes (letras) não sofrerão alteração. Uma vez transformado em curvas, o texto não pode mais ser editado, ou seja, ele deixa de ser texto e não pode mais ser modificado, seja para inserir um novo texto, seja para mudar a fonte (tipo de letra). A partir do momento em que se transforma em curvas, ele só pode ser alterado como desenho pela ferramenta Forma.

Sempre que entregar um projeto criado no CorelDRAW X6®, pergunte a quem recebê-lo qual a versão do programa que possui.

Caso quem o receber tenha uma versão anterior à sua, salve seu arquivo da seguinte forma: ao terminar seu projeto, vá a Arquivo/Salvar como.

Na janela para salvar o arquivo, clique na opção Versão, que está no canto inferior direito.

Escolha a mesma versão de quem for receber o arquivo. Veja a figura ao lado.

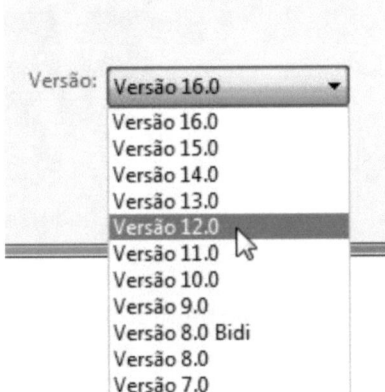

Uma versão mais antiga do CorelDRAW não abre um arquivo feito em uma versão mais recente.

16. FIVELA

Uma fivela pode ser confeccionada com diversos materiais. Para escolher o mais apropriado, você deve levar em conta o local de utilização, bem como a sua função: se ela será apenas um enfeite ou se exigirá alguma resistência.

Para as metálicas, há diversos materiais. Um bastante utilizado é o zamak, uma liga de metais disponível em diversos acabamentos: ouro velho, níquel fosco, prata, entre outros.

Para desenhar a fivela, clique na ferramenta Retângulo e construa um retângulo com 5,0 cm de comprimento e 4,5 cm de altura.

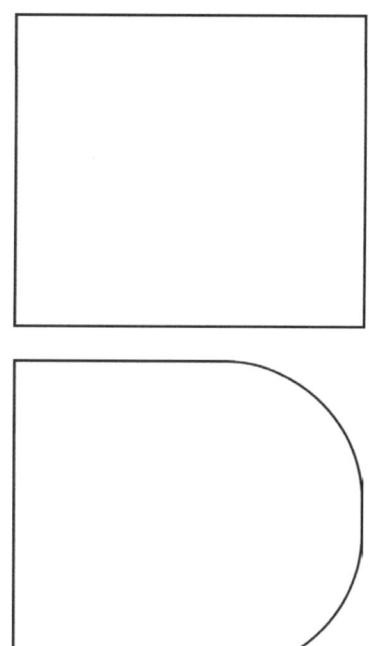

Após selecionar o retângulo com a ferramenta Seleção, escolha a opção para arredondar os cantos na Barra de propriedades.

Digite 2,0 cm nas duas colunas à direita, conforme a figura acima. Verifique se o cadeado está aberto para poder modificar as medidas de forma independente.

Clique no objeto com a ferramenta Seleção e depois na ferramenta Contorno interativo, na Caixa de ferramentas.

Nas opções da ferramenta na Barra de propriedades, escolha Contorno interno com uma etapa e 0,5 cm em Deslocamento de contorno, conforme a figura abaixo.

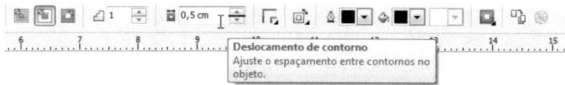

Ainda com a ferramenta Contorno interativo habilitada, vá a Organizar/Separar grupo de contorno.

Selecione as duas linhas desenhadas, que são o contorno interno e externo da sua fivela, e combine.

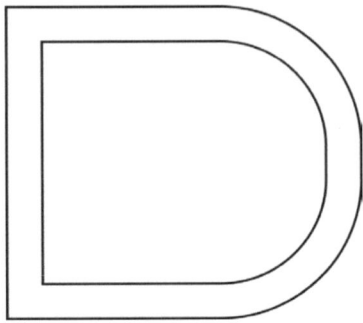

Desenhe um retângulo com 4,8 cm de comprimento e 0,4 cm de largura e posicione-o no centro vertical da fivela e à esquerda, conforme a figura ao lado. Clique no retângulo, pressione Shift e clique no aro da fivela. Tecle as letras C e E e depois a letra L.

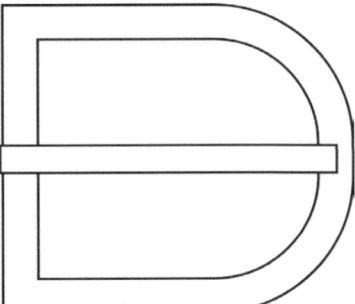

Após colorir a fivela da cor que quiser, verifique se o retângulo (pino da fivela) está sobre o aro.

Se não estiver, clique no retângulo e vá a Organizar/Ordenar/Para a frente da página.

Arredonde também a ponta direita do pino da fivela, conforme a figura ao lado.

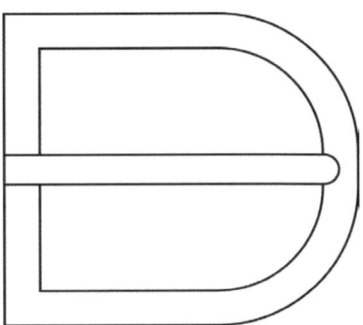

Para arredondar o pino da fivela, utilize a opção Raio do canto na Barra de propriedades e digite o valor 0,4 cm, de acordo com a figura abaixo.

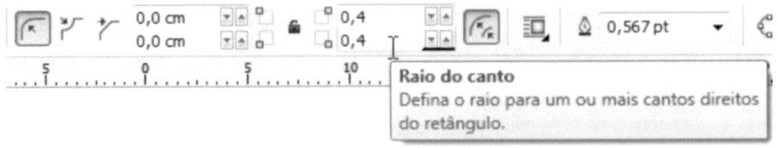

Esta é uma possibilidade de representação da fivela. Você poderá desenhar vários outros modelos a partir da modificação das linhas com a ferramenta Forma.

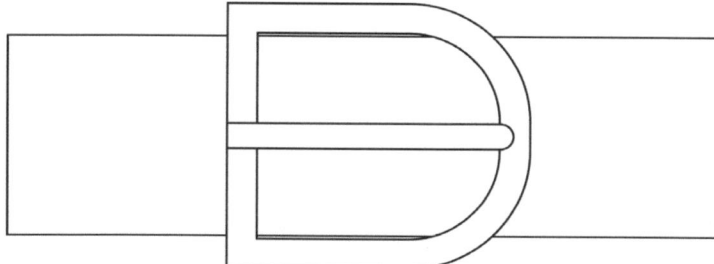

Veja como simular o cinto que passa pela fivela.

Desenhe um retângulo que passe pela parte interior da fivela (veja a figura abaixo).

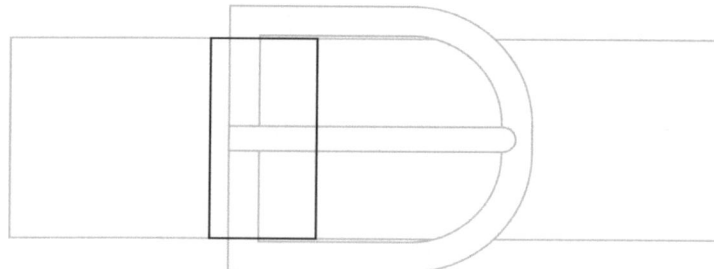

Para dar a impressão de que o cinto passa por dentro da fivela, recorte a parte reta da fivela com um retângulo.

Para cortar uma parte da fivela, desenhe um retângulo como o que está sobre a fivela na figura acima.

Clique no retângulo, pressione Shift, mantenha a tecla pressionada e clique na fivela.

Na Barra de propriedades, selecione a opção Aparar.

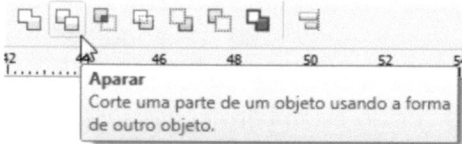

Seu desenho deverá ficar como a figura abaixo.

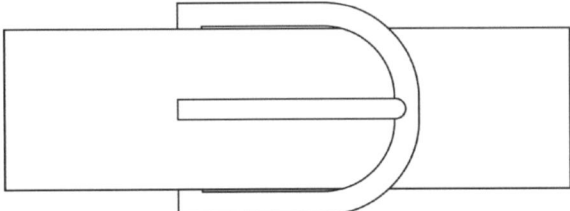

Faça os furos para passar o pino da fivela.

Selecione a ferramenta Elipse na Caixa de ferramentas e desenhe uma elipse na base do pino da fivela.

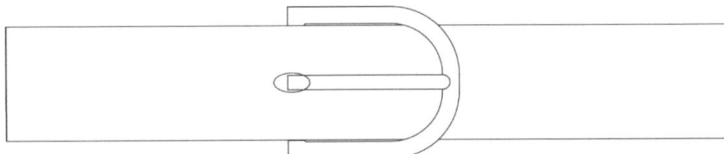

Desenhe mais duas elipses, conforme a figura abaixo. Utilize a opção Distribuir para que as elipses fiquem equidistantes.

Clique no pino da fivela, pressione Shift, clique na elipse que está na sua base, selecione Aparar na Barra de propriedades para cortar a elipse.

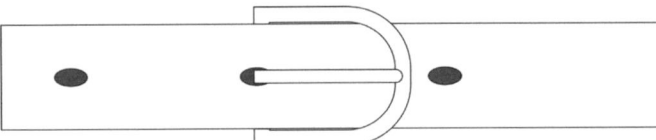

É comum desenhar um cinto com cinco furos. Tal cinto deve ser feito de acordo com medidas definidas como padrão, assim como fazemos em peças de vestuário.

Um cinto é medido da base do pino até o furo do meio. Os dois furos antes e depois desse furo são considerados apenas para ajuste e não são contabilizados para a medida final do cinto.

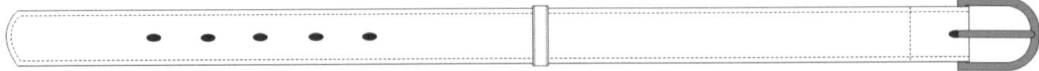

Quando desenhar um cinto, você precisará definir o material, se terá forro ou não, se será costurado ou colado e também como será a fixação da fivela, além de escolher o passante que segurará a ponta do cinto.

17. ZÍPER

Para representar um zíper, pode-se optar por fazer um desenho mais simples, e indicar o modelo, ou mais detalhado. Dependerá muito de onde ele será aplicado.

O zíper é composto de cadarço, tecido das laterais (com o qual é costurado na peça de vestuário), cursor (peça que fica sobre os dentes do zíper), puxador (que é preso no cursor), terminal e dentes.

Há zíperes que precisam de trava para não abrirem facilmente, como quando são usados em calças, vestidos e saias. Para esse tipo de zíper, você poderá indicar os puxadores que já existem no fabricante, ou sugerir capas de diversos materiais para personalizar o puxador.

Há também cursores-padrão com trava e uma argola que permite a fixação de puxadores personalizados, que podem ser desenvolvidos em diversos materiais.

Os zíperes sem travas são mais utilizados em bolsas, bolsos e em qualquer peça que não necessite de segurança no fechamento. Nesse caso, há uma grande variedade de puxadores criados pelas fábricas do aviamento que podem ser colocados na argola do cursor e também ser personalizados.

Há o zíper de náilon, de vislon (um tipo de plástico bastante resistente) e de metal, dos mais diversos comprimentos e tamanhos de dentes. Há ainda o zíper invisível, muito utilizado em vestuário feminino (vestidos, saias e calças).

Você pode definir a cor do cadarço e a dos dentes do zíper, principalmente no zíper de vislon. É um detalhe que pode oferecer um visual bastante elaborado para a peça de vestuário, mas tudo dependerá da empresa fabricante e da quantidade que você vai utilizar.

Tome cuidado ao escolher o zíper para sua coleção, principalmente quando os modelos forem passar por algum processo de lavanderia – por exemplo, em coleções de jeans.

Nesses casos, os produtos químicos utilizados para amaciar ou desgastar o tecido poderão danificar consideravelmente os componentes do zíper, comprometendo sua funcionalidade.

Para desenhar os dentes do zíper, usaremos a ferramenta Retângulo.

Desenhe um retângulo com 0,3 cm de comprimento e 0,1 cm de largura.

Lembre-se de que, ao digitar as medidas na caixa de tamanhos de objetos na Barra de propriedades, o cadeado deverá estar aberto.

Habilite a opção Alinhar a objetos na Barra padrão.

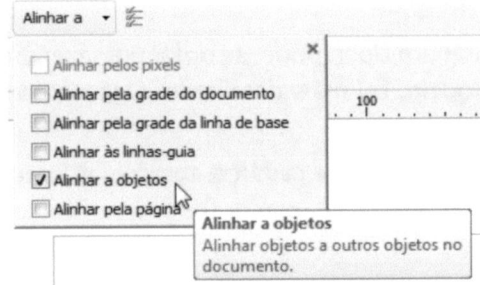

Clique no retângulo desenhado com a ferramenta Seleção e duplique. Clique novamente no retângulo e arraste para posicioná-lo conforme a figura abaixo.

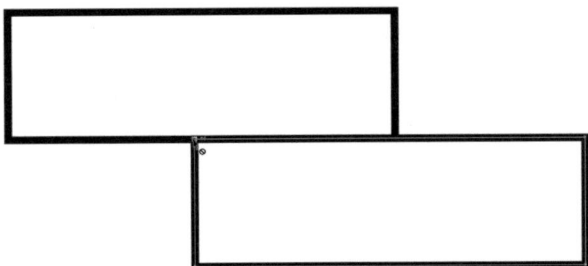

Com a opção Alinhar a objetos habilitada, você sentirá que, ao arrastar o retângulo duplicado, ele tenderá a se aproximar do primeiro retângulo desenhado.

Se você clicar no canto superior esquerdo do retângulo, segurá-lo e arrastá-lo, perceberá que é fácil posicioná-lo na metade da base do primeiro retângulo, conforme mostra a figura acima.

Selecione os dois retângulos e combine. Esse será o objeto de repetição para criar os dentes do zíper.

Selecione os dois retângulos combinados e vá a Editar/Duplicar.

Clique no retângulo duplicado e arraste para baixo. Pressione a tecla CTRL enquanto movimenta o objeto de repetição.

Não perca a seleção, ou seja, não clique em nenhum outro lugar enquanto duplica o objeto.

Para acelerar a repetição dos dentes do zíper, pressione CTRL, segure e aperte a letra D.

Com a tecla CTRL pressionada, cada vez que apertar e soltar a letra D, o objeto se repetirá na mesma distância definida por você. No caso, cada objeto deverá grudar na base do objeto anterior.

Seu desenho deverá ficar parecido com a figura abaixo. Esse desenho é uma representação dos dentes de um zíper de metal.

Desenhe o puxador do zíper com formas simples disponíveis na Caixa de ferramentas, conforme a explicação a seguir.

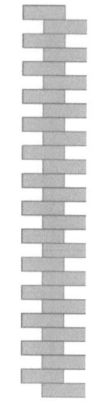

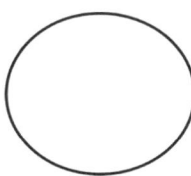

Desenhe uma elipse com 2,3 cm de comprimento e 2,0 cm de largura.

Lembre-se de clicar na opção Escala com imagem, que está na ferramenta Contorno, em cada elemento desenhado.

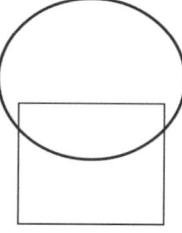

Desenhe um retângulo com 1,8 cm de comprimento e 1,5 cm de largura e posicione-o conforme a figura acima.

Lembre-se sempre de selecionar todos os objetos desenhados em cada etapa e centralizá-los, pressionando a letra C.

Selecione a elipse e o retângulo e habilite a opção Soldar na Barra de propriedades.

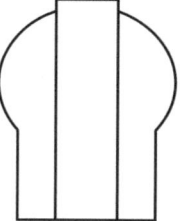

Desenhe um retângulo com 2,9 cm de largura e 0,8 cm de comprimento. Selecione a figura soldada e o retângulo desenhado e centralize ao centro vertical (letra C) e pela base (letra B).

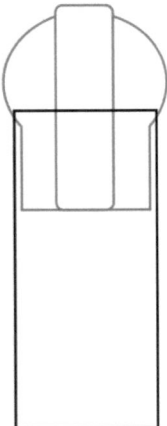 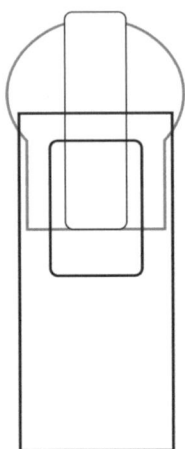

Desenhe um retângulo com 4,5 cm de comprimento e 2,0 cm de largura.

Posicione-o conforme a figura acima.

Arredonde os cantos dos dois retângulos desenhados, clicando na opção Raio do canto na Barra de propriedades.

Clique no retângulo menor e vá a Organizar/Ordenar/Para a frente.

Desenhe um retângulo menor, com 1,8 cm de largura e 1,2 cm de comprimento. Posicione-o dentro do retângulo maior, conforme a figura acima.

Selecione os dois retângulos e pressione a letra C. Arredonde os cantos do retângulo menor e combine apenas os dois retângulos.

Clique na linha do retângulo maior e pinte da cor que quiser.

Faça um retângulo com 1,4 cm de largura e 0,8 cm de comprimento. Posicione-o na ponta do retângulo maior, conforme a figura ao lado.

Arredonde os cantos desse retângulo. Centralize-o em relação ao retângulo maior e combine.

Veja que o retângulo mais estreito, indicado em cinza, deverá ficar sobre todos os outros elementos.

Para confirmar, clique no retângulo indicado em cinza na figura ao lado e depois em Organizar/Ordenar/Para a frente da página.

Selecione todos os elementos, vá a Organizar/Agrupar e pinte da cor que preferir.

Pinte de uma única cor.

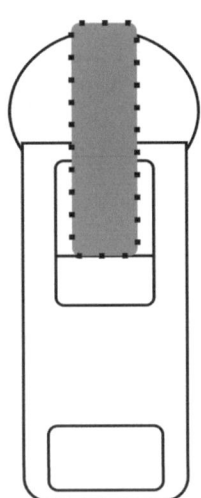

Selecione somente os dentes e combine.

Clique no cursor e no puxador do zíper e coloque-os sobre os dentes. Selecione tudo e pressione a letra C para alinhar.

Faça um retângulo pequeno, como o da figura ao lado. Coloque-o no final dos dentes do zíper para simular seu terminal.

Aumente ou diminua a quantidade de dentes de acordo com o modelo da peça em que o zíper será aplicado. Selecione tudo e agrupe.

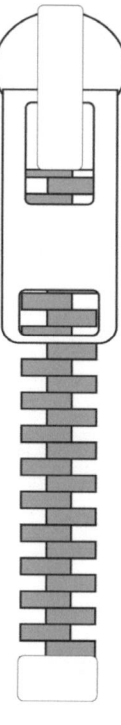

18. TAG

O tag é uma forma de comunicação com o cliente. Nele, podem ser colocadas diversas informações, como o conceito da coleção, a qualidade do produto, a procedência, entre outras possibilidades.

O tag pode ser feito de materiais variados, como papéis, tecidos e metais. Muitas vezes, pode se tornar um brinde, se tiver um formato ou um acabamento diferente.

Pode ser um adesivo, um espelho ou uma bolsinha. A intenção é que ele seja guardado pelo cliente. Assim, a marca poderá ser lembrada por mais tempo.

Seu formato é livre. Dependerá do que for definido para o conceito da coleção. Se tiver um formato bastante diferenciado, é válido lembrar que provavelmente será feita uma faca especial para o corte, o que poderá exigir um investimento.

Para o desenho do tag, podemos partir de diversas formas geométricas. Neste caso, utilizaremos como base o retângulo. Na Caixa de ferramentas, selecione a ferramenta Retângulo.

Faça um retângulo com 8,0 cm de largura e 6,0 cm de altura.

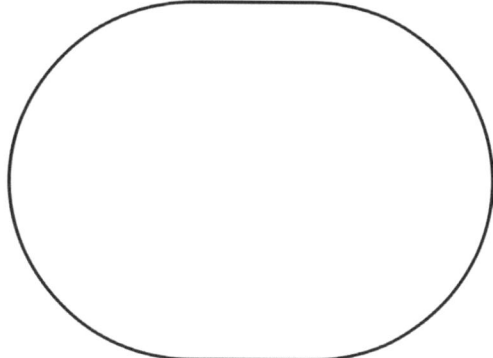

Arredonde os cantos do retângulo clicando na opção Raio do canto (veja a figura acima).

Com a ferramenta Seleção, clique no retângulo. Na Barra de propriedades, digite 10,0 cm como opção de canto redondo, conforme a figura abaixo.

Clique no contorno da figura com a ferramenta Seleção.

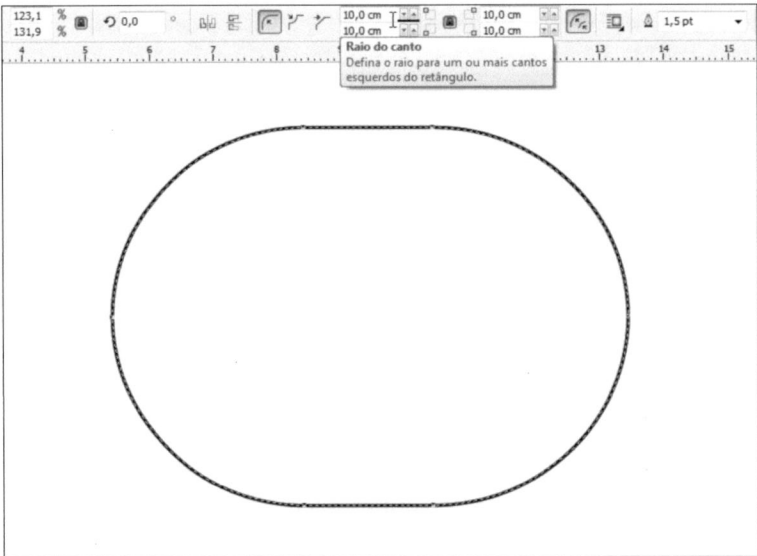

Clique na ferramenta Contorno interativo na Caixa de ferramentas.

Na Barra de propriedades da ferramenta, escolha uma etapa de Contorno interno com 0,5 cm de distância, conforme a figura abaixo.

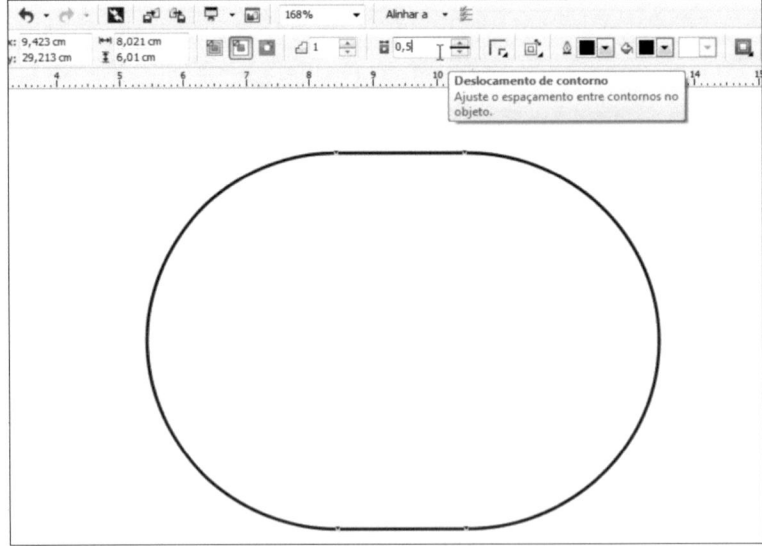

Clique na linha interna da figura com a fer-ramenta Seleção. Clique novamente com o bo-tão direito do mouse na opção Separar Grupo de contorno.

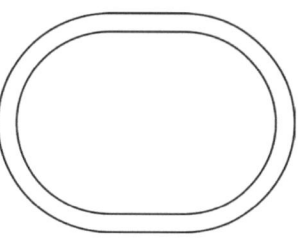

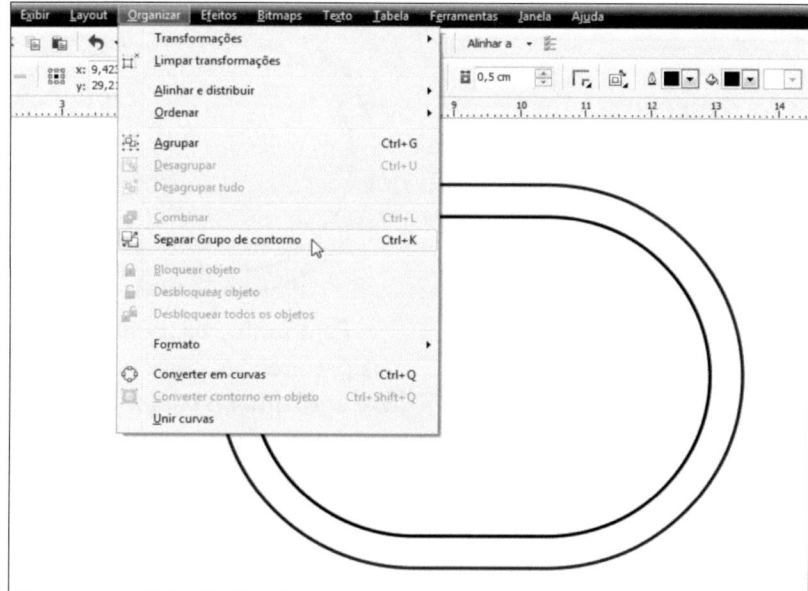

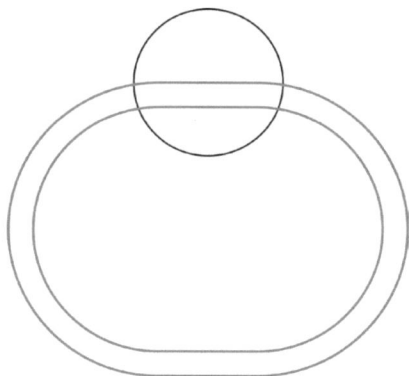

Faça um círculo com 3,0 cm de diâ-metro e posicione-o conforme a figura acima.

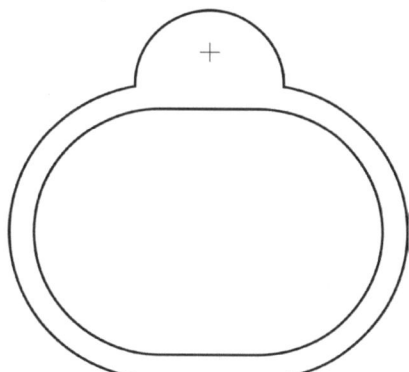

Selecione o círculo com a ferramenta Seleção, aperte a tecla Shift e mantenha-a pressionada.

Clique na figura, vá à Barra de propriedades e escolha a opção Soldar.

Faça também uma cruz com a ferramenta Mão livre, para indicar onde será o furo do tag, e posicione-o conforme a figura anterior, à direita.

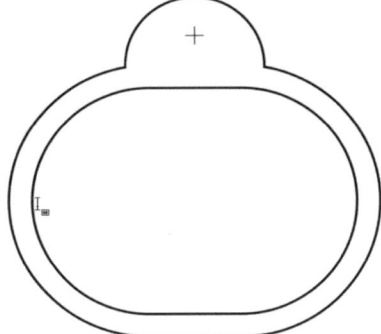

É possível escrever em formas predefinidas.

O texto pode estar inserido em qualquer forma geométrica ou orgânica.

Para tanto, basta fazer o desenho de sua preferência, clicar na ferramenta Texto e aproximar o cursor da figura.

Você perceberá que, quando aproximar a ferramenta Texto da figura, o cursor se modificará.

Quando o cursor tomar a forma de uma caixinha, clique e escreva dentro da figura.

O texto poderá ser editado. Você poderá trocar a fonte, o tamanho e o alinhamento.

Na parte de trás do tag, você poderá descrever o motivo da coleção, informar a qualidade dos materiais utilizados ou acrescentar qualquer outro dado que deseje que seu cliente saiba.

A intenção pode ser promover ou explicar o conceito da coleção.

Após inserir o texto, clique nele com a ferramenta Seleção, com o botão direito do mouse, e transforme o texto em curvas, para que não se modifique ao ser aberto em outro computador. Esse procedimento também fará com que o texto se solte da figura utilizada como gabarito e dela possa ser apagado.

Você adquiriu um produto de excelente qualidade. Sua criação e produção foram orientadas para proporcionar um excelente caimento.

Indústria Brasileira

Na frente do tag, pode constar o logotipo da empresa ou uma foto ou desenho que tenha servido de inspiração para a coleção.

Também é importante fazer uma ficha técnica para definir todos os detalhes do tag. Deverão constar, além do desenho frente e verso, dados como o material utilizado, a forma de aplicação, a coleção a que se destina, as dimensões e qualquer informação necessária para sua confecção.

Há empresas especializadas na confecção de tags. É importante entrar em contato com elas para saber todas as regras, possibilidades, novidades e formas de aplicação.

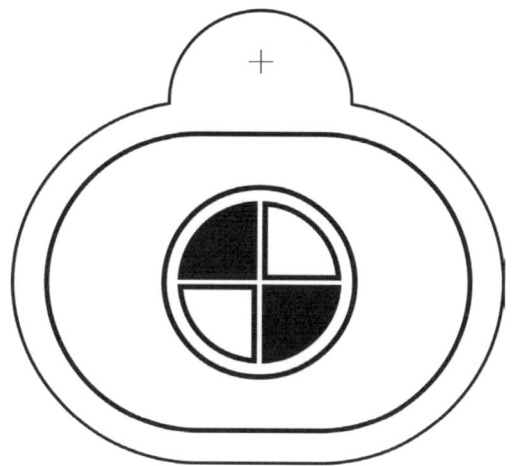

19. CALÇA

Existem diversos modelos de calça e várias formas de desenhá-la. Antes de começar o desenho, é importante definir o público para quem você desenhará a calça e o tecido que pretende usar.

Como primeiro desenho de calça, faremos uma base para estudar novamente o conceito de simetria. A partir dessa base, você poderá criar qualquer modelo.

Utilizaremos o corpo digital Theodora como base, com o intuito de obter um desenho técnico próximo à proporção corporal biológica, item essencial para uma boa comunicação com os profissionais de modelagem.

Com a ferramenta Bézier, clique no centro do corpo (abaixo do umbigo, na figura ao lado), onde está o número 1.

Tire o dedo do mouse e vá até a lateral do corpo à sua direita, onde está o número 2, clique uma vez e tire o dedo do mouse.

Vá até a linha de apoio sobre o pé do corpo (número 3) e tire o dedo do mouse.

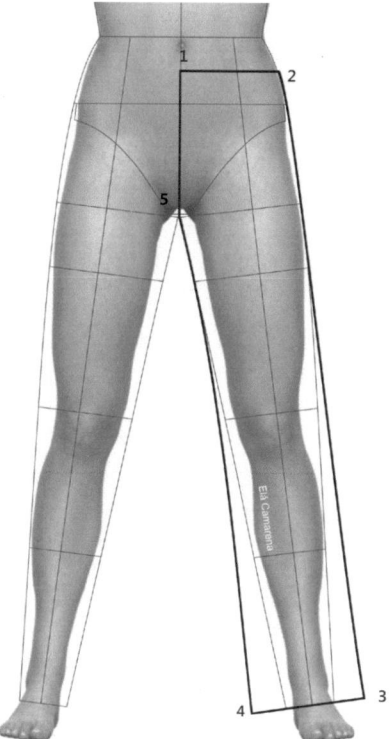

Faça a linha que será a boca da calça. Clique no canto interno ao lado do pé (número 4), tire o dedo do mouse e suba até o meio das pernas (número 5).

Clique no primeiro ponto que fez, próximo ao umbigo (número 1), para fechar o desenho que será a base da calça.

Você deve sempre fazer a linha mais externa do seu modelo, que será a parte de trás, e depois os detalhes internos, que formarão a frente do modelo.

Se o desenho da metade da calça que você fez não ficar como deseja, clique na ferramenta Forma e faça os ajustes em cada linha. Não precisa acertar na primeira vez em que desenhar.

A lateral da calça poderá ter uma curva suave na altura do quadril. Transforme a linha lateral em curva e, com a ferramenta Forma, ajuste-a na altura do quadril.

Selecione a ferramenta Forma na Caixa de ferramentas, clique na lateral da calça à sua direita e converta em curvas.

Clique novamente na linha e, quando aparecerem os vetores (linhas tracejadas azuis com uma seta na ponta), clique na seta azul e empurre para cima, para colocar a curva mais próxima do quadril.

Caso o vetor azul não apareça, com a ferramenta Forma, clique no canto superior à sua direita, onde está o número 2, indicado na figura abaixo. Assim, o vetor azul aparecerá novamente.

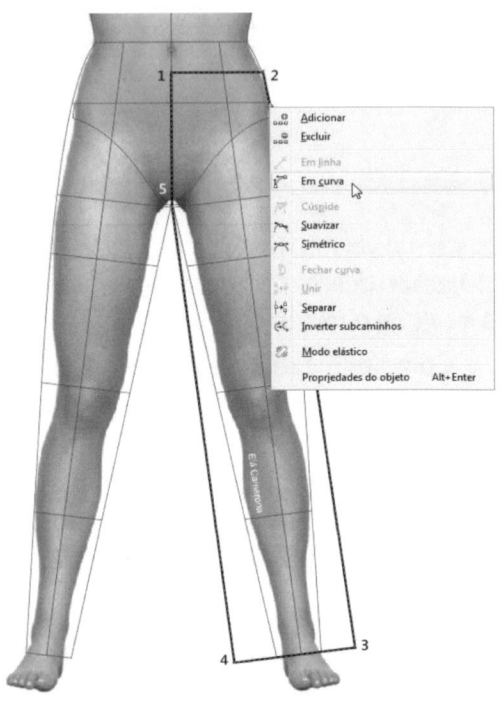

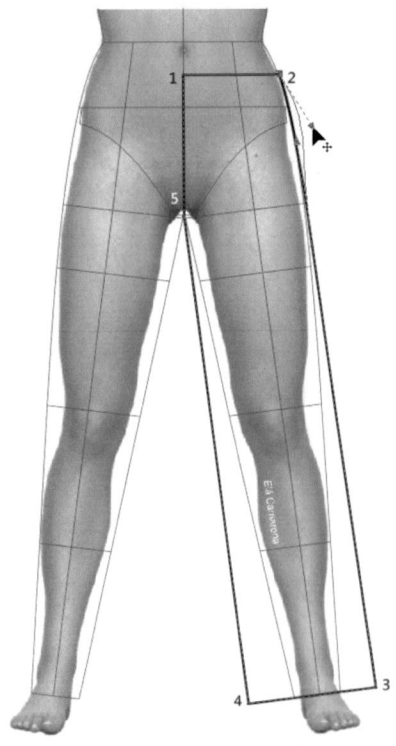

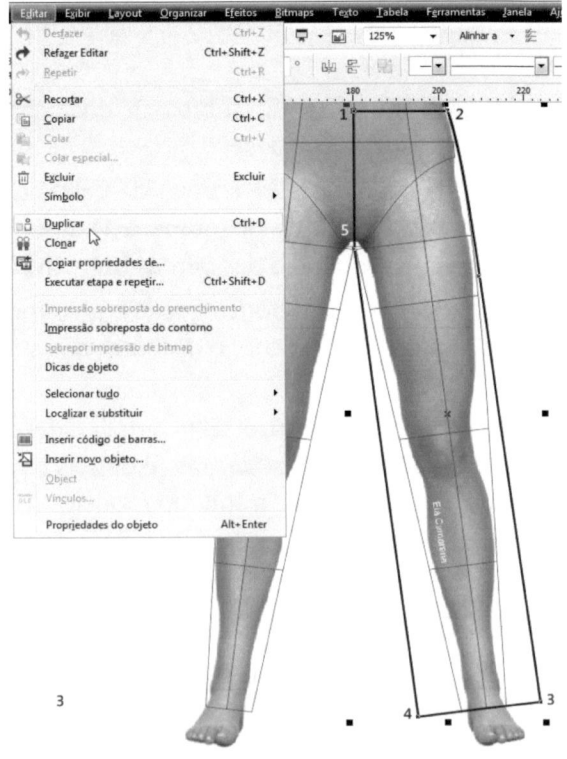

Com a Ferramenta Seleção, clique na metade da calça e vá a Editar/Duplicar.

Clique na metade duplicada e faça o espelho.

Posicione uma metade ao lado da outra e lembre-se de colocar uma parte um pouco sobre a outra.

Certifique-se de que as duas metades estejam alinhadas pelo topo.

Selecione as duas metades com a ferramenta Seleção e pressione apenas a letra T.

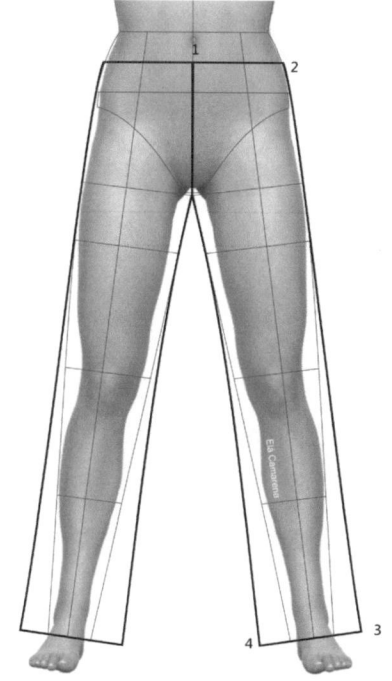

Para unir as duas partes, clique em uma metade com a ferramenta Seleção, pressione Shift e mantenha a tecla pressionada.

Clique na outra metade da calça, tire o dedo do mouse e depois da tecla e clique em Soldar na Barra de propriedades.

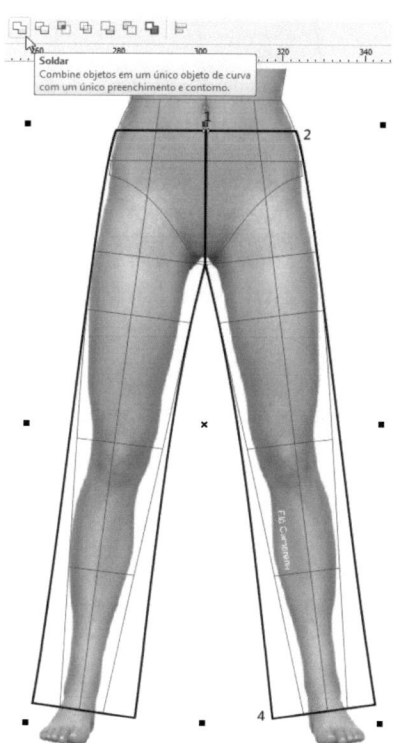

As linhas centrais entre as duas metades deverão desaparecer.

Esta é a base da calça.

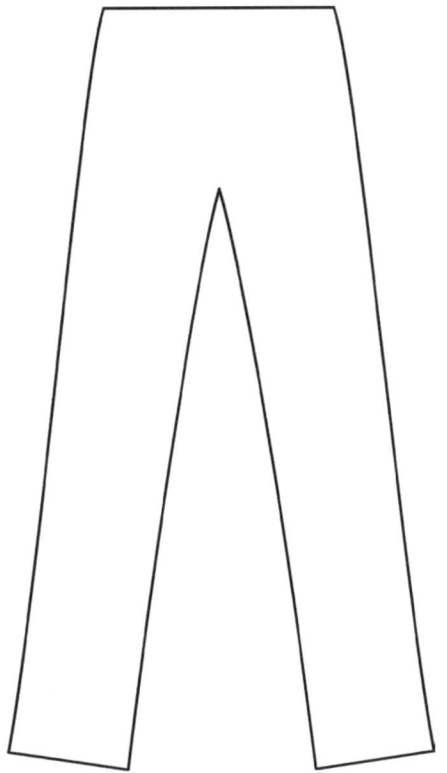

Para desenhar o cós, utilizaremos a ferramenta Mão livre.

Com essa ferramenta, faça uma linha inclinada, conforme a figura abaixo.

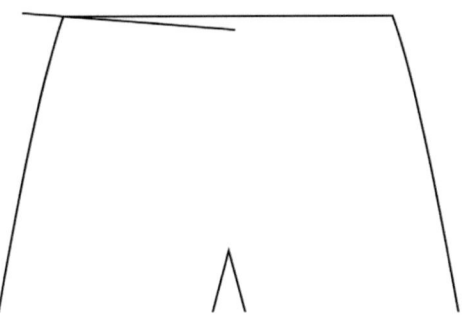

Lembre-se de dar um clique com a ferramenta Mão livre, tirar o dedo do mouse, clicar novamente para fazer a linha inclinada e outra vez tirar o dedo do mouse.

A partir dela, você poderá desenhar calças em diversos tecidos, inclusive jeans, como será explicado mais adiante.

Você deve duplicar essa base e reservá-la para fazer a parte posterior da calça.

Para explicar como se faz o cós da calça, destacaremos apenas a parte superior da peça. Nesse exercício, faça os desenhos sobre a base de calça (veja a figura acima).

Veja que a linha desenhada vai além da cintura da calça.

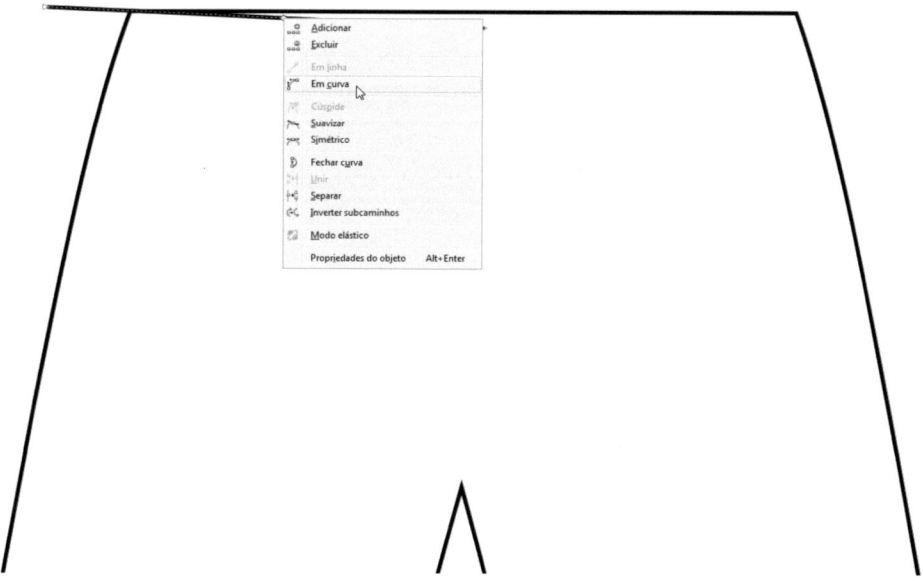

Com a ferramenta Forma, clique na linha com o botão direito do mouse e selecione Em curva.

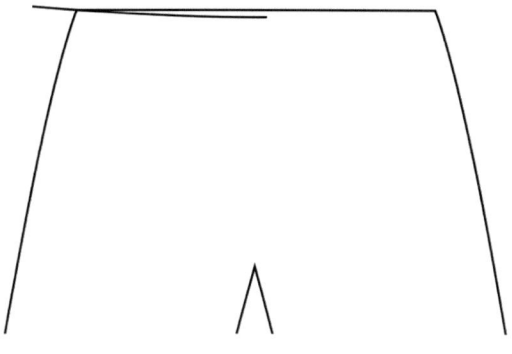

Clique na linha convertida em curva, segure e arraste para baixo para fazer uma leve curva, conforme a figura acima.

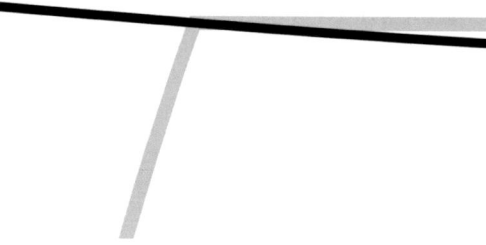

Com a ferramenta Seleção, clique na linha curva e posicione conforme a figura acima.

Veja que a linha curva deve passar exatamente pelo canto superior à sua esquerda na cintura da calça.

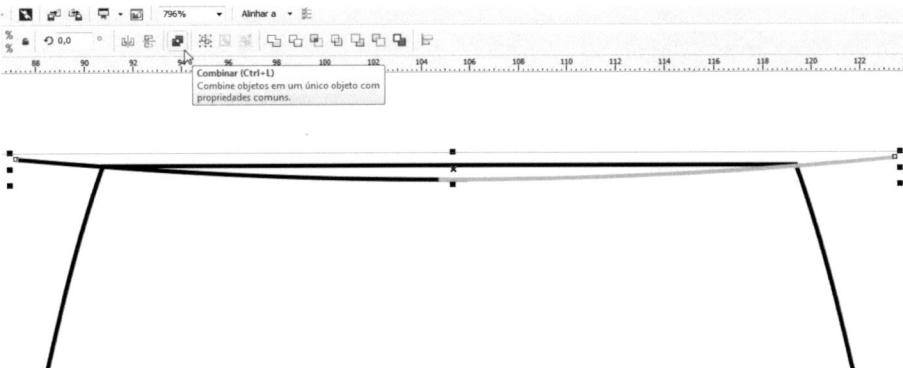

Clique na linha curva, vá a Editar/Duplicar, faça o espelho e posicione conforme a figura acima. Observe a linha duplicada e espelhada indicada em cinza nessa figura.

Certifique-se de que a linha duplicada passe pelo canto superior à direita, conforme fez na linha curva inicial.

Combine as duas linhas, selecione cada uma e vá à opção Combinar na Barra de propriedades.

A distância entre a linha reta na parte de trás da calça e a linha curva é a diferença entre a frente e a parte posterior da calça.

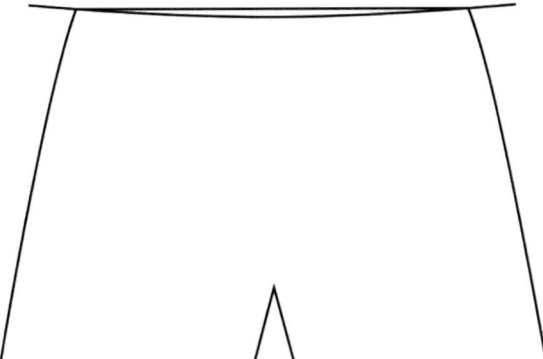

Você deverá definir essa distância e lembrar que existem limites na modelagem para que não haja exageros a ponto de a frente e a parte traseira da calça ficarem baixas demais e proporcionarem deselegância e desconforto ao cliente.

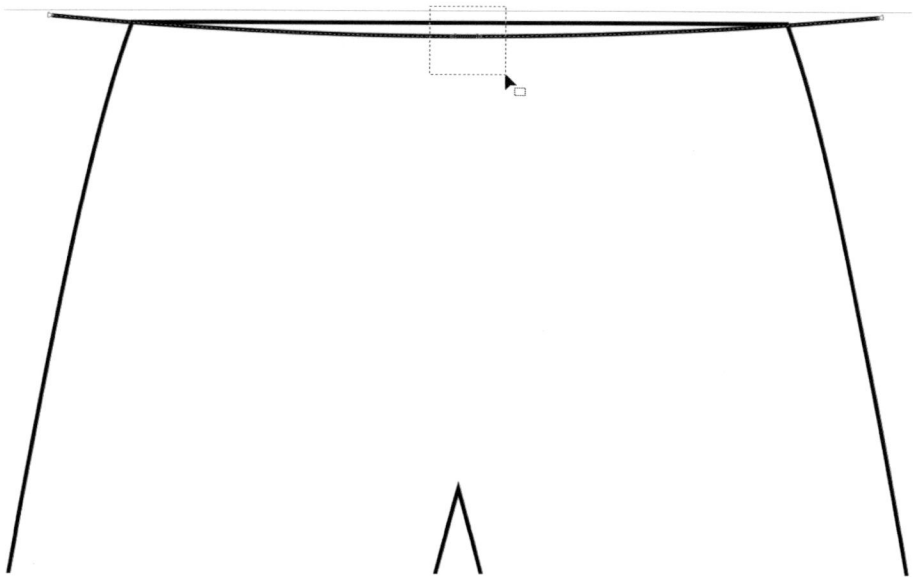

Com a ferramenta Forma, selecione os dois nós que estão no centro da linha curva.

Com os dois nós selecionados, vá a Unir dois nós na Barra de propriedades.

A opção Unir dois nós só aparece quando há dois nós selecionados.

Selecione o nó ao centro da linha curva com a ferramenta Forma e pressione a tecla Delete para apagá-lo.

Para colocar a linha dentro da calça e também para cortar o cós, veja a explicação a seguir.

Clique na linha curva, pressione Shift, mantenha a tecla pressionada, clique na calça, tire o dedo do mouse e depois da tecla.

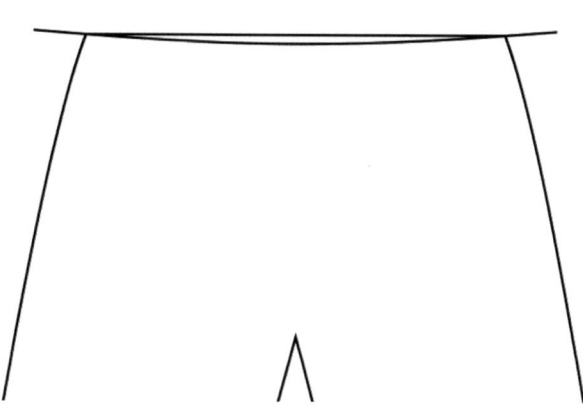

Clique em Aparar na Barra de propriedades.

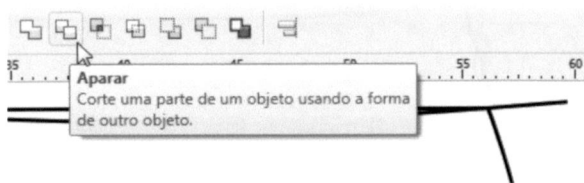

Clique na linha que usou para cortar a calça e arraste para baixo.

A distância que você arrastar essa linha será a largura do cós da calça.

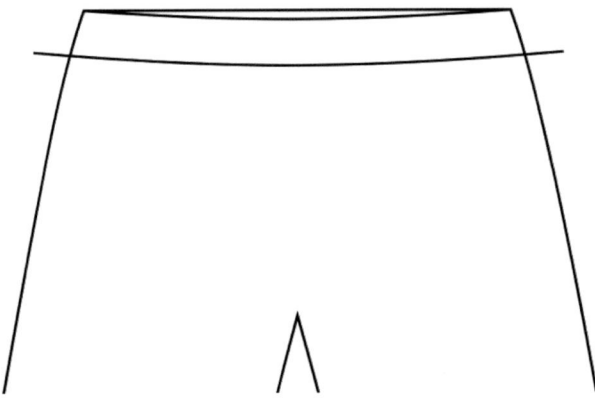

Repita o processo anterior: clique na linha curva, pressione Shift, mantenha a tecla pressionada, clique na calça, tire o dedo do mouse e depois da tecla, e clique em Aparar na Barra de propriedades.

Clique na linha da calça e vá a Organizar/Separar na Barra de propriedades.

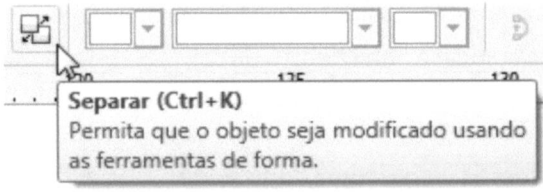

Assim, você terá o cós separado da calça, para o caso de querer pintá-lo com uma cor diferente ou aplicar um tecido.

Clique na linha que usou para cortar a calça e posicione-a logo abaixo da segunda linha do cós, conforme a figura ao lado.

Ela será a costura que ficará próxima do cós.

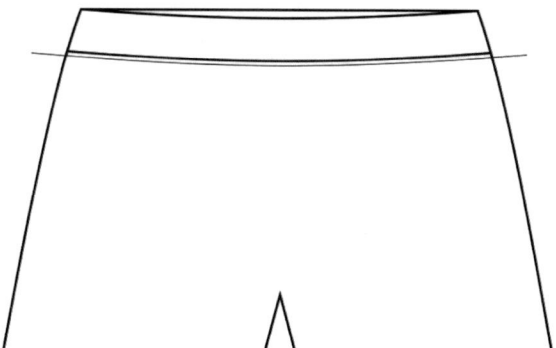

Clique na linha curva, vá à Barra de propriedades e clique na opção Estilo de linha.

Clique na seta à direita, na caixa central, para abrir um menu. Escolha uma linha tracejada para simular a costura do cós da calça.

A linha mais adequada para simular costuras é a última do primeiro bloco de linhas.

Para que essa opção apareça na Barra de propriedades, é necessário que uma linha esteja selecionada.

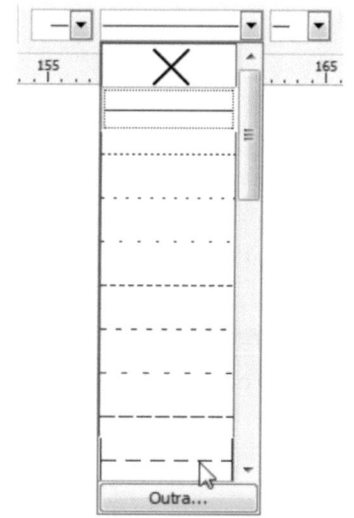

Para deixar a linha tracejada apenas dentro da calça, clique primeiro na calça, pressione Shift, mantenha a tecla pressionada, clique na linha tracejada, tire o dedo do mouse e depois da tecla.

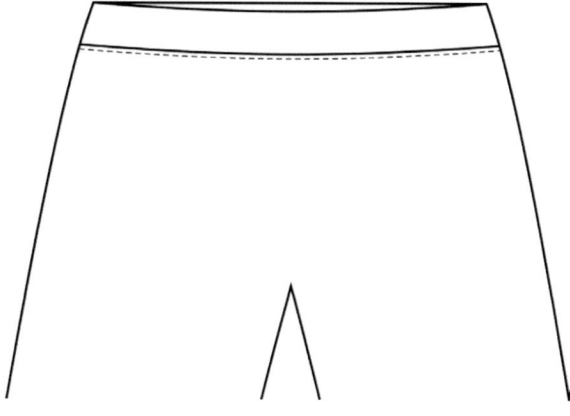

Com a calça e a linha tracejada selecionadas, clique na opção Interseção na Barra de propriedades.

Com a ferramenta Seleção, clique na linha tracejada que está além da calça e pressione a tecla Delete.

Faça uma linha na frente da calça para representar o gancho.

Clique na ferramenta Mão livre e faça uma linha vertical na frente da calça, conforme a figura ao lado.

Essa linha representa o gancho frontal da calça.

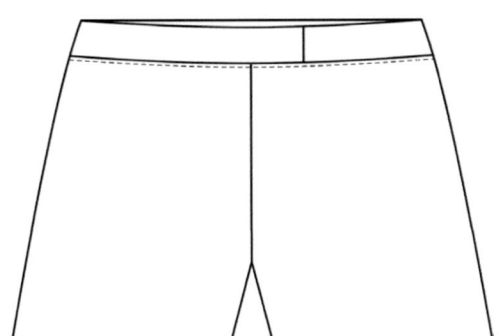

Faça uma linha vertical no cós. Ela será a abertura da calça.

Com a ferramenta Bézier, clique no ponto 1 e tire o dedo do mouse; clique no ponto 2 e tire o dedo do mouse.

No final, clique no ponto 3 e tire o dedo do mouse.

Com a ferramenta Forma, clique na linha inclinada entre os números 2 e 3 com o botão direito do mouse e escolha a opção Em curva.

Clique novamente entre os números 2 e 3, segure o botão esquerdo do mouse e arraste para fazer a curva.

Clique na linha com a ferramenta Seleção e transforme-a em uma linha tracejada, conforme a figura ao lado.

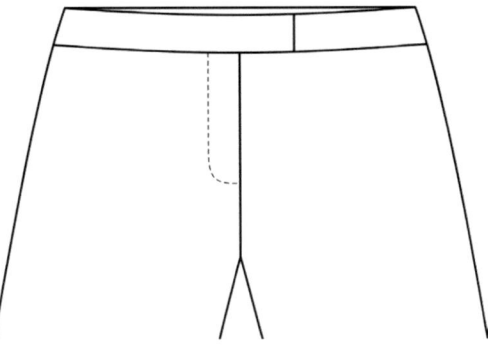

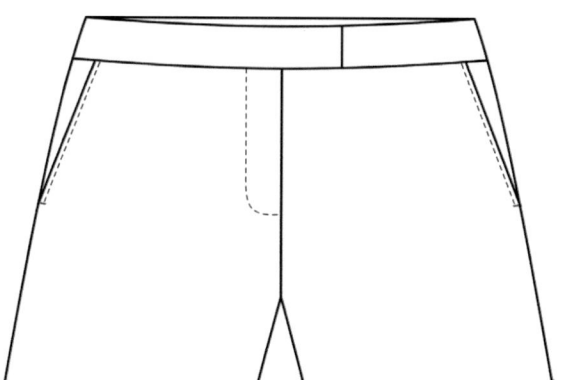

Para o desenho dos bolsos faca frontais, faça uma linha inclinada na lateral da calça usando a ferramenta Mão livre.

Duplique a linha, posicione-a ao lado da primeira e transforme-a em linha tracejada.

Nas extremidades desse bolso, você pode colocar um travete.

Após fazer a linha inclinada com travete nas extremidades, selecione a linha e os travetes com a ferramenta Seleção e vá a Organizar/Agrupar.

Nesse caso, o bolso é agrupado porque foi feito com linha tracejada e linha contínua (no travete). Por serem objetos com propriedades diferentes, não podem ser combinados.

Selecione o bolso agrupado, vá a Editar/ Agrupar e clique na opção Espelho na Barra de propriedades.

Clique no bolso duplicado e posicione-o no lado oposto ao primeiro desenhado, conforme a figura acima.

Novamente, é necessário alinhar os dois bolsos pelo topo. É só selecioná-los e pressionar a letra T, como já foi explicado.

Também alinhe os dois bolsos em relação à calça. Selecione ambos com a ferramenta Seleção e agrupe.

Clique em qualquer um dos bolsos, pressione Shift, clique na linha da parte de trás da calça e aperte a letra C.

Na calça desenhada, o botão não aparece porque, nesse caso, pode ser utilizado um colchete de gancho específico para calça social, que fica sob o cós.

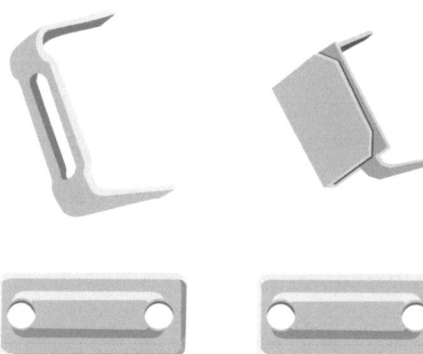

Veja o local de fixação do colchete na parte interna de uma calça social na figura ao lado.

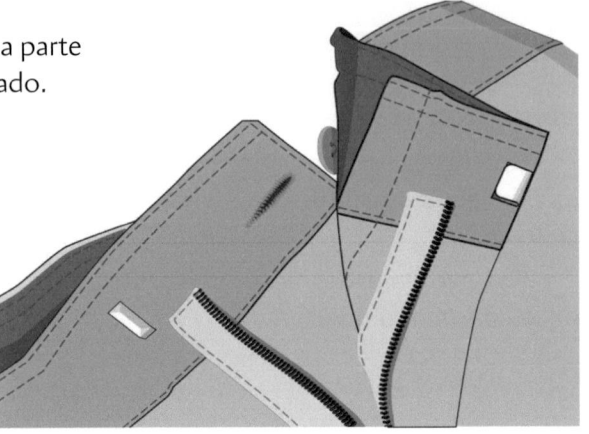

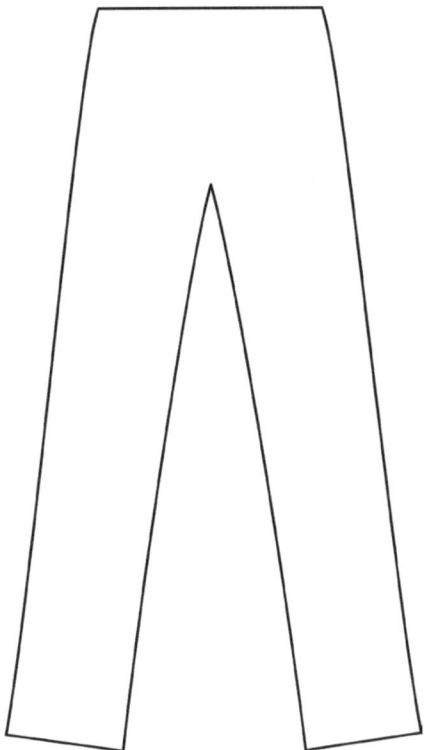

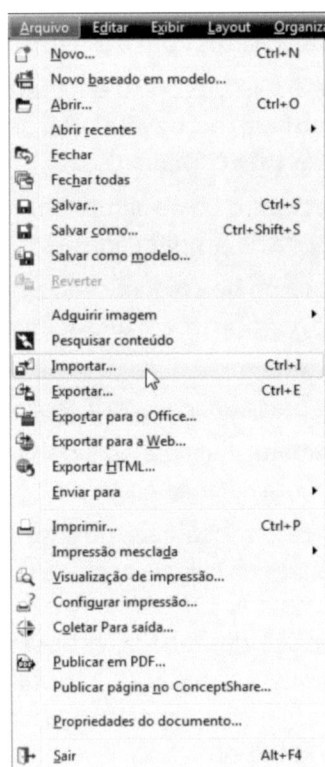

Para desenhar a parte de trás da calça, utilize a base desenhada conforme a figura acima.

Com a ferramenta Seleção, vá a Arquivo/Importar, busque na pasta em que você salvou os bolsos, selecione o modelo que quiser e clique em Importar.

Você pode também utilizar a opção Importar na Barra de propriedades para importar outros desenhos para sua área de trabalho.

As duas linhas verticais logo acima dos bolsos representam as pences da calça. Faça essas linhas com a ferramenta Mão livre.

Quando quiser inserir desenhos salvos em suas pastas, selecione a opção Importar para que eles possam ser copiados para a sua área de trabalho, sem que você precise fechar o arquivo em que está trabalhando.

No desenho da parte de trás da calça, clique novamente no bolso com a ferramenta Seleção, vá a Organizar/Duplicar e escolha a opção Espelho na Barra de propriedades.

Clique no bolso duplicado e coloque-o na posição oposta ao primeiro bolso, conforme a figura anterior.

Selecione os dois bolsos, alinhe pelo topo e agrupe.

Clique nos bolsos agrupados, pressione Shift, mantenha a tecla pressionada, clique na linha da parte traseira da calça, tire o dedo do mouse e depois da tecla e pressione a letra C para alinhar os bolsos em relação à calça.

As pences ficam alinhadas com o centro de cada bolso. Para centralizá-las, primeiro desagrupe os bolsos em uma etapa, na opção Desagrupar na Barra de propriedades, para desagrupar um bolso do outro, mas não desagrupar cada bolso separadamente.

Após fazer a linha vertical da pence com a ferramenta Mão livre, posicione a linha na região onde fica a pence, conforme a figura acima.

Clique na pence, pressione Shift, mantenha a tecla pressionada, clique no bolso, tire o dedo do mouse e da tecla e pressione a letra C.

Faça a mesma coisa com a outra pence.

A barra da calça social normalmente é feita com costura invisível, por isso não aparecerá nenhuma costura no desenho da barra.

Selecione a frente da calça e agrupe. Faça o mesmo com a parte de trás da calça.

Posicione a frente da calça ao lado da parte de trás e, com os dois desenhos selecionados, pressione a letra C para que fiquem alinhados.

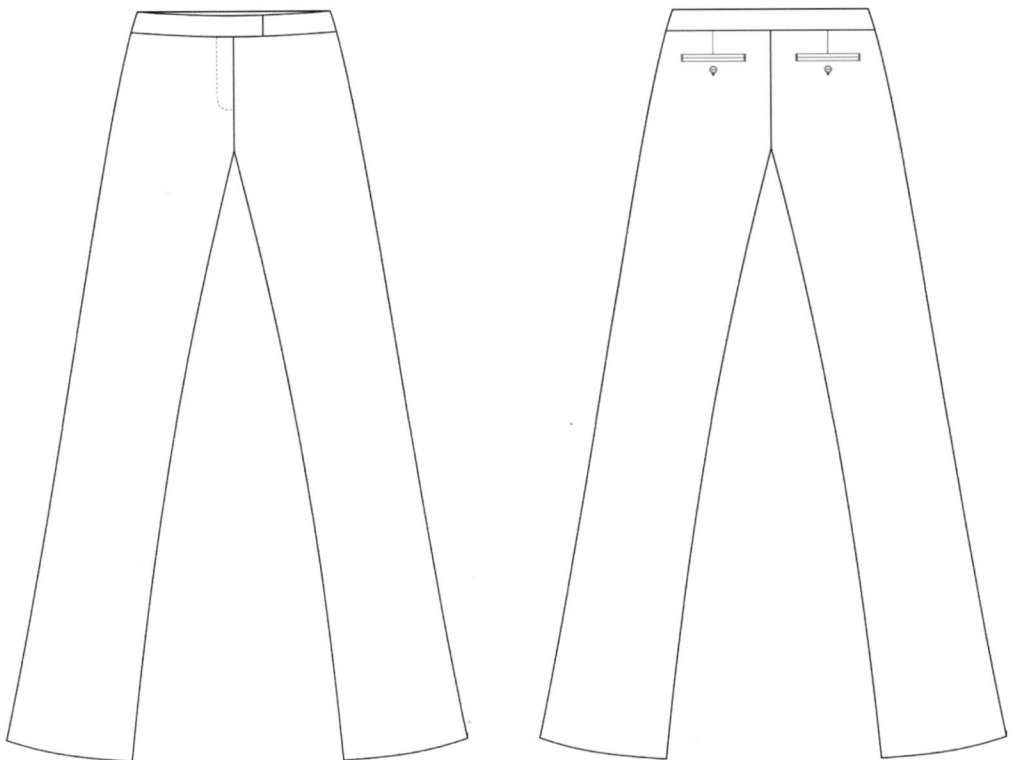

Selecione a frente e a parte de trás da calça, vá a Arquivo/Salvar como/
Somente selecionados e salve na pasta específica para esse modelo.

Calça jeans

Selecione a base da calça básica. Você pode modificar a base posicionando a cintura mais para cima ou mais para baixo, de acordo com sua coleção e público.

Lembre-se de que qualquer alteração deverá ser feita na metade da calça, para manter sua simetria.

Com a ferramenta Seleção, clique na linha curva e vá a Editar/Duplicar.

Clique na linha duplicada com o botão esquerdo do mouse, segure e arraste para baixo.

Enquanto desce a linha, pressione a tecla CTRL para manter o alinhamento.

A distância que você estabelecer entre as linhas será a largura do cós da calça.

Agora, clique com o botão esquerdo do mouse na primeira linha curva que desenhou, pressione a tecla Shift, mantenha-a pressionada, clique na linha da calça, sob a linha selecionada, e solte a tecla. Vá à Barra de propriedades e clique na opção Aparar.

Essa opção só aparece na Barra de propriedades quando dois objetos estão selecionados (não podem estar nem agrupados nem combinados).

Repita o processo com a segunda linha curva que foi duplicada.

Ao término, clique na linha da calça e vá a Organizar/Separar.

Assim, você terá o cós separado da calça, caso queira pintá-lo com uma cor diferente da calça ou aplicar um tecido.

Utilize as linhas que foram usadas como objeto de corte para fazer as costuras do cós.

Clique na linha curva superior e desça um pouco, conforme a figura ao lado.

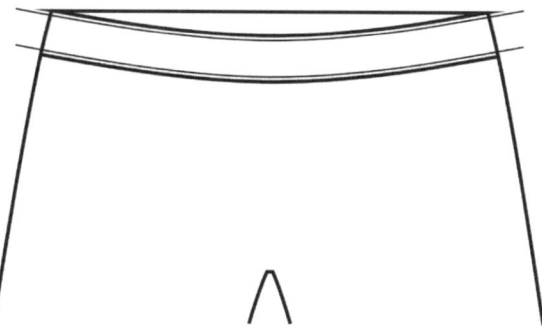

Você pode usar as teclas de setas, desde que tenha configurado essas teclas para um deslocamento pequeno para ter mais precisão.

Clique na linha curva que foi duplicada (que está na parte inferior do cós) e suba um pouco para fazer a segunda costura no cós da calça.

Com as teclas de setas, você pode contar quantas vezes subiu ou desceu as linhas (de acordo com o número de vezes que pressioná-las).

Com a ferramenta Seleção, clique em uma das linhas curvas, pressione Shift e mantenha a tecla pressionada.

Clique na outra linha curva, tire o dedo do mouse e, depois da tecla, vá a Organizar/ Combinar.

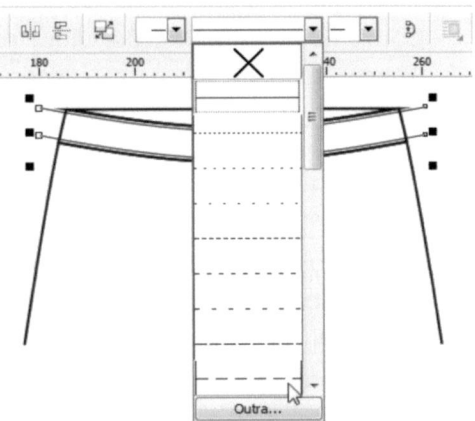

Selecione qualquer uma das linhas e transforme-a em linha tracejada para representar as costuras.

Ao cortar a calça com a linha curva, aparecem espetinhos na parte traseira da calça.

Para eliminá-los, clique na linha da parte de trás da calça com a ferramenta Seleção, clique na ferramenta Caneta de contorno e depois em Caneta de contorno.

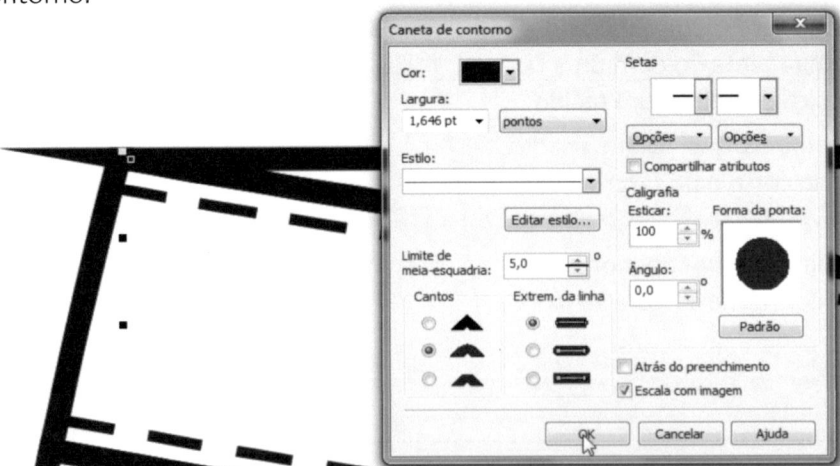

Na caixa de diálogo que aparece após clicar em Caneta de contorno, há a opção Cantos. Clique na figura com canto arredondado e depois em OK.

Os cantos agudos sumirão.

Para colocar as costuras dentro do cós, você usará a opção Interseção.

Clique primeiro no cós, pressione Shift, mantenha a tecla pressionada e clique nas linhas de costura, que devem estar combinadas.

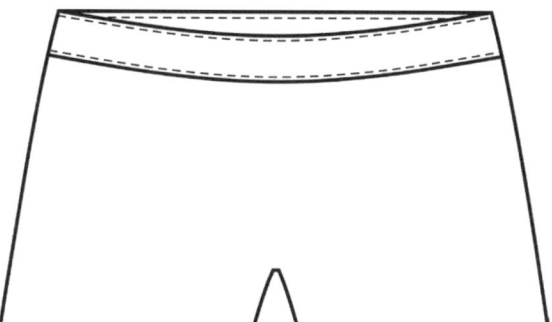

Após selecionar o cós da calça e as linhas de costura, clique na opção Interseção na Barra de propriedades.

Após fazer a interseção, clique com a ferramenta Seleção nas linhas tracejadas que estão além do cós e pressione a tecla Delete para apagá-las.

Essas costuras são apenas representações. Se você observar uma peça real, verá que elas poderão ter desenhos diferentes, de acordo com as máquinas que forem utilizadas.

Para ter certeza de que o cós que aparece na parte de trás do modelo é reto, coloque uma calça sobre uma superfície plana e veja como o cós se comporta.

Lembre-se de que a proposta de desenho técnico de moda neste livro é o desenho do modelo sem estar vestido e sem as distorções de perspectiva.

Sempre que tiver dúvida a respeito da construção de um modelo, observe como ele é a partir de peças reais sobre superfícies planas. Essa representação técnica dos modelos auxilia na leitura da sua coleção pela equipe de modelagem.

O conceito proposto é o modelo de vestuário planificado, analisado sobre superfícies planas, sem interferências artísticas ou de perspectiva. Desse modo, a(o) modelista não precisará interpretar seus modelos e poderá concluir a modelagem com mais acertos.

Com a ferramenta Mão livre, faça uma linha vertical, que passe pelo cós e continue até o final do gancho frontal, conforme fez na calça social.

Lembre-se sempre de tirar o dedo do mouse cada vez que der um clique com a ferramenta Mão livre.

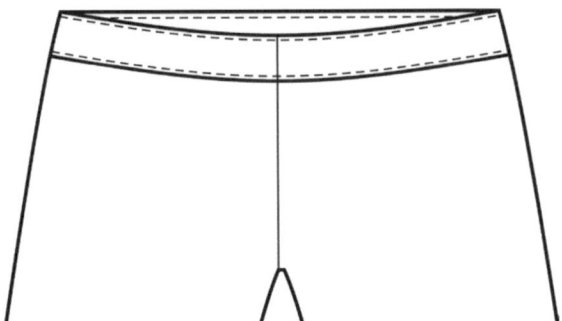

Na sequência, faremos a frente de uma calça jeans com abotoamento masculino, que servirá tanto para homens como para mulheres.

Clique na linha vertical que fez e vá a Editar/Duplicar.

Modifique essa linha duplicada para tracejada, duplique-a novamente e posicione-a ao lado da primeira.

Veja, na figura ao lado, como as linhas da costura frontal da calça devem ficar.

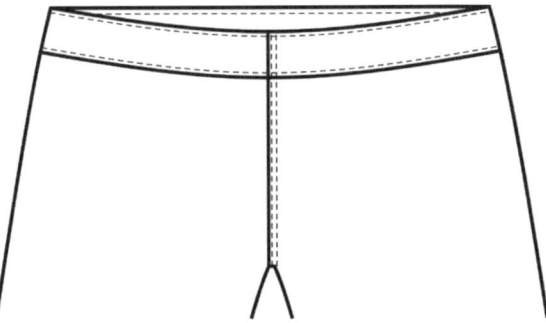

Com a ferramenta Forma, clique com o botão esquerdo do mouse no final da segunda linha, segure e arraste para baixo, conforme a figura ao lado.

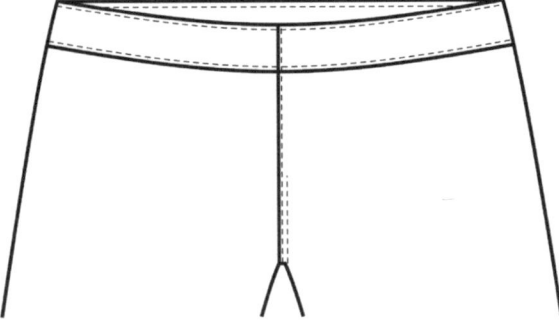

Pressione CTRL para manter o alinhamento enquanto diminui a linha.

A segunda linha não vai até o cós como a primeira.

As linhas combinadas podem ser modificadas separadamente, sempre com a ferramenta Forma.

Na frente da calça jeans, há uma costura dupla que pode ser denominada vista ou J da calça jeans.

Com a ferramenta Bézier, repita o processo de construção da vista que desenhou na calça anterior.

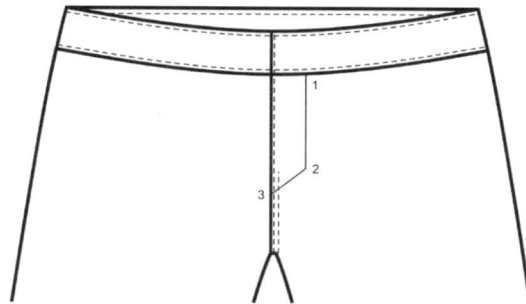

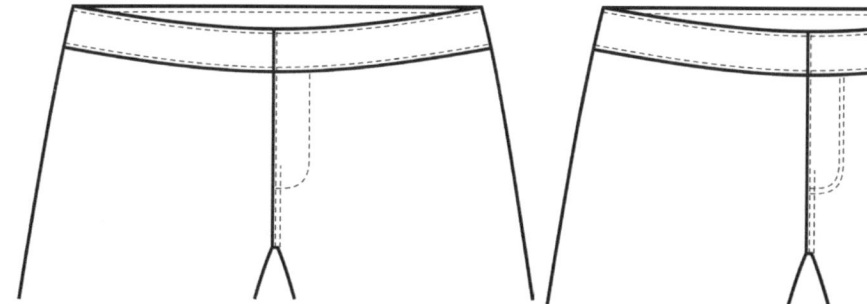

Com a ferramenta Seleção, clique na linha que será a vista ou o J da calça jeans e selecione a linha tracejada.

Clique na primeira linha tracejada, duplique e coloque ao lado da primeira.

É mais fácil colocar a linha duplicada à esquerda da primeira linha desenhada conforme a figura acima.

Com a ferramenta Forma, clique na segunda linha desenhada e ajuste a curva, conforme a figura ao lado.

Ainda com a ferramenta Forma, clique nos vetores e ajuste para que fique semelhante à curva da primeira linha tracejada que você desenhou.

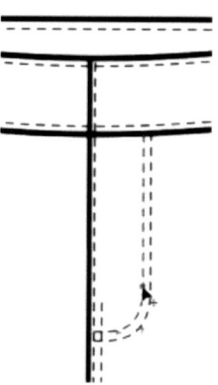

Coloque travetes na linha tracejada, conforme a figura ao lado.

Importe seus travetes com a opção Importar na Barra de propriedades.

Esses travetes são para prender o zíper da calça.

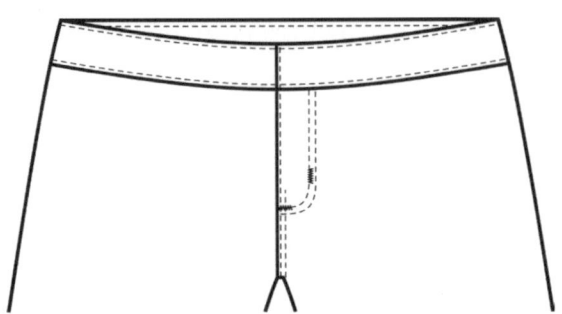

Coloque uma linha com duas linhas tracejadas acima para representar a pala traseira. Veja a indicação das setas na figura ao lado.

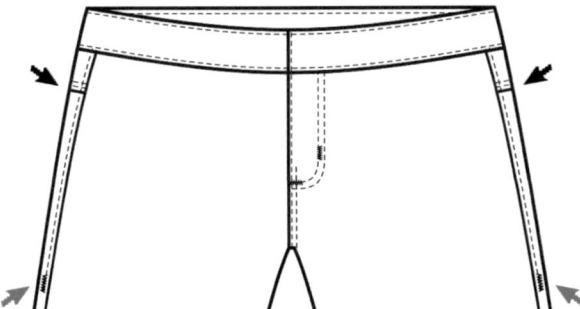

Na lateral da calça jeans, há uma costura que é finalizada por um travete.

Construa essa linha com a ferramenta Mão livre e ajuste com a ferramenta Forma. Veja a indicação das setas cinza na figura acima.

Também aparecem as linhas da parte traseira, que acompanham a calça até a barra, representadas por uma linha contínua de cada lado.

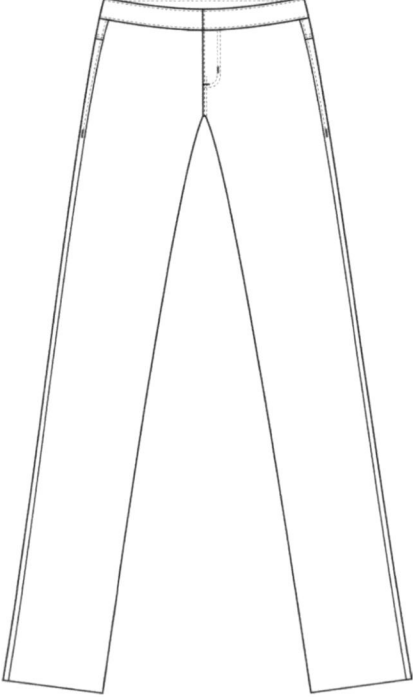

Botão

Há diversos modelos de botão que podem ser usados em uma calça jeans. Você pode personalizar os botões e escolher entre diversos acabamentos com o próprio metal de que são feitos: ouro velho, prata velha, niquelado, níquel preto, cobre, etc.

É preciso tomar cuidado com o tipo de metal utilizado. O metal escolhido poderá estragar-se caso a lavagem utilizada na calça jeans seja muito agressiva. Além disso, há metais proibidos em certos países, por causarem alergias.

Consulte o fabricante do botão para saber todas as questões técnicas, essenciais para não ter problemas na sua coleção.

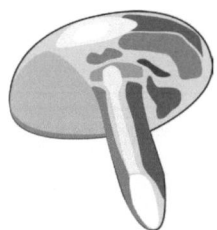

Em uma calça jeans, podemos usar o botão fixo composto de pé (parte fixada no cós), que pode ser feito de ferro, alumínio ou com acabamento niquelado, com uma ponta cortante para perfurar o tecido.

A outra parte do botão fixo que ficará aparente na calça é a calota.

Composta da parte de cima e do pescoço, também pode ser feita de diversos materiais e conter o nome da marca da empresa.

As duas partes são unidas com uma máquina própria para aplicação no tecido.

Outro tipo de botão é o botão flexível, composto também de pé, calota e pescoço.

A calota possui um movimento proporcionado por um pino interno, que facilita seu abotoamento na calça jeans por se ajustar melhor em tecidos mais pesados.

É fácil identificar esse botão: quando ele balança, faz um barulhinho.

Também nesse botão, as duas partes são unidas com uma máquina própria para aplicação no tecido.

Você tem, ainda, a opção de desenhar um botão exclusivo, conforme foi explicado no capítulo "Botão de casear", e importá-lo para usar em sua calça jeans.

No caso a seguir, representaremos o botão com um círculo cunhado com uma sugestão de logotipo.

Ele está sobre uma casa de botão. Construa a casa conforme foi explicado anteriormente.

Selecione o botão e a casa e agrupe.

Veja como ele é aplicado no cós da calça jeans.

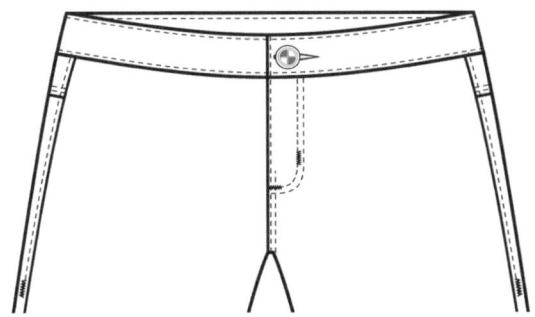

Quando colocar o botão sobre o cós da calça, caso ele fique atrás dela, clique no botão com a ferramenta Seleção e vá a Organizar/Ordenar/Para a frente da página.

Para desenhar o bolso da calça, primeiro faça uma linha inclinada com a ferramenta Mão livre, conforme a figura ao lado.

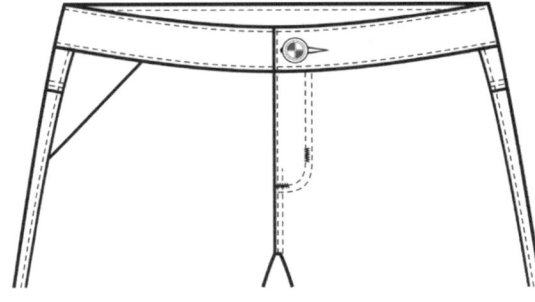

Com a ferramenta Forma, clique na linha e transforme-a em curva.

Clique, segure e arraste para fazer a curva do bolso.

Utilize os vetores para ajustar a curva com mais facilidade.

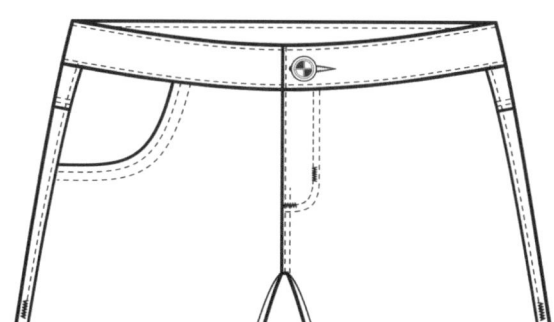

Duplique a linha duas vezes e coloque essas linhas ao lado da primeira para fazer a costura dupla utilizada em calças jeans.

Novamente com a ferramenta Forma, ajuste as linhas e transforme-as em linhas tracejadas.

Agrupe todas as linhas do bolso e vá a Editar/Duplicar/Espelho.

Posicione o bolso duplicado do lado oposto ao primeiro bolso, conforme a figura ao lado. Ao arrastar o bolso duplicado, pressione CTRL para manter o alinhamento.

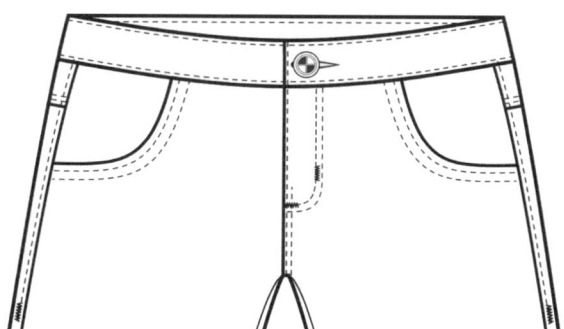

Também se certifique de que estejam alinhados: selecione os dois bolsos e pressione a letra T.

Selecione novamente os dois bolsos e agrupe.

Clique em qualquer um dos dois bolsos, pressione Shift, clique na linha da parte de trás da calça, tire o dedo do mouse e da tecla, pressione a letra C para centralizar os bolsos em relação à calça.

Você pode colocar rebites nos cantos dos bolsos.

O rebite é um aviamento metálico, feito de diversos acabamentos, utilizado como enfeite e também para dar maior resistência à costura.

Ele possui uma calota, que pode conter o nome ou o desenho da marca, e um pé com uma ponta perfurante, para atravessar as várias camadas de tecido.

É importante definir se você quer travete ou rebite nos bolsos, pois, uma vez aplicado um travete, torna-se inviável aplicar um rebite, porque a ponta do rebite não consegue atravessar a costura do travete.

Faça dois círculos concêntricos, um menor que o outro, conforme a figura ao lado.

Coloque 50% de cinza em seu contorno.

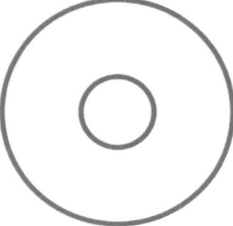

Verifique se a opção Tratar como preenchido está habilitada. Se estiver, desabilite-a, conforme explicação anterior.

Com a ferramenta Seleção, clique no círculo menor e pinte-o de preto.

Com o círculo preto selecionado, vá à ferramenta Preenchimento na Caixa de ferramentas e clique na opção Preenchimento gradiente.

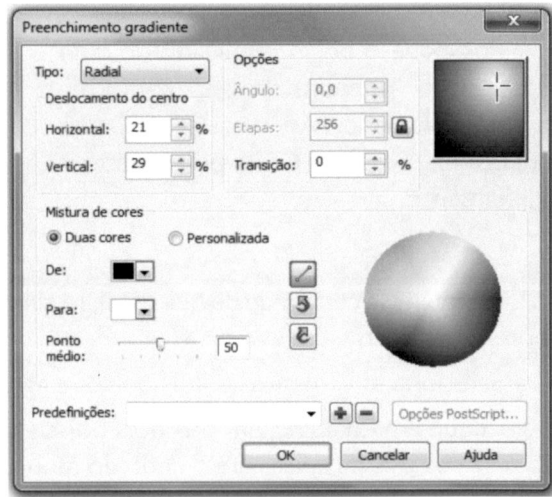

Na caixa de diálogo, clique na opção de gradiente tipo radial.

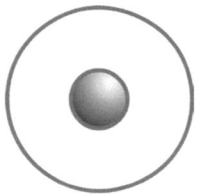

Desloque o ponto de luz do gradiente. Clique sobre o ponto de luz com a ferramenta Seleção, desloque-o para cima e à sua direita e clique em OK.

Dessa forma, você define que a luz virá desse ponto.

Veja que o círculo pequeno ficou com um gradiente que insinua um volume com as tonalidades de cinza.

Clique no círculo maior e faça um gradiente da mesma forma que fez com o círculo pequeno. Só modifique o posicionamento do ponto de luz na caixa de diálogo.

Observe que o rebite dá uma impressão de côncavo e convexo.

Selecione o rebite, agrupe os dois círculos e certifique-se de que sua linha está com a opção Escala com a imagem habilitada, antes de reduzir o rebite para colocá-lo no bolso da calça jeans.

Veja que apenas com o posicionamento da luz é possível modificar os volumes do rebite.

Reduza o rebite a um tamanho compatível com a calça.

Com a ferramenta Seleção, posicione o rebite no canto superior à esquerda do bolso.

Com o rebite selecionado vá a Editar/ Duplicar.

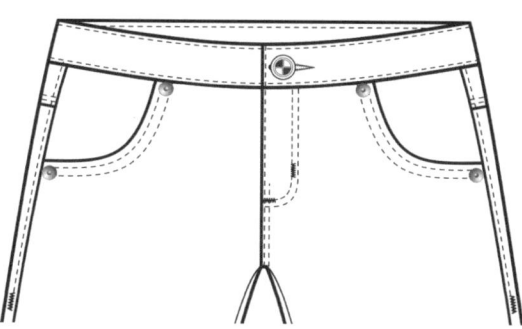

Selecione os dois rebites e agrupe. Clique novamente neles com a ferramenta Seleção e vá em Editar/Duplicar/Espelho.

Posicione os dois rebites do lado oposto aos primeiros rebites, conforme a figura anterior. Enquanto arrasta os rebites, pressione a tecla CTRL para manter o alinhamento.

Só pressione CTRL depois de começar a andar com os rebites.

Novamente, é necessário selecionar os quatro rebites (desde que cada dois rebites estejam agrupados) e pressionar a letra T para assegurar que estejam alinhados pelo topo.

Selecione os quatro rebites e agrupe. Com eles selecionados, pressione Shift, segure o botão do mouse, clique na parte de trás da calça, tire o dedo do mouse e da tecla.

Pressione a letra C para alinhar os bolsos em relação à calça.

Para desenhar o bolsinho normalmente colocado dentro do bolso direito da calça, chamado de bolso relógio, utilize a ferramenta Bézier.

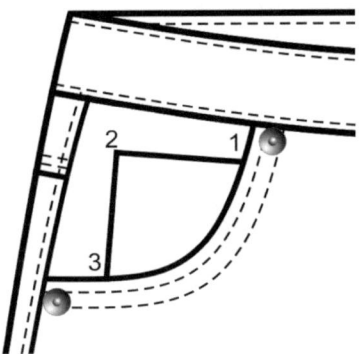

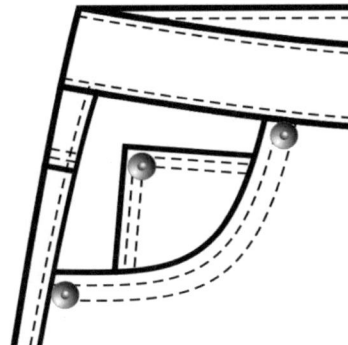

Com a ferramenta Bézier, clique na linha do bolso onde está o número 1 e tire o dedo do mouse.

Clique onde está o número 2 e tire o dedo do mouse. Clique onde está o número 3.

Com a ferramenta Seleção, clique na linha do bolso relógio e vá a Editar/ Duplicar.

Duplique duas vezes e ajuste as linhas duplicadas com a ferramenta Forma.

Selecione as duas linhas duplicadas e transforme-as em linhas tracejadas para representar os pespontos do bolso.

Coloque um rebite no canto do bolso, conforme a figura acima.

Passantes

Os passantes de uma calça jeans são preparados primeiramente em vários metros, para depois serem cortados de acordo com o especificado na ficha técnica e aplicados no cós.

É comum as confecções colocarem um passante extra em um dos passantes da calça jeans, para depois serem lavados junto com a calça. Esse procedimento serve para substituir algum passante que possa se romper durante o processo de lavanderia.

O passante pode ser construído a partir de um retângulo.

Clique na ferramenta Retângulo na Caixa de ferramentas. Construa seu passante com base no cós da calça.

Com a ferramenta Mão livre, faça uma linha dentro do passante e transforme-a em linha tracejada.

Duplique a linha tracejada e coloque-a ao lado da outra linha tracejada.

Selecione as duas linhas tracejadas e alinhe-as pelo topo, pressionando a letra T.

Selecione as duas linhas tracejadas e combine. Clique nas linhas, pressione Shift, clique no retângulo, tire o dedo do mouse e da tecla, pressione a letra C para alinhar as linhas em relação ao retângulo.

Importe um travete e coloque-o no início e no final do retângulo, conforme a figura acima. Alinhe os dois travetes em relação ao retângulo.

Clique no retângulo e pinte-o de branco. Selecione o passante com todos os seus elementos e agrupe.

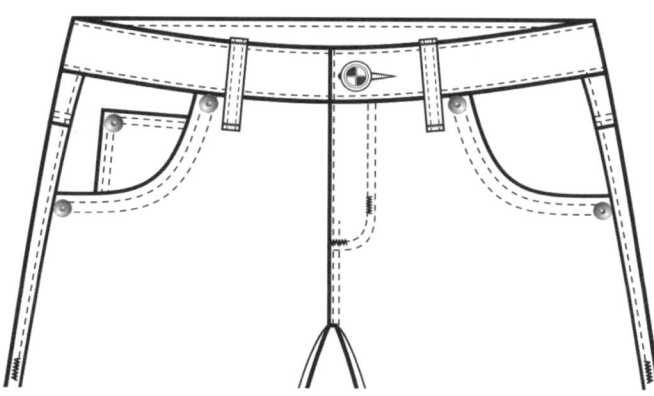

Coloque um passante sobre o cós frontal da calça. Faça uma leve inclinação para acompanhar a cintura da calça.

Clique no passante, duplique e faça o espelho.

Clique no passante e arraste-o até o lado oposto ao primeiro passante colocado sobre a calça. Pressione a tecla CTRL enquanto arrasta para manter o alinhamento.

Verifique se estão alinhados, selecione os dois passantes e pressione a letra T.

Selecione os dois passantes e agrupe. Com os passantes selecionados, pressione Shift, clique na calça, tire o dedo do mouse e da tecla, pressione a letra C para alinhar os passantes em relação à calça.

Para desenhar a parte de trás da calça, utilize a base já desenhada antes de cortar o cós.

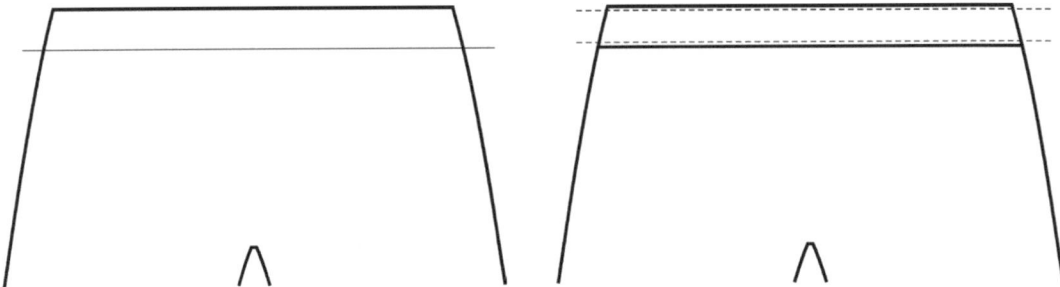

Faça a parte de trás do cós da mesma forma que fez o cós frontal.

Faça uma linha que ultrapasse o desenho da calça, alinhada ao cós da frente.

Clique na linha, pressione Shift, mantenha a tecla pressionada, clique na linha da calça e escolha a opção Aparar na Barra de propriedades.

Duplique a linha que usou para cortar a calça e desça para fazer a primeira costura na calça.

Duplique novamente a linha e coloque-a logo acima da linha do cós onde cortou a calça, conforme a figura acima.

Transforme as linhas em linhas tracejadas.

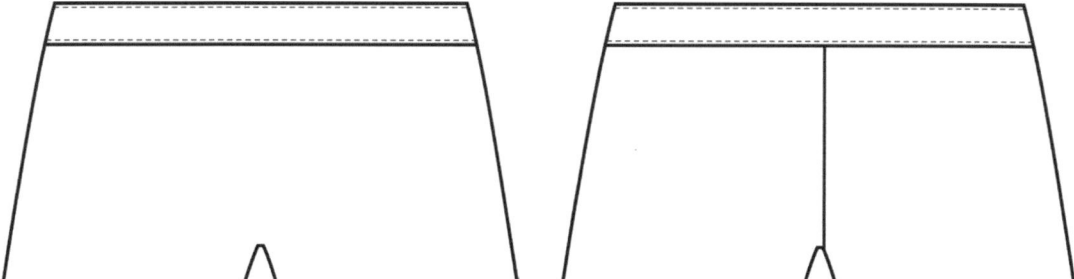

Para deixar as linhas dentro da calça, selecione as duas linhas com a ferramenta Seleção e combine.

Clique na linha do cós e depois em uma das linhas tracejadas. Pressione a opção Interseção na Barra de propriedades.

Clique com a ferramenta Seleção nas linhas tracejadas que estão além da calça e pressione a tecla Delete.

Com a ferramenta Mão livre, faça uma linha vertical no meio da calça.

Ela deverá estar levemente deslocada para a direita.

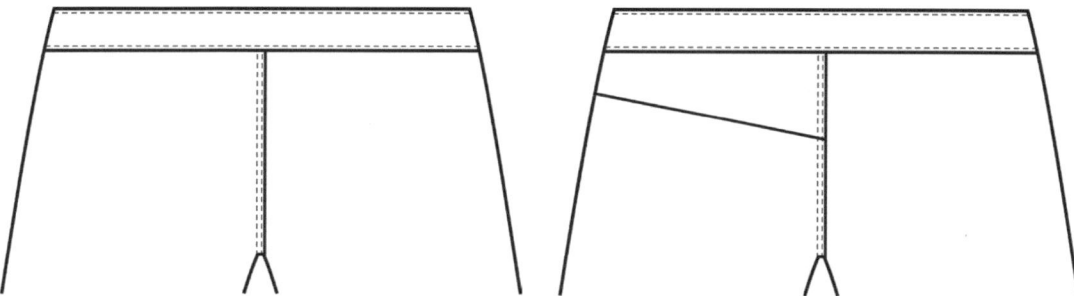

Duplique a linha central e coloque a linha duplicada ao lado da linha central da calça.

Clique na linha e duplique-a novamente para fazer a costura dupla.

Transforme as linhas em linhas tracejadas.

Para desenhar a pala da calça, faça uma linha inclinada com a ferramenta Mão livre.

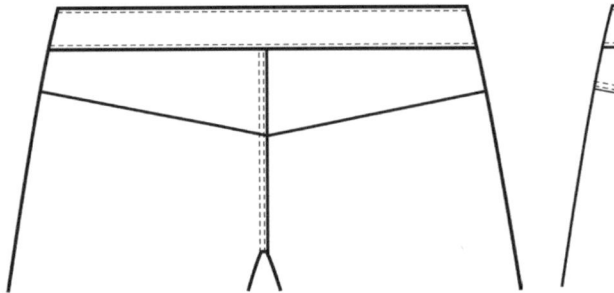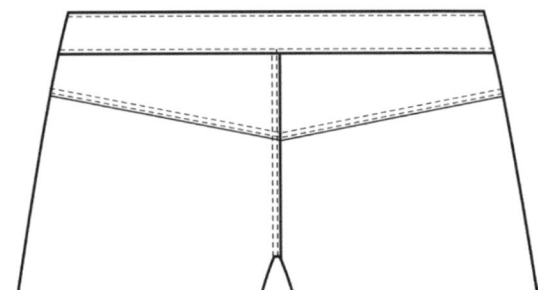

Duplique a linha inclinada e faça o espelho.

Posicione a linha duplicada no lado oposto à primeira linha.

Caso fique um pedaço da linha fora da calça, clique nesta sobra com a ferramenta Forma e empurre-a para que fique dentro da calça.

Clique nas duas linhas inclinadas e combine.

Clique novamente nas linhas inclinadas e duplique.

Posicione a linha duplicada logo acima da primeira linha, duplique-a novamente e coloque a nova linha logo acima da primeira linha duplicada, clique nas duas linhas duplicadas e combine.

Clique em uma das linhas e transforme-a em linha tracejada.

Coloque no cós da calça o passante já desenhado. Neste caso, não há necessidade de inclinação.

Posicione o passante na lateral à sua esquerda, conforme a figura ao lado.

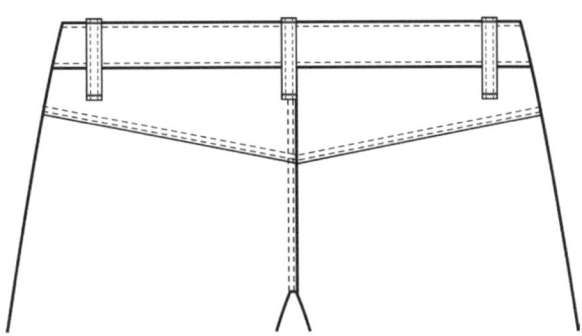

Duplique o passante e coloque o passante duplicado sobre as duas costuras feitas no meio da calça.

Duplique novamente o passante e coloque-o à direita da calça.

Com a ferramenta Seleção, clique no primeiro passante, pressione Shift, mantenha a tecla pressionada e clique no passante do meio.

Clique também no passante da direita, tire o dedo do mouse e pressione a letra T para confirmar que os três passantes estejam alinhados.

Selecione o passante da esquerda e o da direita e agrupe. Clique nos dois passantes agrupados e pressione Shift.

Clique na linha da parte de trás da calça, tire o dedo do mouse e pressione a letra C para alinhar os dois passantes em relação à calça.

Aplicando bolsos

Importe o bolso que fez e coloque-o à direita na calça. Clique no bolso e duplique.

Coloque o bolso duplicado no lado oposto ao primeiro. Pressione a tecla CTRL enquanto arrasta o bolso para manter o alinhamento.

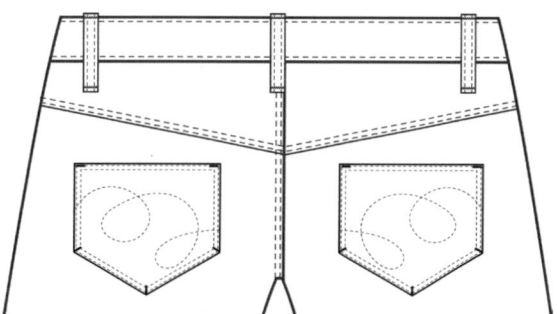

Selecione os dois bolsos e pressione a letra T para confirmar o alinhamento.

Selecione novamente os dois bolsos e agrupe.

Clique em qualquer um dos dois bolsos, pressione Shift, clique na linha da parte de trás da calça e aperte a letra C para alinhar os bolsos em relação à calça.

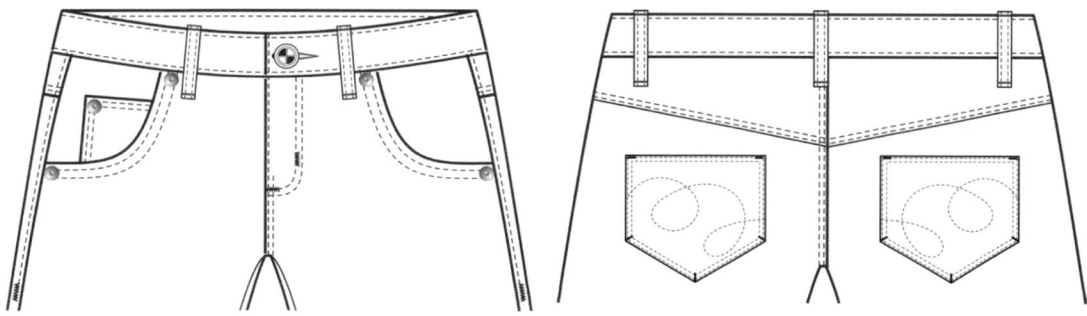

Defina as linhas dos seus modelos desde o início da construção da coleção.

Na construção da calça foram utilizadas linhas mais grossas para o contorno e em algumas linhas estruturais.

Linhas mais finas foram usadas para detalhes e costuras.

É importante definir as linhas e utilizar essa definição durante toda a coleção, para que ela tenha a mesma unidade visual.

Para finalizar a calça, faça uma linha com a ferramenta Mão livre e transforme-a em linha tracejada.

Posicione essa linha paralelamente à barra da calça, logo acima dela, para simular a costura.

Clique na linha, duplique-a e coloque-a na outra perna da calça. Selecione as duas linhas e alinhe-as pelo topo.

Coloque essas duas linhas também na parte traseira da calça jeans.

Selecione a frente da calça e agrupe. Faça o mesmo com a parte traseira da calça. Vá a Arquivo/Salvar como/Somente selecionados e salve na pasta específica para esse modelo.

20. SAIA

Há diversos modelos de saias: mais ajustadas ao corpo, rodadas, com pregas, de tecidos leves e pesados.

Para desenhar uma base de saia, com a ferramenta Bézier construa um lado da saia como indica a figura ao lado, da mesma forma que fez na construção da calça social e da calça jeans.

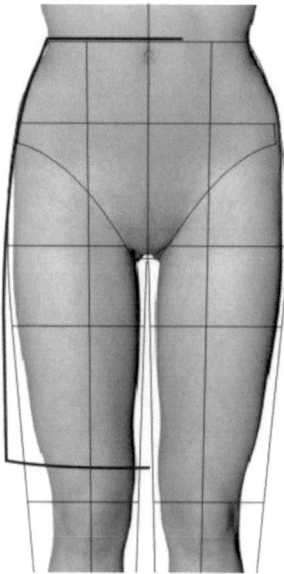

Veja que a cintura está mais alta do que na calça jeans; por isso, a diferença entre a cintura da parte de trás e a da frente será menor.

Novamente, você deve desenhar primeiro a linha mais externa do modelo, para depois trabalhar os detalhes internos, que serão a frente da saia.

Pode haver uma leve curva na barra da saia. Faça essa curva antes de desenhar o outro lado da saia.

Qualquer modificação que deseje realizar em sua saia deve ser feita sempre na metade dela.

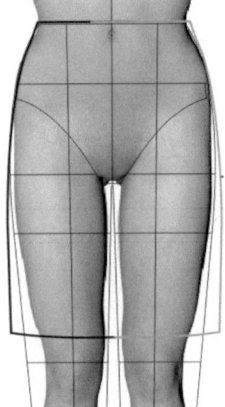

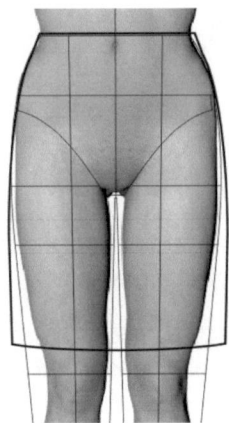

Clique na linha da saia e duplique. Com a saia selecionada, clique na opção Espelho na Barra de propriedades.

Clique na metade indicada em cinza no desenho e arraste para o lado oposto à primeira metade desenhada.

Enquanto arrasta a metade, pressione a tecla CTRL para manter o alinhamento.

Selecione as duas linhas e combine. Com a ferramenta Forma, selecione a saia.

Selecione os dois nós que estão no cós com a ferramenta Forma e vá à Junção de dois nós na Barra de propriedades. Una os dois nós que estão na barra da saia também.

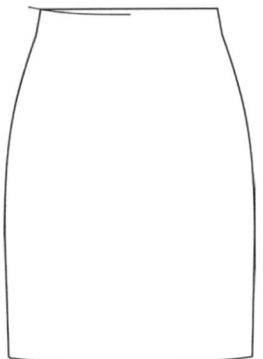

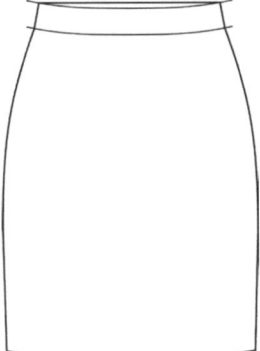

Faça uma linha abaixo do cós da saia com uma leve curvatura.

Clique na linha, duplique, faça o espelho e posicione a linha duplicada no lado oposto à linha inicial.

Selecione as duas linhas e combine. Una os nós da mesma forma que fez ao unir as duas partes da saia.

Duplique a linha e arraste para baixo, conforme a figura acima. Será a largura do cós.

Clique na primeira linha curva que desenhou, pressione Shift, clique na saia e vá a Aparar na Barra de propriedades.

Faça o mesmo com a outra linha. Clique na
saia e vá a Organizar/Separar curva.

Se aparecerem pontas na cintura da saia,
modifique a linha para canto arredondado na
ferramenta Caneta de contorno/Caneta de
contorno/Canto arredondado.

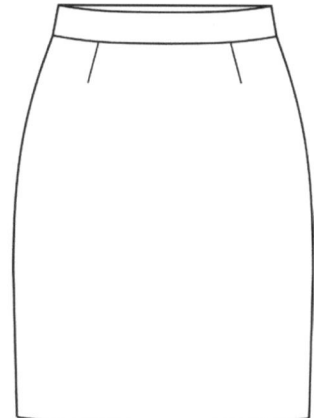

Com a ferramenta Mão livre, faça uma linha inclinada para simular uma
pence na saia. Clique na linha inclinada, duplique, faça o espelho e posicione
a linha duplicada no lado oposto à primeira linha.

Alinhe as duas linhas inclinadas em relação à saia.

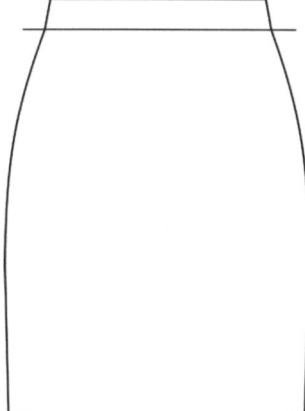

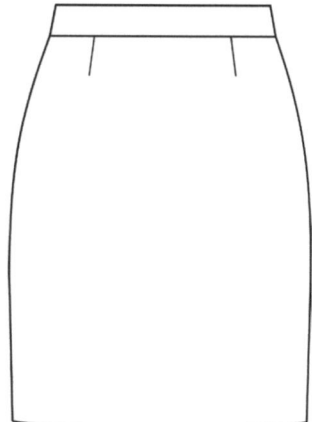

Para fazer a parte de trás, utilize novamente a base da saia.

Com a ferramenta Mão livre, faça
uma linha que ultrapasse a saia na altura
do cós, como mostra a figura acima.

Use essa linha para aparar a saia.

Após usar a ferramenta Aparar, clique
na linha utilizada para cortá-la e apague.

Coloque as pences também na parte
de trás do modelo.

A abertura da saia pode ser na parte de trás ou na lateral esquerda. Veja como indicá-la na explicação a seguir.

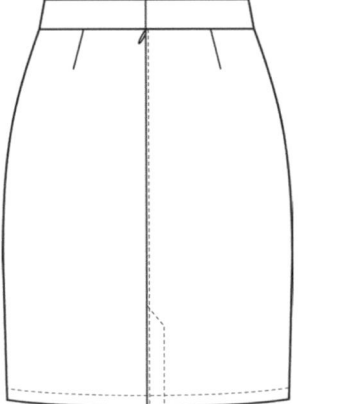 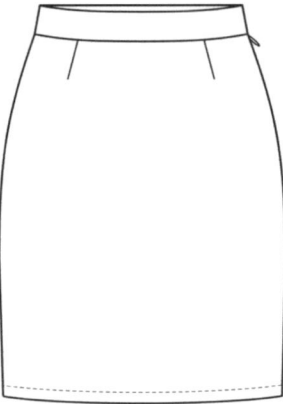

Na figura acima à esquerda, o zíper foi colocado na parte de trás. Na cintura devem ser aplicados colchetes de gancho. Há uma abertura próxima da barra.

Na figura acima à direita, o zíper foi colocado na lateral esquerda da saia. No cós também devem ser aplicados colchetes de gancho.

Vá a Arquivo/Salvar como/Somente selecionados e salve na pasta específica para esse modelo.

Na ficha técnica do modelo, é importante especificar onde é a abertura da saia e qual tipo de aviamento (como colchetes e zíperes) será usado.

Evasê

A saia evasê tem um formato semelhante à letra A. Veja como construí-la a seguir.

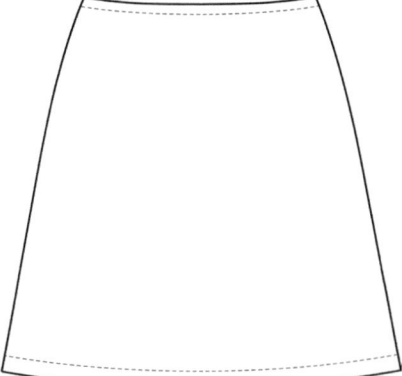 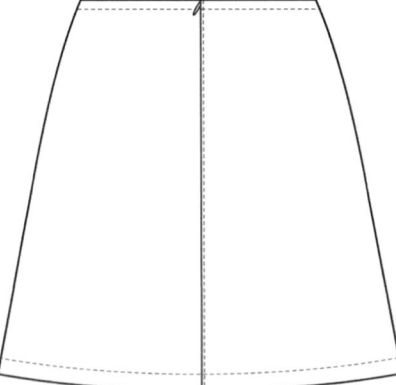

Construa a saia com ou sem cós, como fez na saia básica. Você define o modelo.

Na primeira metade, faça o contorno da saia conforme a lateral da figura anterior. Continue a construção como fez com a saia básica.

Defina se a abertura será na parte de trás ou na lateral esquerda.

Godê simples

Para compreender como é a saia godê simples, veja como fica sua modelagem aberta.

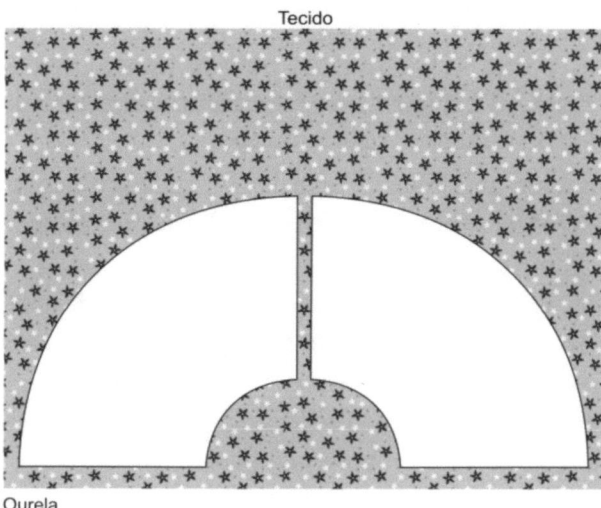

Também pode-se unir as duas partes para que a saia fique com apenas uma costura na parte de trás ou na lateral.

Há alguns questionamentos quanto à sua representação, pois se desenha normalmente essa saia sem esticá-la sobre uma mesa. É mais comum representá-la com o caimento do tecido.

Ela pode ser construída com o princípio do babado explicado anteriormente.

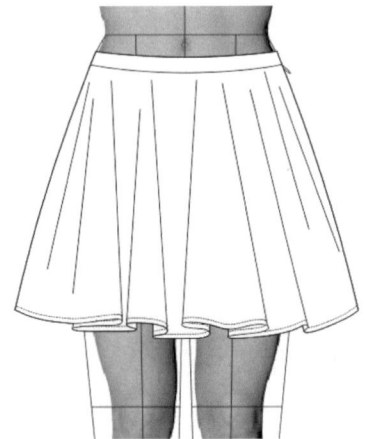 

Faça a construção da saia evasê. Na barra da saia, trabalhe os nós conforme explicado no capítulo "Babado" e ajuste com a ferramenta Forma até que as curvas na barra da saia fiquem de acordo com o desejado.

Veja que a figura acima, à direita, simula a parte de trás da saia. No caso, o desenho da frente da saia foi duplicado e aplicado o espelho horizontal apenas para indicar a parte traseira.

Na ficha técnica é essencial que haja uma indicação de qual tipo de godê você quer, pois com essa representação torna-se praticamente impossível identificar se trata-se de godê simples ou duplo.

Outro item importante: por mais que a frente do modelo seja igual à parte de trás, o desenho da parte traseira deve constar na ficha técnica.

Muitas vezes, é bastante conveniente manter o corpo digital por trás do modelo, para que a equipe de modelagem identifique com mais facilidade a altura da saia e onde deverá ficar o cós.

Godê duplo

Sua modelagem é um pouco diferente da saia godê simples: o tecido terá de ser dobrado um pouco mais.

Veja na figura a seguir como fica a modelagem aberta da saia godê duplo. Ela é duas vezes maior que a da saia godê simples.

Também é possível unir as duas partes. Dependerá da largura do tecido e do comprimento da saia.

Alguns profissionais de modelagem também dão o nome a essa saia de godê guarda-chuva.

No desenho técnico, sua construção pode se iniciar pela saia evasê.

Você pode aumentar um pouco mais a distância da saia em relação ao corpo digital para diferenciar esse modelo do desenho da saia godê simples.

É importante indicar na ficha técnica que você deseja uma saia godê duplo para que não ocorram equívocos.

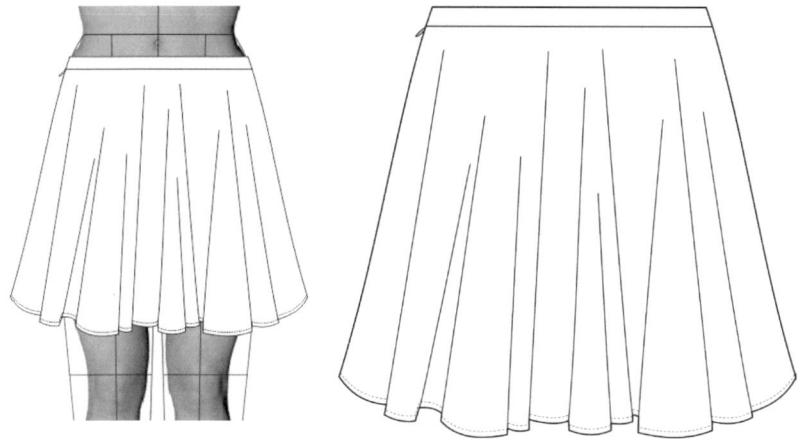

Veja que nas figuras acima o volume da saia possui uma representação gráfica diferente da saia godê simples. É outra forma de indicar o caimento do tecido.

Franzida

A saia franzida pode ter o franzido sob o cós. O tecido na área da cintura da saia, neste caso, deve ser maior que o cós.

Para que o tecido a mais se ajuste ao cós, ele é franzido até atingir a medida da cintura. No desenho técnico, pode ser representado por diversas linhas para demonstrar esse volume.

Na primeira figura anterior, não há indicação de fechamento, pois o material sugerido para essa saia é a malha, e o cós pode ser de malha com elástico largo interno.

A saia não tem costura na barra. A sugestão é a barra a fio.

Caso não queira manter o corpo digital sob o desenho técnico, será necessário sugerir um comprimento para a saia. Nesse modelo, também é preciso sugerir a largura do cós.

É arriscado, antes de fazer a modelagem e a confecção de uma peça-piloto, definir qualquer medida apenas no desenho técnico.

Após a confecção da peça-piloto, que é uma peça confeccionada para confirmar a modelagem, verifique se as medidas estão de acordo com o planejado. Caso não estejam, outra peça-piloto deverá ser confeccionada até que o modelo fique de acordo com o esperado.

Com babados

A saia com babados poderá ter babados franzidos, godês ou godês franzidos.

Na explicação a seguir, a sugestão de modelo é uma saia com babados franzidos.

Com a ferramenta Bézier, faça o cós da saia, sempre usando a simetria explicada nos exemplos anteriores.

Desenhe metade do babado logo abaixo do cós, duplique, faça o espelho e posicione-o no lado oposto ao primeiro desenho do babado.

Combine as linhas do babado, selecione os nós na parte superior do babado com a ferramenta Forma e vá à Junção de dois nós na Barra de propriedades.

Trabalhe na barra do primeiro babado, da forma como foi explicado no capítulo "Babado".

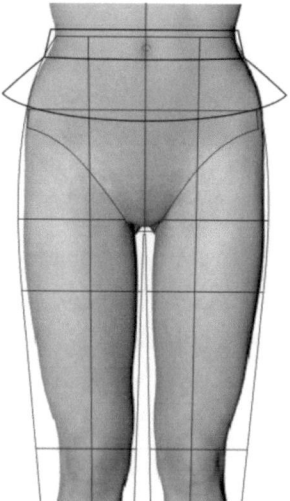

Repita o processo de construção dos próximos babados conforme a figura a seguir.

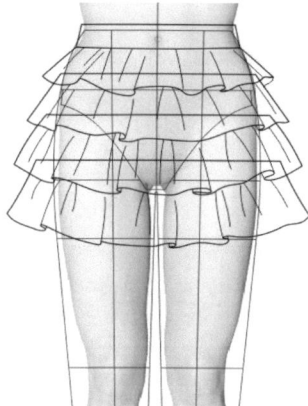

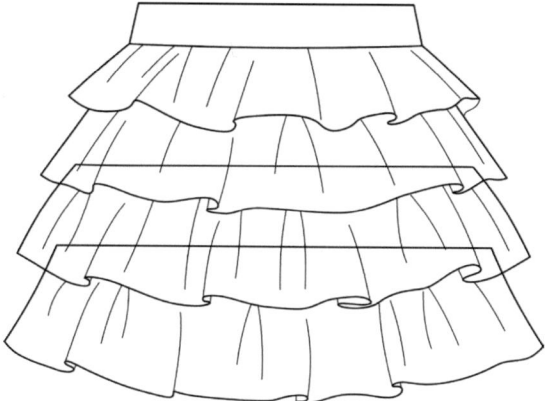

Não se importe com as linhas que aparecem sob cada babado.

Clique no primeiro babado, próximo ao cós, pressione Shift e mantenha a tecla pressionada.

Clique no próximo babado, tire o dedo do mouse e da tecla e vá a Aparar na Barra de propriedades.

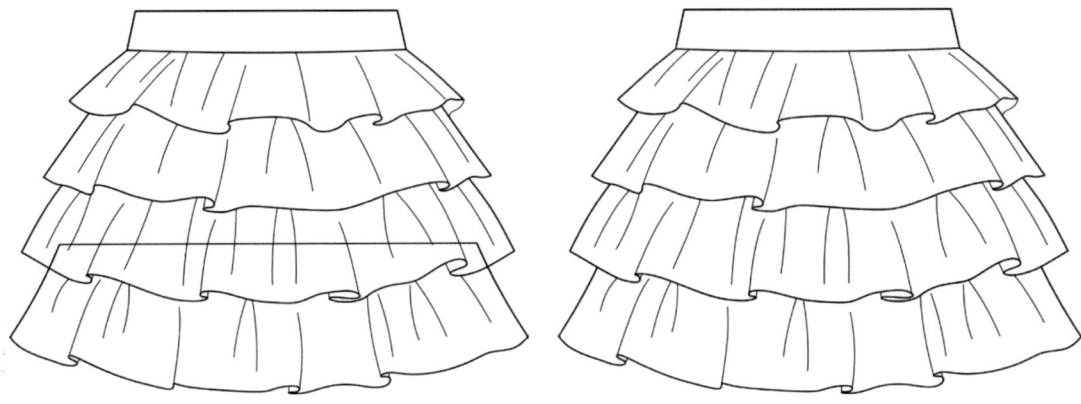

O primeiro babado cortará o segundo.

Repita o processo de aparar nos próximos babados.

A saia deverá ficar semelhante à figura acima.

Faça a frente e a parte de trás da saia e defina onde será a abertura, caso o cós não tenha elasticidade. Se o cós for com elástico, não será necessário fazer indicação de zíper ou colchetes.

A saia pode ter babados duplos ou cortados a fio. As costuras não aparecem.

Se não forem a fio, será necessário indicar na ficha técnica e desenhar as costuras nos babados da saia.

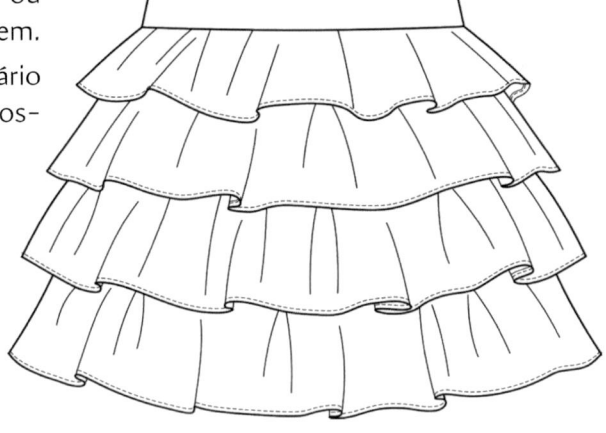

Sobreposta com transparência

É possível indicar transparências em seus modelos no CorelDRAW X6®.

Construa uma saia com uma saia sobreposta pintada de branco, conforme a figura ao lado.

Clique na saia que está sob a sobressaia e pinte com 70% de cinza.

Para fazer a transparência, clique na sobressaia branca e vá a Efeitos/Lentes.

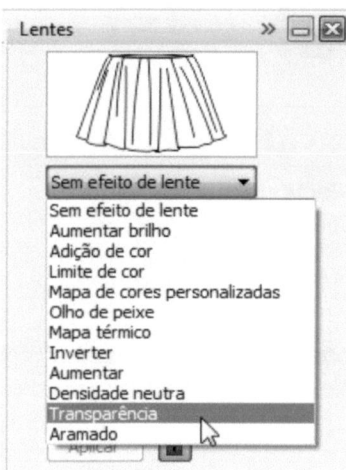

Em Lentes, você verá diversas opções.

Com a sobressaia selecionada, clique com a ferramenta Seleção na barrinha com uma seta e clique na opção Transparência.

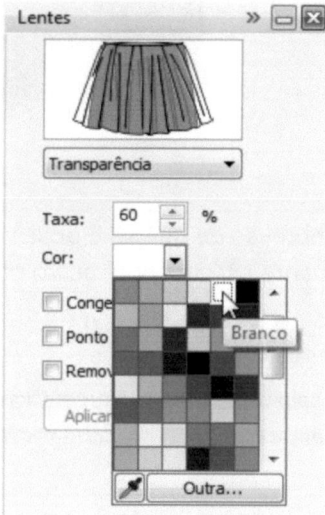

Defina a taxa de 60% de transparência.

Em Cor, selecione o branco.

É só escolher o efeito que ele será aplicado automaticamente no objeto selecionado.

Teste as taxas de transparência até que fiquem mais próximas da transparência que deseja para os modelos da sua coleção, ou de acordo com os tecidos transparentes utilizados.

Você pode colocar a cor que quiser na transparência, clicando em Cor logo abaixo da taxa de transparência e selecionando a cor na paleta.

Lembre-se de que só é possível ver uma transparência quando o objeto transparente estiver sobre outro objeto.

Neste caso, pode-se ver a transparência da sobressaia porque ela está sobre a saia cinza.

Na saia desenhada, a sugestão de acabamento no cós é com elástico. Isso deverá estar indicado na ficha técnica do modelo.

Envelope

É importante entender as etapas de aparagem no CorelDRAW X6®, e saber a sequência que deve ser realizada para colocar partes de um objeto sobre outro.

Para essa explicação, será utilizada como exemplo uma saia-envelope.

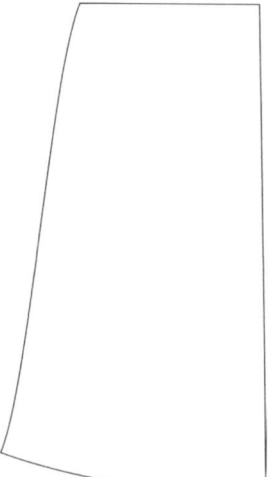

Desenhe metade da saia sobre o corpo digital, conforme a figura acima.

Lembre-se de que o desenho inicial deverá ser sempre da linha mais externa do modelo.

Clique na linha da saia, vá a Editar/ Duplicar e clique na opção Espelho.

Clique na metade que foi espelhada e posicione-a no lado oposto à primeira metade.

Neste caso, usaremos outra opção de união do CorelDRAW X6®.

Clique em um lado da saia, pressione Shift, mantenha a tecla pressionada, clique no outro lado da saia, tire o dedo do mouse e da tecla.

Faça uma linha com a ferramenta Bézier, conforme a figura acima. Essa linha será uma parte da frente da saia.

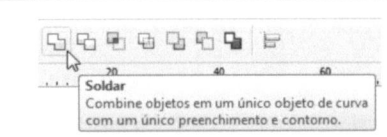

Com as duas partes selecionadas, clique na opção Soldar na Barra de propriedades para uni-las.

Veja que a linha passa dos limites da saia.

Com a ferramenta Seleção, clique na primeira linha, vá a Editar/Duplicar e faça o espelho.

Clique na linha duplicada e arraste-a para o lado oposto ao primeiro desenho.

Lembre-se de pressionar a tecla CTRL depois de andar com a linha, para manter o alinhamento.

Veja se a linha passa pelo canto superior direito da saia, na cintura.

Selecione as duas linhas e agrupe temporariamente.

Clique nas linhas agrupadas, pressione Shift, mantenha a tecla pressionada, clique na linha da saia, tire o dedo do mouse e da tecla e pressione a letra C.

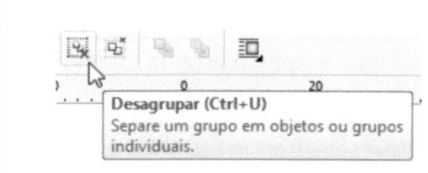

Clique nas linhas agrupadas e vá a Organizar/Desagrupar, ou clique na opção Desagrupar na Barra de propriedades.

Clique na primeira linha desenhada, pressione Shift, mantenha a tecla pressionada e clique na linha da saia.

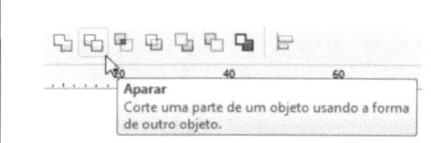

Com a linha e a saia selecionadas, clique na opção Aparar na Barra de propriedades.

Selecione a linha que foi utilizada para aparar a saia e pressione Delete para apagá-la.

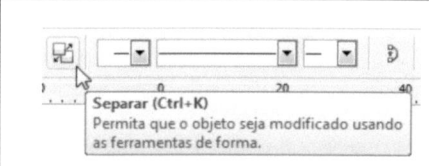

Clique na linha da saia e em Separar na Barra de propriedades.

Quando a opção Separar é selecionada, a parte indicada em cinza na figura ao lado ficará independente da parte da saia indicada em branco.

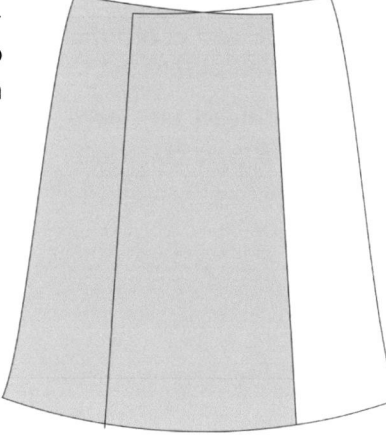

Agora é possível aparar a parte da saia que está em branco sem interferir na parte cinza.

Clique na linha sobre a parte em branco da saia, pressione Shift, mantenha a tecla pressionada, clique na linha da parte branca da saia, tire o dedo do mouse e da tecla e selecione a opção Aparar na Barra de propriedades.

Clique na linha usada para aparar a parte branca da saia e aperte a tecla Delete.

Coloque um botão de casear e um caseado no canto direito, conforme mostra a figura abaixo, e desenhe a parte de trás da saia.

Tulipa

A saia tulipa pode ser feita de diversas formas e com detalhes variados. Ela tem um volume maior na região do quadril e afunila em relação à barra.

Faça a construção da saia conforme explicado nos modelos anteriores.

Sempre desenhe primeiro um lado, duplique e faça o espelho, para que a saia tenha simetria.

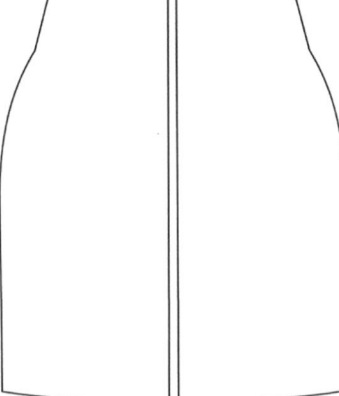

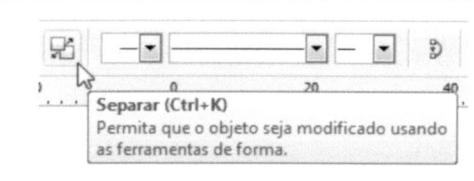

Selecione as duas partes da saia e clique na opção Soldar na Barra de propriedades.

Lembre que uma parte deve estar sobre a outra para que as linhas centrais desapareçam.

Se após soldar elas não tiverem sumido, vá a Organizar/Separar.

Selecione uma das partes, posicione um pouco sobre a outra parte e solde novamente. Faça o cós conforme já foi explicado.

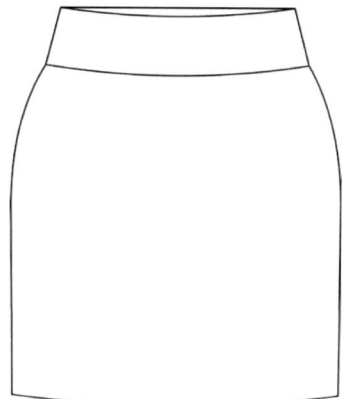

Clique na linha da parte posterior da saia e vá a Organizar/Separar.

Construa o passante da saia conforme foi explicado na calça jeans.

Neste caso, o passante da saia tem um desenho mais alongado.

Coloque dois passantes na frente da saia, conforme a figura acima.

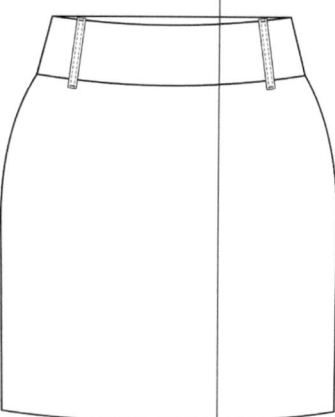

Lembre-se de alinhar os dois passantes pelo topo e depois fazer o alinhamento pela saia.

Selecione o cós frontal, pressione Shift, mantenha a tecla pressionada, clique na linha da saia e combine.

Faça uma linha vertical (conforme a figura acima) no local onde quer a abertura da saia.

Clique na linha vertical, pressione Shift e mantenha a tecla pressionada.

Clique na linha do quadril da saia, tire o dedo do mouse e da tecla e selecione a opção Aparar na Barra de propriedades.

Repita esse processo e clique no cós da saia.

Clique na linha da saia e depois em Separar na Barra de propriedades.

Clique na linha vertical e pressione Delete.

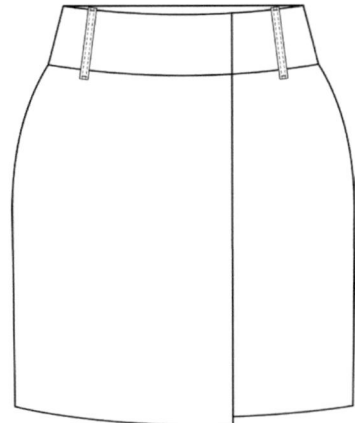

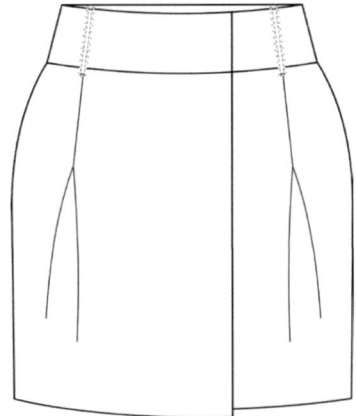

Com a ferramenta Forma, modifique a barra da saia para que o lado à sua esquerda do desenho fique maior que o da direita.

Esse detalhe é apenas uma sugestão de uma barra assimétrica.

Desenhe as pregas conforme a figura acima.

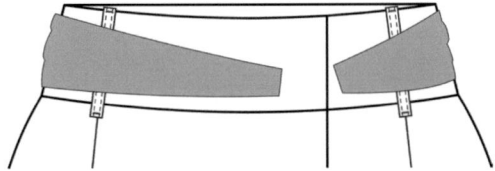

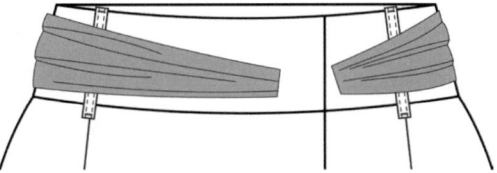

Alinhe as duas pregas em relação aos passantes.

Alinhe os dois passantes também em relação à saia.

Com a ferramenta Bézier, desenhe uma faixa (indicada em cinza na figura acima), utilizando como base a saia tulipa.

Com a ferramenta Mão livre, faça linhas na faixa para simular o drapeado do tecido.

Converta as linhas em curvas e ajuste-as com a ferramenta Forma, como na figura acima.

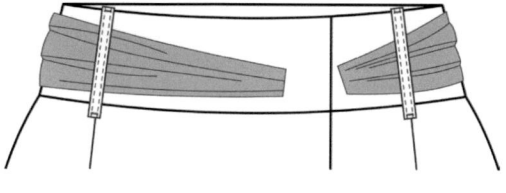

Clique nos passantes e vá a Organi-zar/Ordenar/Para a frente da página.

Com a ferramenta Bézier, construa um laço, conforme a figura acima.

Você pode também desenhar um laço sobre uma foto real de um laço, utilizando a ferramenta Bézier, e trazê-lo para sua saia.

Veja que o laço está sobre os passantes.

Indique na descrição do modelo, na ficha técnica, se a saia possui um fechamento em zíper e colchetes sob o cós.

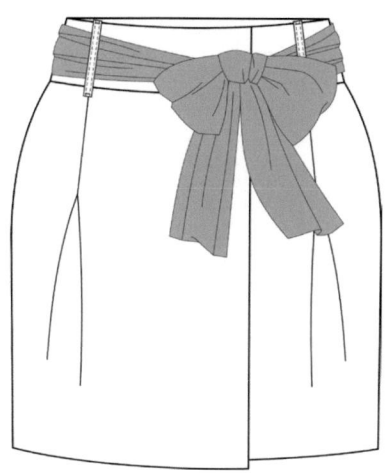

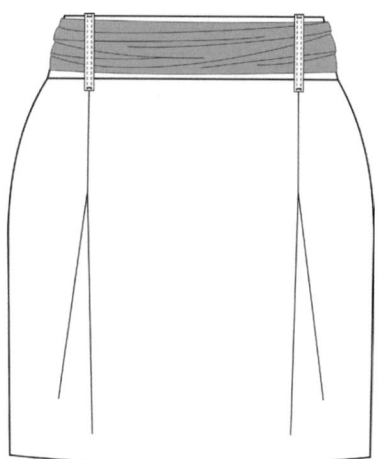

Faça também a parte de trás da saia. Coloque os passantes e as pregas conforme a figura acima à direita.

O laço desse modelo de saia foi feito a partir da observação de um laço real. Ele está com aspecto bastante ilustrativo,

Agrupe a frente e a parte de trás, vá a Arquivo/Salvar como/Somente selecionados e salve na pasta específica para esse modelo.

21. VESTIDO

No desenho dos vestidos, você aprenderá outras formas de construção do desenho técnico de moda no CorelDRAW X6®.

Desenhe metade do vestido. Lembre-se de desenhar a linha mais externa. Isso significa que o desenho sempre se inicia pelo contorno da parte de trás do modelo.

Una as partes pela opção Soldar na Barra de propriedades, caso tenha feito dois objetos fechados. Use Junção de dois nós se não fechou os objetos e precisa unir linhas.

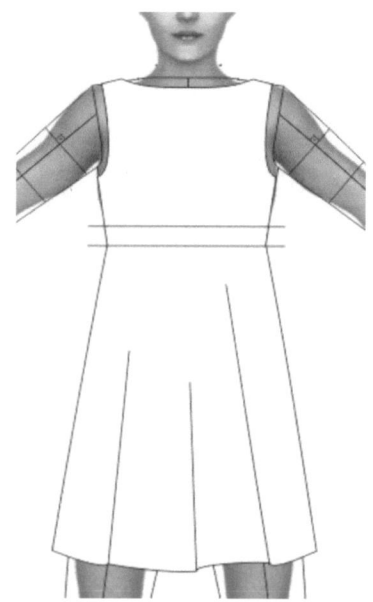

Com a ferramenta Mão livre, faça uma linha logo abaixo dos seios, duplique-a e arraste-a para cima para definir a largura da faixa no vestido.

Todas as vezes que arrastar um objeto que precise manter o alinhamento, você deverá pressionar a tecla CTRL após iniciar o deslocamento do objeto.

Use as duas linhas horizontais próximas dos seios para aparar o vestido.

Clique no vestido e vá a Organizar/Separar curva.

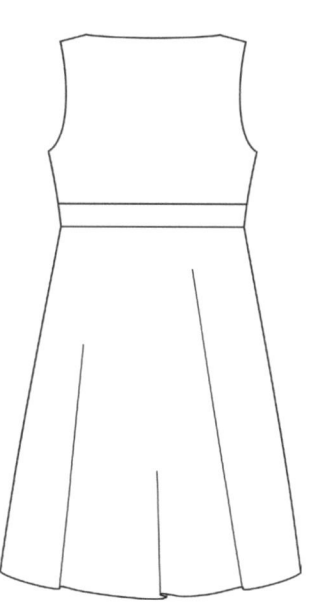

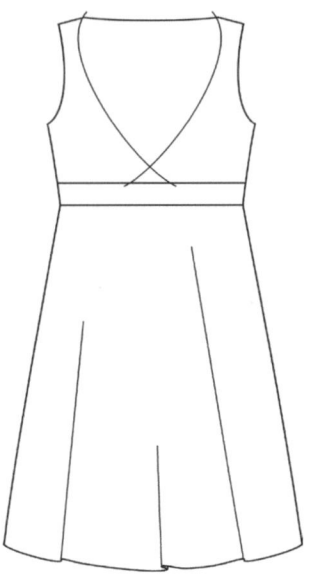

Com a ferramenta Mão livre, desenhe metade do decote. Faça os ajustes com a ferramenta Forma.

Veja que a linha desenhada ultrapassa o ombro e a faixa do vestido.

Note também que a linha passa pelo canto interno do ombro do vestido.

Certifique-se de ter aparado e separado a faixa do vestido.

Clique na linha que desenhou para o decote, duplique e faça o espelho.

Posicione-a no lado oposto à primeira linha, conforme a figura acima.

Enquanto arrasta a linha duplicada, pressione CTRL para manter o alinhamento.

Coloque a linha passando pelo canto interno do ombro à sua direita do vestido.

Selecione as duas linhas e agrupe. Com as linhas selecionadas, aperte Shift, mantenha a tecla pressionada, clique na linha do vestido e tire o dedo do mouse e da tecla.

Pressione a letra C para alinhar as linhas do decote em relação ao vestido.

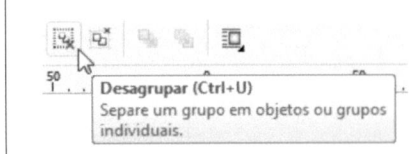

Com a ferramenta Seleção, clique novamente nas linhas que estão agrupadas e vá a Organizar/Desagrupar.

Clique na primeira linha do decote que desenhou, aperte Shift, mantenha a tecla pressionada, clique na linha da parte de trás do vestido, tire o dedo do mouse e da tecla.

Veja que o lado direito do vestido ficou sobre o lado esquerdo.

É importante compreender a sequência das operações para conseguir construir os modelos de acordo com suas ideias.

Desenhe um laço conforme a figura ao lado.

Pinte da cor que quiser e agrupe todas as linhas do laço.

Coloque o laço sobre a faixa e centralize-o em relação ao vestido.

Com a ferramenta Mão livre, faça as linhas de costura nas cavas do vestido. Ajuste as curvas com a ferramenta Forma.

Faça duas linhas de costura na cava, combine, faça o espelho e posicione as linhas duplicadas no lado oposto às duas primeiras linhas.

Coloque uma etiqueta no lado interno da parte de trás do vestido.

Você pode usar um dos padrões de estampa que existem no CorelDRAW X6®.

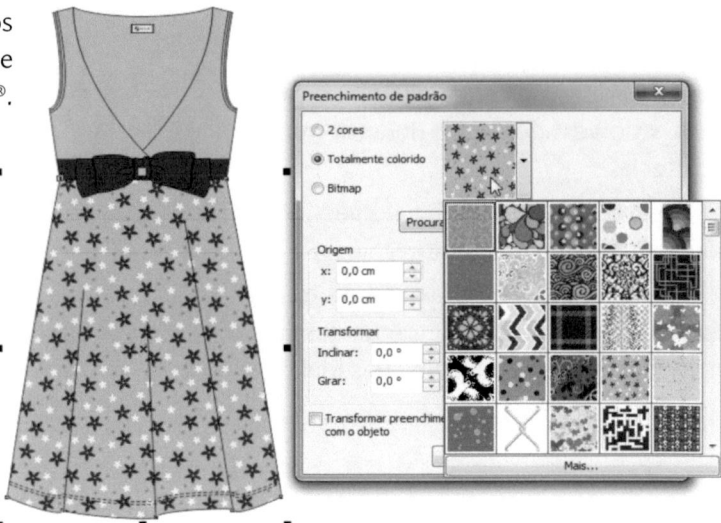

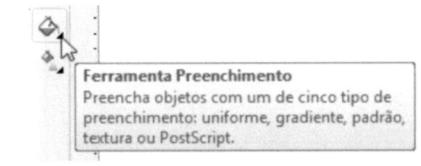

Clique na linha da saia e vá à ferramenta Preenchimento na Caixa de ferramentas. Clique na opção Preenchimento de padrão.

Na caixa de diálogo, selecione a opção Totalmente colorido.

Escolha a opção de preenchimento e defina também, nos itens largura e altura, as dimensões do padrão escolhido. Clique em OK.

O corpo do vestido pode ser duplo. Assim, não aparecerão costuras no decote.

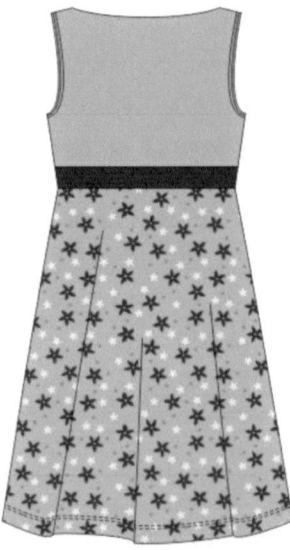

Desenhe a parte de trás do vestido com as mesmas etapas de construção da frente.

Defina também qual material deseja utilizar para confeccionar o modelo. Se for malha, não há necessidade de zíper. Se for tecido plano, será necessário colocar um zíper na lateral esquerda do vestido.

Se não deixar o corpo digital sob o vestido, você deverá indicar o comprimento que deseja para o modelo.

Faça a peça-piloto com a medida que indicar na ficha técnica e verifique se está de acordo com o que deseja.

Veja na figura ao lado como fica mais compreensível a localização da faixa e o comprimento do vestido sobre o corpo digital.

Como o corpo digital é baseado em medidas de um corpo humano real, as distorções de planificação de um modelo não são significativas.

A equipe de modelagem poderá ter parâmetros mais próximos do correto para a interpretação do modelo. Isso ajuda a evitar a repetição da pilotagem, o que economiza tempo e investimento.

Mesmo sobre o corpo digital, é necessário indicar o volume da saia, se você quer mais ou menos rodada.

Com saia balonê

Para construir um vestido com material e volume da parte de cima muito diferentes dos da saia, faça o desenho em duas partes.

Faremos a parte de cima do vestido no modelo camiseta regata.

Com a ferramenta Bézier, construa metade da regata, conforme a figura ao lado.

O modelo regata é uma das exceções quanto a fazer o decote diretamente no modelo.

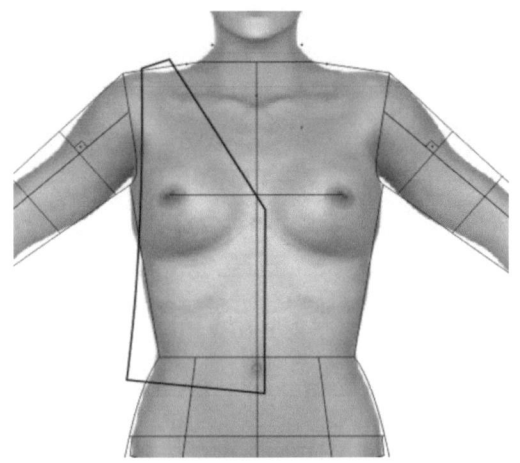

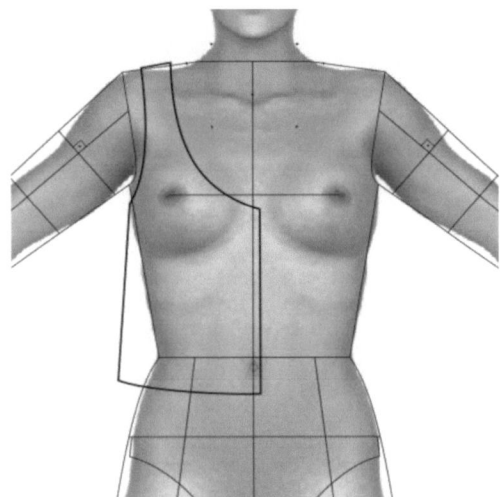

Com a ferramenta Forma, transforme em curvas os segmentos cava, lateral, decote e barra.

Ajuste até ficar semelhante à figura acima.

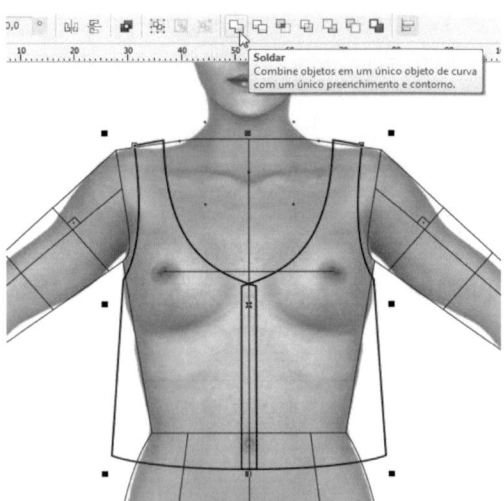

Selecione a metade desenhada, vá a Editar/Duplicar e faça o espelho.

Posicione a metade duplicada um pouco sobre a outra metade.

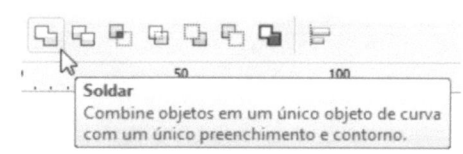

Selecione as duas partes e vá a Soldar na Barra de propriedades.

Lembre-se: um lado da regata deve estar sobre o outro para soldá-los.

As linhas no centro da regata deverão desaparecer.

Caso fique algum defeito no meio do decote, selecione os nós que estão nessa região com a ferramenta Forma e pressione Delete para apagá-los.

Esse modelo não fica justinho ao corpo, por isso as linhas laterais estão distantes do corpo digital.

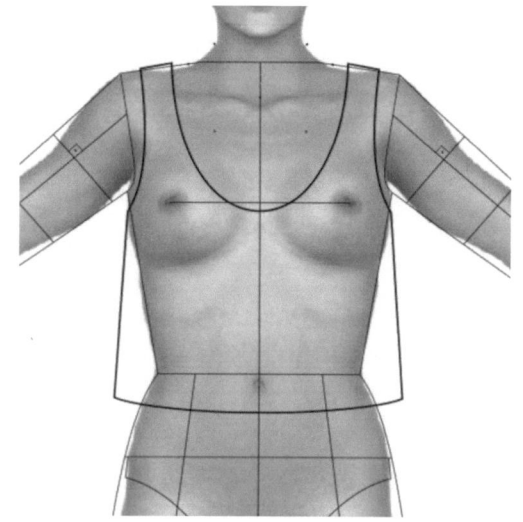

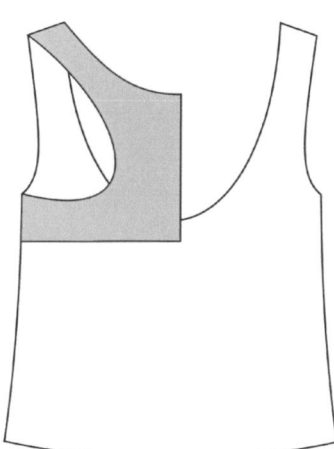

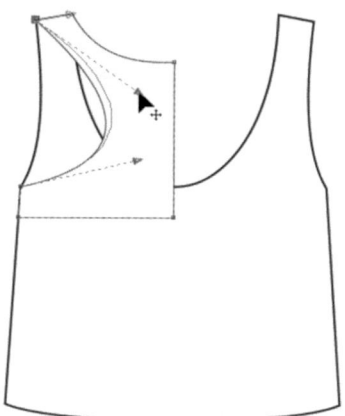

Para desenhar a parte de trás da regata com a ferramenta Bézier, utilize a regata desenhada como referência, conforme a parte indicada em cinza na figura acima.

Ajuste as curvas com a ferramenta Forma, de acordo com a figura acima.

Habilite a opção Alinhar a objetos na Barra de propriedades.

Duplique a metade que desenhou e clique na opção Espelho na Barra de propriedades.

Posicione a metade duplicada no lado oposto à primeira metade desenhada.

Se estiver com a opção Alinhar a objetos selecionada, verá que a alça da regata da parte da frente puxará seu desenho para que os dois objetos se alinhem pelos nós.

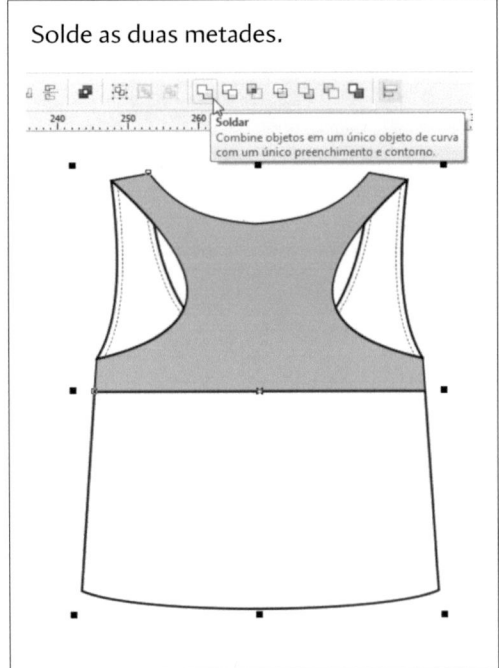

Guarde esse desenho cinza para posteriormente usá-lo para fazer a parte de trás da regata.

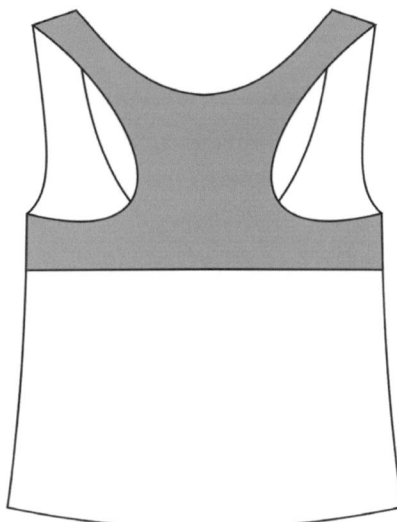

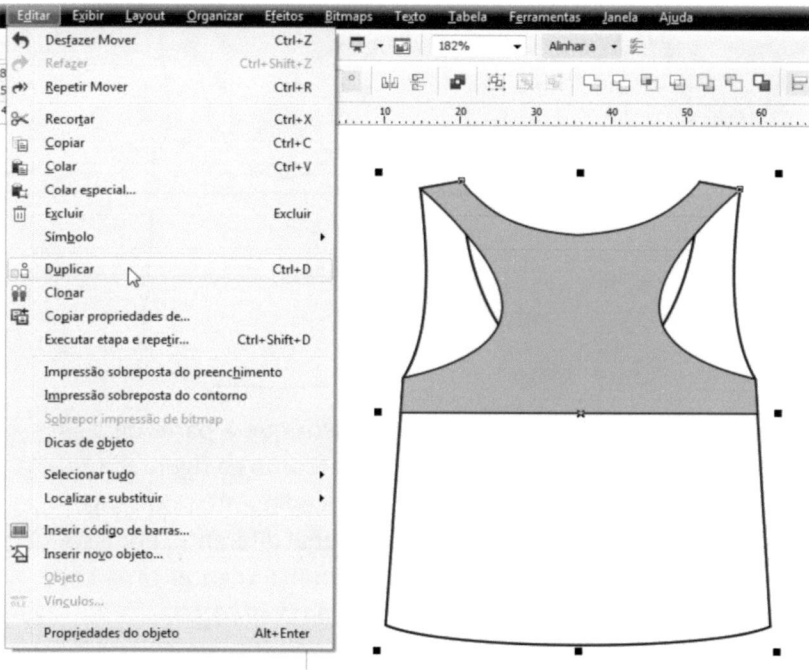

Clique nele com a ferramenta Seleção e vá a Editar/Duplicar e reserve o desenho duplicado.

Clique na parte da regata indicada em branco, pressione Shift, mantenha a tecla pressionada, clique na parte indicada em cinza, tire o dedo do mouse e da tecla.

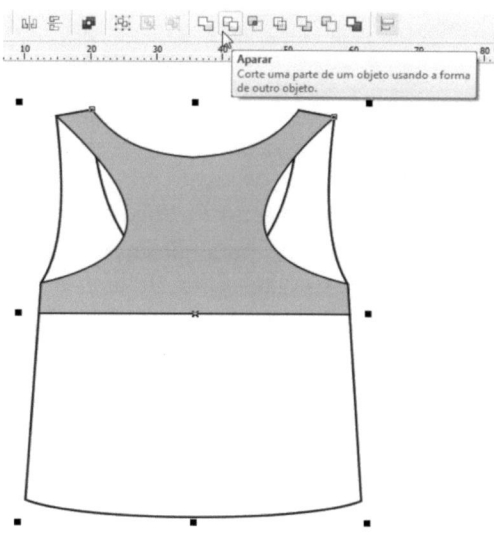

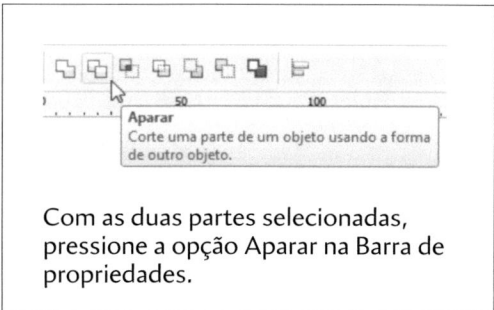

Com as duas partes selecionadas, pressione a opção Aparar na Barra de propriedades.

Embora alguns profissionais e professores afirmem que a parte de trás (que aparece na frente do modelo) deva ficar em cinza (como na figura acima) para facilitar a visualização, no desenho técnico tal procedimento pode sugerir que essa parte é feita de outra cor ou com um material diferente. Por isso, após consultar vários modelistas, concluí que o melhor é manter uma cor única no modelo, para não gerar dúvida no momento da confecção.

Selecione tudo e pinte de uma única cor.

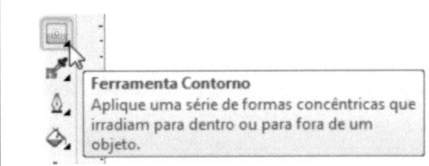

Ferramenta Contorno
Aplique uma série de formas concêntricas que irradiam para dentro ou para fora de um objeto.

Clique na linha da regata e faça o contorno, da mesma forma que fez nos pespontos do bolso chapado.

Com a ferramenta Forma, selecione os nós e separe-os para eliminar os segmentos desnecessários.

Deverão ficar apenas as linhas do decote da parte da frente, de trás e das cavas.

Se quiser indicar um debrum, deixe uma única linha contínua, como na figura ao lado.

Se quiser indicar costuras, por ser um modelo de malha, você deve tracejar as linhas feitas com a ferramenta Contorno.

Duplique-as e coloque-as ao lado ou abaixo (dependendo se forem cavas ou decotes) da primeira costura, para representar a costura de uma máquina galoneira.

Duplique a frente da regata e reserve.

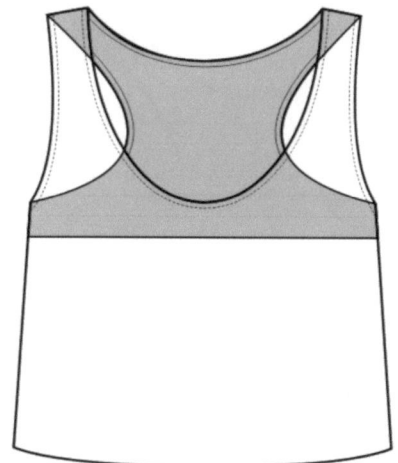

Para desenhar a parte de trás, utilize o objeto que reservou na figura da página 262 (pé da página) e coloque-o sobre a frente da regata.

Com a ferramenta Seleção, clique no objeto cinza, pressione Shift, mantenha a tecla pressionada e clique na parte branca da regata.

Aperte as letras C e T para alinhar o objeto ao centro e pelo topo.

É preciso apagar a parte da frente que está sob o desenho cinza, que será parte das costas da regata.

Com a ferramenta Seleção, clique no desenho cinza, aperte Shift, mantenha a tecla pressionada, clique na parte branca

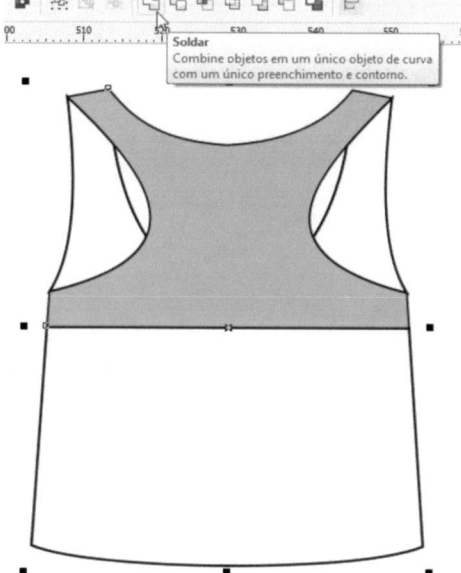

da regata, tire o dedo do mouse e da tecla e clique na opção Aparar na Barra de propriedades.

Clique na linha da parte branca e vá a Organizar/Separar curva.

Com a ferramenta Forma, clique na linha do desenho cinza no corpo da regata e desça para que se sobreponha ao desenho da regata branca, conforme a figura acima à direita.

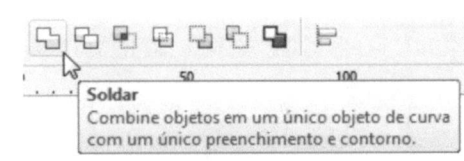

Clique nas duas partes (cinza e branca), vá à Barra de propriedades e selecione a opção Soldar. Pinte tudo de uma única cor, conforme as figuras a seguir.

Coloque as costuras com a ferramenta Contorno.

Se quiser desenhar uma regata, faça a construção conforme foi explicado. Inclua duas costuras na barra para simular a costura de uma máquina galoneira.

Para compor o vestido, selecione a frente da regata e agrupe.

A partir da regata, desenhe metade da saia balonê, conforme a figura ao lado.

Construa primeiro a saia com a ferramenta Bézier.

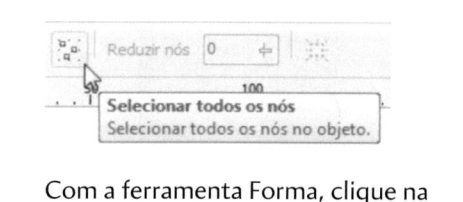

Com a ferramenta Forma, clique na linha da metade da saia e na opção Selecionar todos os nós na Barra de propriedades.

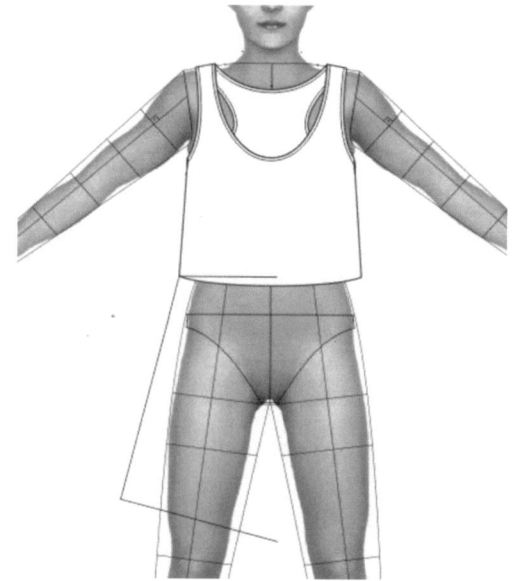

Com os nós selecionados, clique com a ferramenta Forma em um dos nós com o botão direito do mouse e depois na opção Em curva.

Ajuste as curvas com a ferramenta Forma, conforme a figura ao lado, construindo a metade da saia balonê.

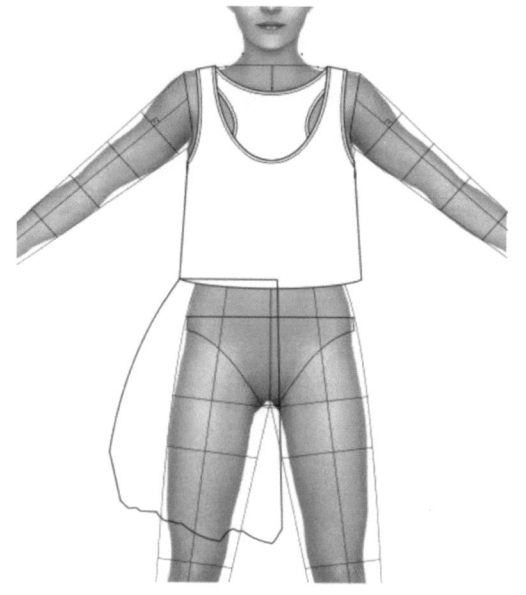

Veja, na figura anterior, que a metade da saia ultrapassa a linha do meio do corpo digital.

Clique na linha da metade da saia, vá a Editar/Duplicar e selecione a opção Espelho.

Posicione a metade duplicada no lado oposto à primeira metade desenhada.

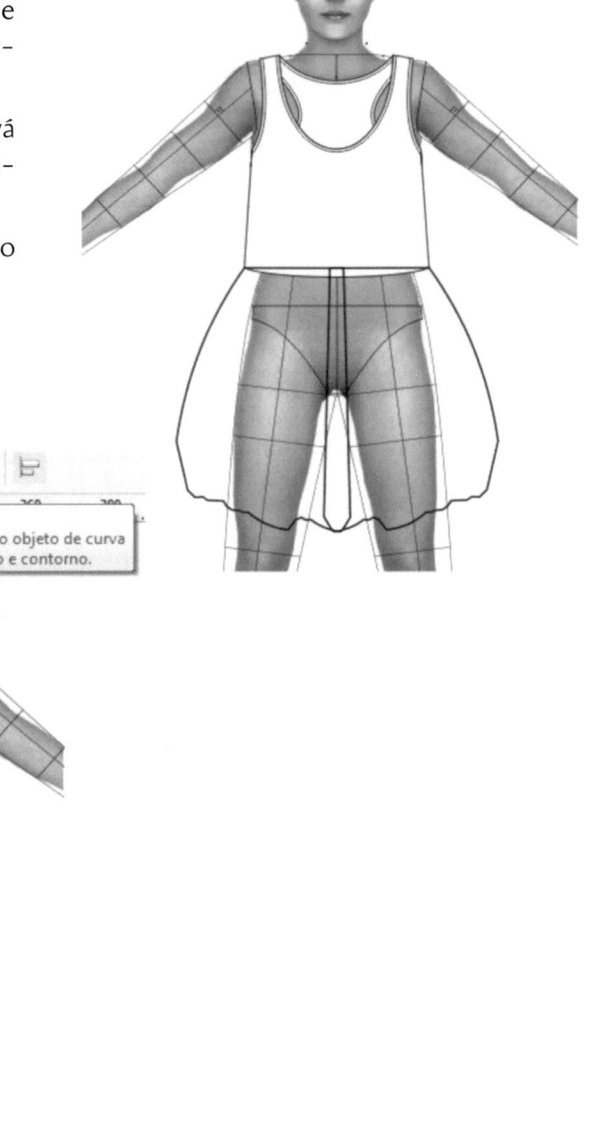

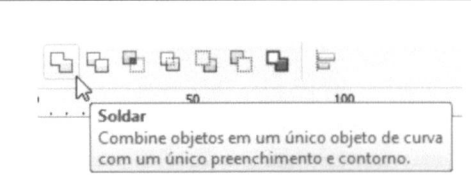

Selecione as duas partes da saia e solde.

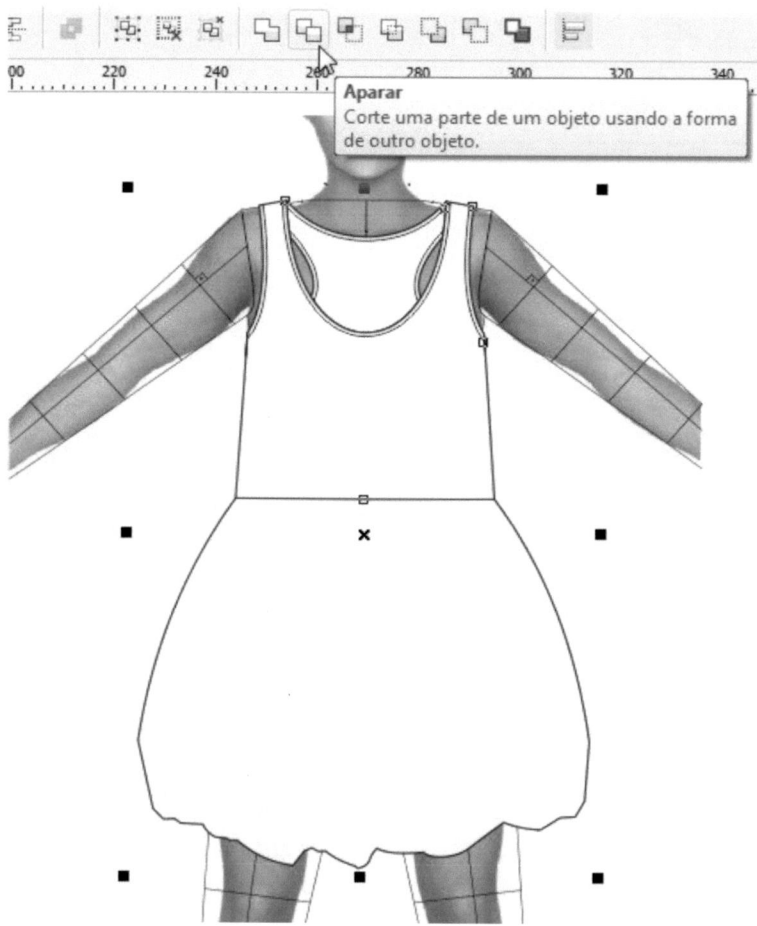

Clique na linha da regata, pressione Shift, mantenha a tecla pressionada e clique na linha da saia.

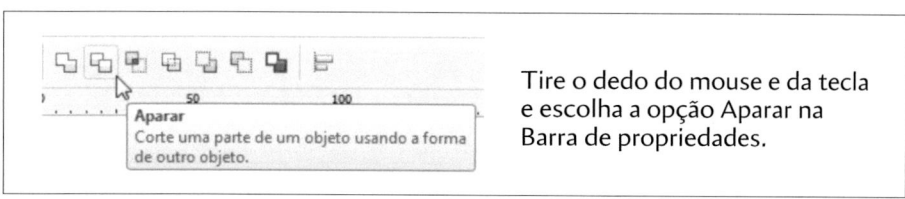

Tire o dedo do mouse e da tecla e escolha a opção Aparar na Barra de propriedades.

Preste atenção: a regata corta a saia balonê. A ação sempre acontece no segundo objeto selecionado.

Com a ferramenta Mão livre, faça duas linhas na barra da regata e ajuste com a ferramenta Forma.

Essa costura simula a costura da máquina galoneira.

Com a ferramenta Mão livre, faça linhas na saia, para simular o volume da saia balonê. Ajuste com a ferramenta Forma.

Selecione o vestido e agrupe.

Faça também a parte de trás do vestido.

Os materiais planejados para esse modelo foram malha (para a regata) e tecido plano (para a saia balonê).

Como o corpo do vestido é de malha e a saia é ampla, não há necessidade de fazer uma abertura.

Nesse modelo de balonê, uma opção para dar volume à saia é o tecido modelado em balonê preso no forro da saia.

Propriedades do objeto

No CorelDRAW X6®, há uma caixa de diálogo que concentra diversas opções relacionadas aos objetos.

Em Editar, clique em Propriedades do objeto. Surgirá, à direita, a caixa de diálogo com opções de contorno como cor, estilo, unidade de medida e tracejado, ajustes de cantos de objetos e linhas.

Ao clicar na opção Preenchimento, também aparecem opções de cor e gradiente e preenchimento padrão.

Para inserir um preenchimento na saia balonê, selecione a saia com a ferramenta Seleção e vá a Preenchimento.

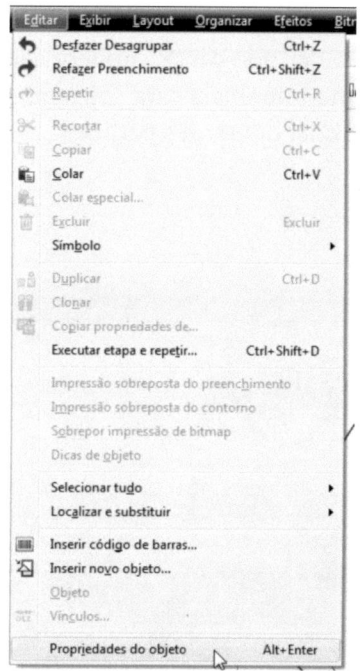

Na opção Preenchimento de padrão, observe as várias estampas criadas pela equipe do CorelDRAW X6®.

Clique nelas e veja qual é mais adequada ao seu modelo.

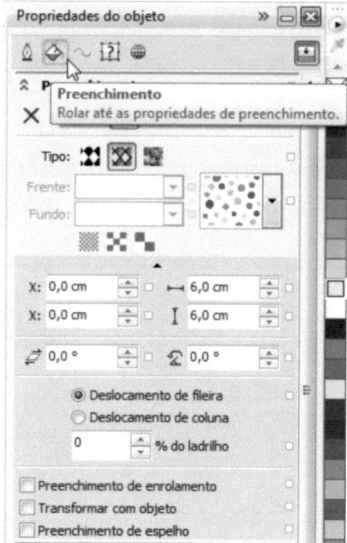

Vale lembrar que o fato de ser um padrão predefinido pelo programa torna bem grande a probabilidade de outras pessoas usarem a mesma estampa que você, além de elas poderem ter direitos autorais. Mas, de todo modo, podem ser utilizadas como referência para seus modelos ou para criar diferentes padrões.

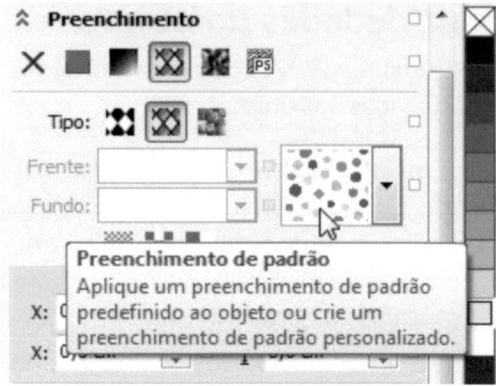

Você também pode ajustar o tamanho dos padrões nas opções Largura do ladrilho e Altura do ladrilho.

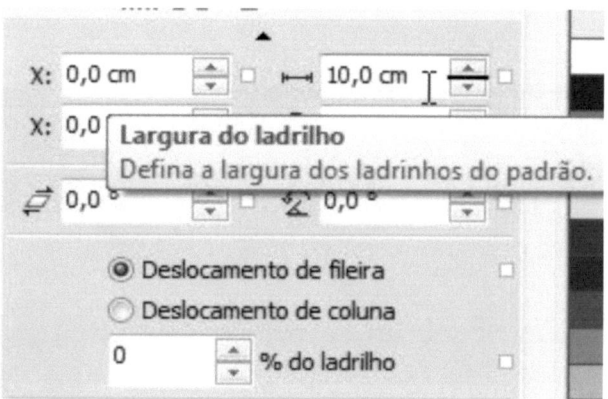

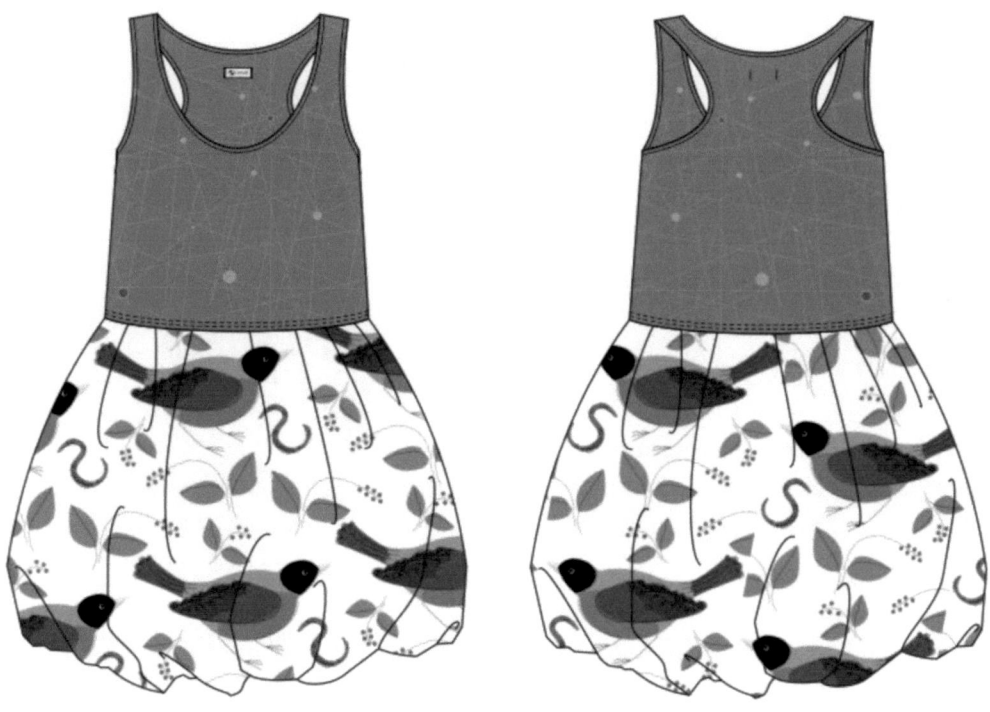

Tomara que caia

Veja como fazer o desenho de um vestido tomara que caia ajustado ao corpo com recortes.

Faça metade do vestido com a ferramenta Bézier. Não se preocupe com as linhas curvas neste momento.

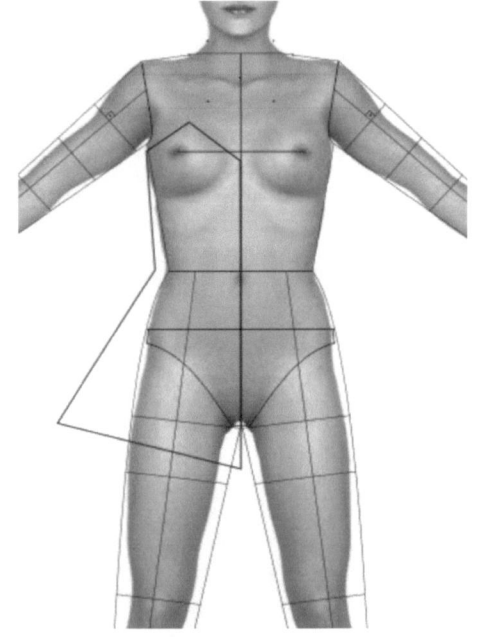

Com a ferramenta Forma, ajuste as linhas.

Transforme-as em curvas e modele a metade do vestido, conforme a figura ao lado.

Na barra, ajuste a linha conforme fez no capítulo "Babado".

A qualquer momento que perceber que, ao ajustar uma curva com a ferramenta Forma, o próximo segmento também sofre alterações indesejáveis, selecione todos os nós na Barra de propriedades com a ferramenta Forma.

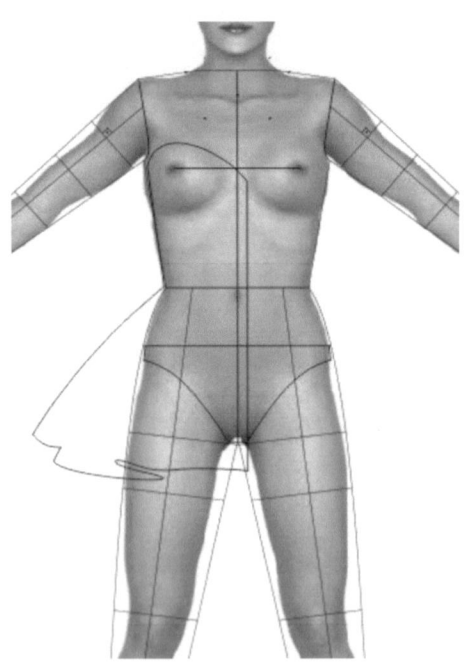

Com o botão direito do mouse, clique em um nó com a ferramenta Forma habilitada e clique na opção Cúspide.

Essa opção define a modificação de cada segmento entre nós, separadamente, sem interferir no próximo segmento.

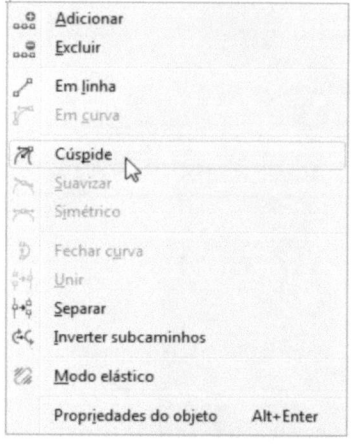

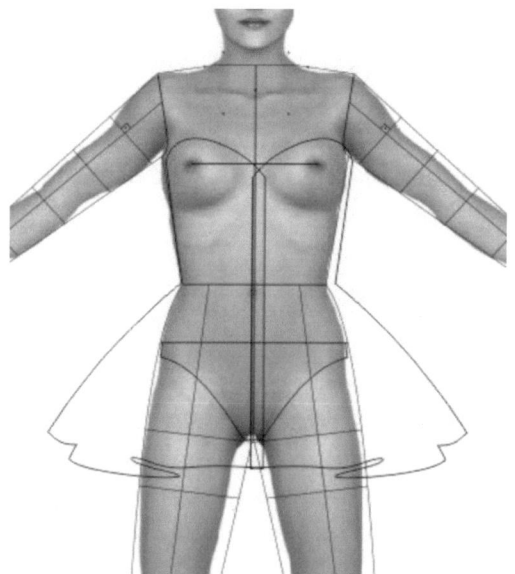

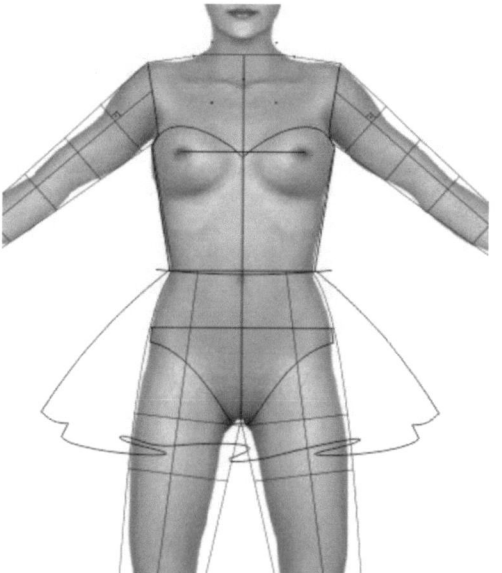

Clique na metade desenhada, vá a Editar/Duplicar e selecione a opção Espelho na Barra de propriedades.

Posicione a metade duplicada no lado oposto à primeira metade.

Certifique-se de que as duas partes estejam alinhadas, selecione as duas partes com a ferramenta Seleção e pressione a letra T.

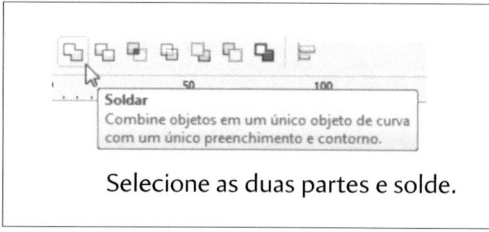

Selecione as duas partes e solde.

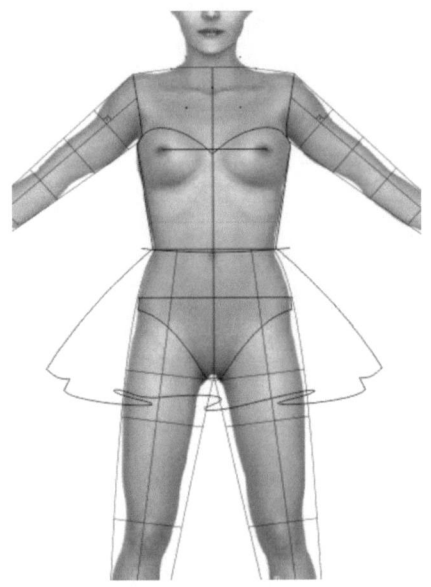 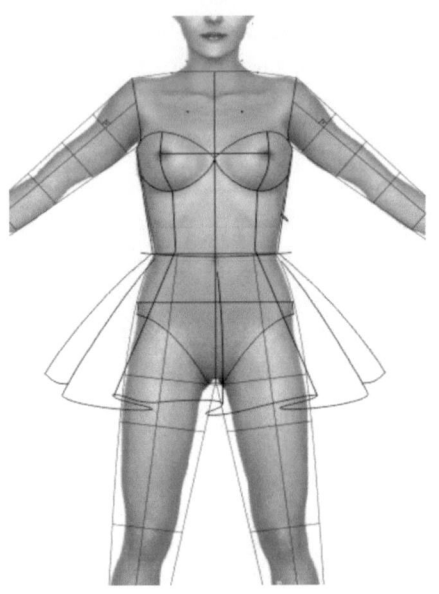

Faça a linha da cintura com a ferramenta Mão livre e ajuste com a ferramenta Forma.

Ainda com a ferramenta Forma, ajuste as curvas da barra do vestido conforme a explicação do capítulo "Babado".

Com a ferramenta Bézier, faça os recortes na blusa do vestido e ajuste com a ferramenta Forma.

Faça o recorte na blusa do vestido à sua esquerda.

Duplique o recorte e posicione-o no lado oposto ao primeiro.

Com a ferramenta Mão livre, faça as linhas para simular o volume da saia. Ajuste as linhas com a ferramenta Forma, após transformá-las em curvas.

Desenhe um babado sobre a saia do vestido, conforme indicado em cinza na figura acima, e agrupe os babados e as linhas do volume dos babados.

Clique no vestido, pressione Shift, mantenha a tecla pressionada, clique no babado, tire o dedo do mouse e da tecla e pressione a opção Aparar na Barra de propriedades.

Faça outro babado como o anterior, um pouco mais baixo que o primeiro, e use novamente o vestido para aparar o babado.

Clique no babado e vá a Organizar/Ordenar/ Para trás da página.

Seguindo essas etapas, você terá um vestido com um saiote duplo, conforme a figura ao lado.

Caso queria pintar o vestido de preto, a sugestão é pintar as linhas internas e de contorno do vestido de branco ou cinza--claro.

Veja que nesse modelo o zíper para a abertura do vestido foi colocado na lateral à sua direita (à esquerda do vestido).

Agrupe o vestido.

Para desenhar a parte de trás, utilize a frente do vestido como referência.

Com a ferramenta Bézier, faça a metade da parte de trás sobre a frente do vestido. Ajuste com a ferramenta Forma.

Duplique e faça o espelho, conforme a figura acima.

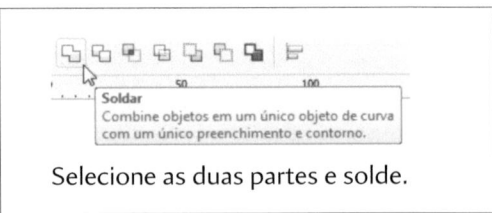

Selecione as duas partes e solde.

Com a ferramenta Seleção, clique na linha da parte de trás do vestido, pressione Shift e mantenha a tecla pressionada.

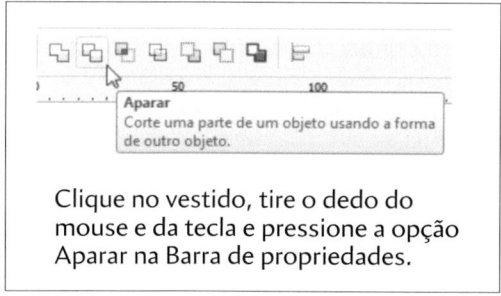

Pinte o vestido de preto. Coloque linhas brancas para os recortes, pinte de branco as linhas do contorno do vestido e coloque o zíper na lateral à sua esquerda.

Agrupe as costas do vestido.

Se quiser uma estampa com bolinhas para colocar no vestido, faça um círculo com a ferramenta Elipse no tamanho que desejar.

Desenhe um círculo e pinte de uma cor.

Clique no círculo com a ferramenta Seleção e vá a Editar/Duplicar.

Clique no círculo duplicado e arraste até a distância que você deseja do primeiro círculo.

Não perca a seleção do círculo. Ou seja, após clicar no círculo duplicado e arrastá-lo, não clique em mais nenhum outro lugar. Vá a Editar/Duplicar.

O círculo deverá andar a mesma distância que andou em relação ao primeiro círculo duplicado.

Sem perder a seleção, vá novamente a Duplicar ou pressione CTRL e a letra D.

Repita esse processo até duplicar a quantidade de círculos necessária para aplicar horizontalmente na sua saia.

Selecione todos os círculos e combine.

Clique nos círculos combinados com a ferramenta Seleção e duplique.

Arraste os círculos duplicados e coloque-os logo abaixo da primeira linha de círculos. Se quiser, desloque-os para a sua direita, para que fiquem desencontrados como na figura anterior.

Selecione todos os círculos e combine.

Clique nos círculos com a ferramenta Seleção e duplique. Mantenha a tecla pressionada, arraste para baixo, tire o dedo do mouse e da tecla e não perca a seleção.

Vá novamente a Editar/ Duplicar e duplique até ter a quantidade de círculos conforme a figura ao lado. Combine todos os círculos.

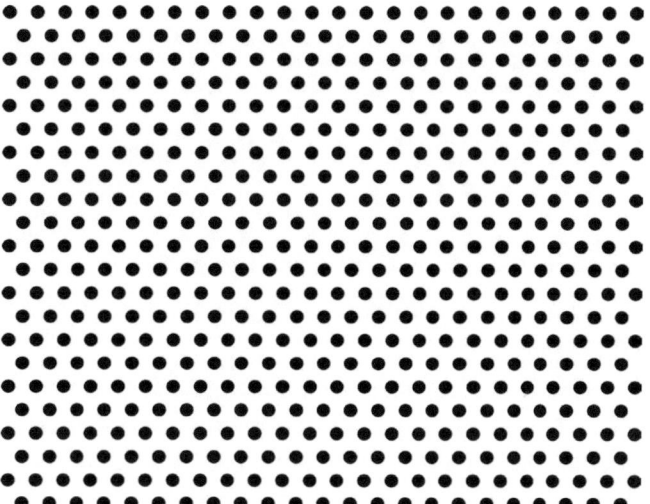

Clique na parte da frente do vestido e desagrupe o corpo. Se quiser, mude para a cor branca, conforme a figura ao lado.

Lembre-se de mudar também a cor das linhas para preto.

PowerClip

Outra forma para a aplicação das bolinhas no vestido é a ferramenta PowerClip.

Posicione as bolinhas ao lado do vestido, conforme a figura abaixo.

O vestido não pode estar agrupado. O corpo cinza deve estar combinado com a saia.

Clique nas bolinhas e duplique (guarde uma sequência delas para colocar na parte de trás do vestido também com o PowerClip). Selecione uma sequência de bolinhas, vá a Efeitos na Barra de menus, clique em PowerClip e depois em Colocar dentro do recipiente.

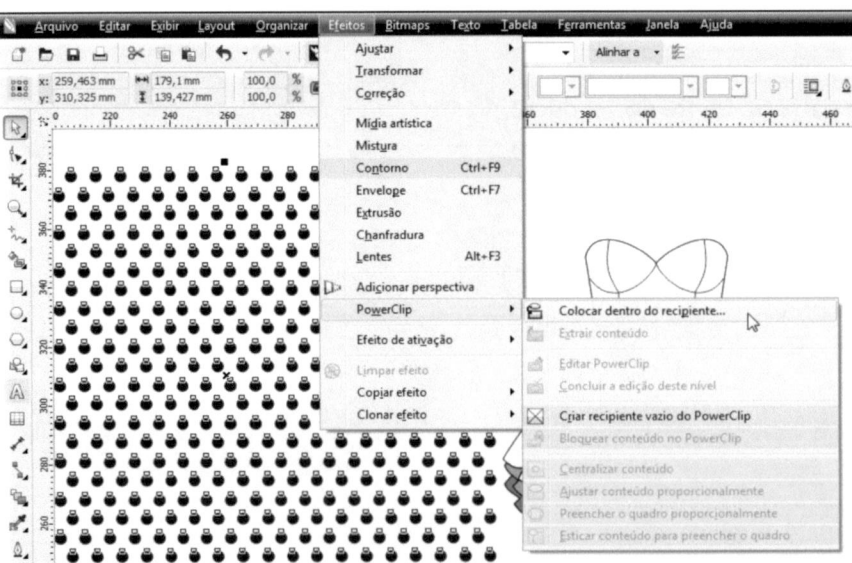

Como o vestido, nesse caso, é o recipiente, clique nele com a seta.

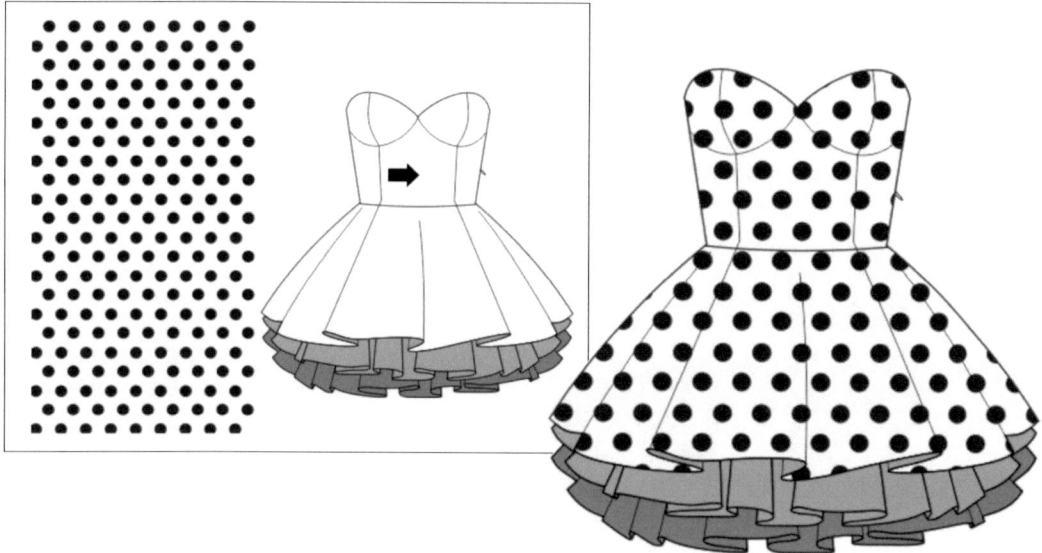

Se quiser alterar a cor do vestido, clique nele com a ferramenta Seleção e escolha a que deseja na paleta de cores.

Para mudar a cor das bolinhas, clique nelas, tire o dedo do mouse e desça acompanhando a saia do vestido até aparecerem os comandos do PowerClip.

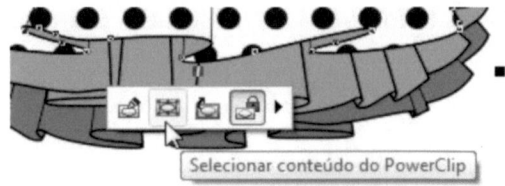

Clique na opção Selecionar conteúdo do PowerClip, escolha a cor na paleta de cores e clique fora do vestido. Lembre-se de que, para os comandos do PowerClip funcionarem, o vestido não pode estar agrupado.

Os comandos do PowerClip servem para modificar o conteúdo, como a cor (desde que seja um vetor), a posição e o tamanho do conteúdo em relação ao vestido, e para extrair o que foi inserido no vestido (nesse caso, as bolinhas).

Para modificar o conteúdo, escolha a opção Editar PowerClip.

Após mudar a posição ou o tamanho do conteúdo, clique em Interromper a edição de conteúdo.

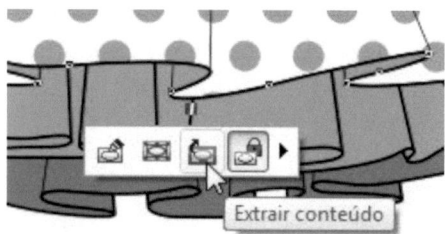

Para extrair o conteúdo, clique na opção Extrair conteúdo.

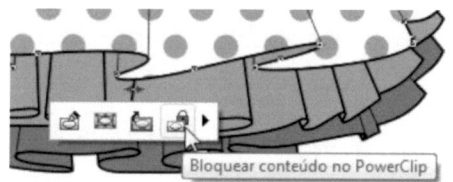

A função do último comando do Po-werClip é bloquear sua ação no recipiente (no caso, o vestido).

Para ver as outras opções do PowerClip, clique na setinha ao lado dos comandos.

Lembre-se de que na ficha técnica sempre é necessário constar a parte de trás do modelo e a indicação de todos os materiais e aviamentos.

Selecione cada vestido e agrupe. Vá a Arquivo/Salvar como/Somente se-lecionados, clique na pasta específica e salve os vestidos.

22. CARTELA DE CORES

As cores em uma coleção devem ser desenvolvidas e orientadas ao público para quem você pretende desenhar, a partir de pesquisas de tendências, de acordo com sua inspiração e percepção do seu ambiente e do mundo, e também segundo o conceito definido para a estação ou os modelos.

Alguns profissionais preferem definir primeiro as cores de base da coleção, escolhendo apenas as cores para os tecidos que vão utilizar.

Outros trabalham também com cartelas de cores de estampas e bordados, uma vez que, nesse caso, os materiais podem ser bem diferentes da cartela de cores de tecidos. É outra forma de planejamento da coleção.

No meio digital, trabalhar com cores não é muito fácil. As cores que você vê em um monitor poderão ser bem diferentes em outro monitor, mesmo que ambos sejam da mesma marca e modelo.

Com as telas de LCD ou LED, as mudanças de qualidade de cor tornaram-se mais críticas: também ocorrem mudanças quando as cores são impressas.

Existem cartelas de cores de padrão mundial disponíveis para venda, assim como cartelas específicas para o segmento têxtil, inclusive com amostras em tecidos de algodão.

Essas cartelas de cores de padrão mundial são a forma mais adequada para você encontrar as cores de que precisa para sua coleção. Depois de definidas de forma analógica, você deverá encontrá-las no meio digital ou buscar aproximações.

Nas bibliotecas de moda do país, você poderá encontrar as cartelas de cores de que precisa, ou comprá-las em lojas especializadas.

No CorelDRAW X6®, ao clicar em Janela, na Barra de menus, encontra-se entre as opções a Paletas de cores. Clicando nessa opção, aparecerá na área de trabalho a Paleta padrão.

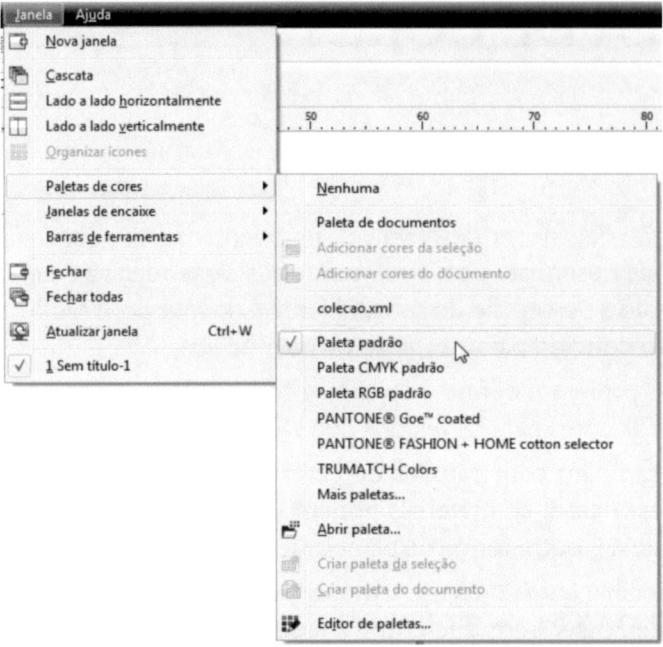

Você poderá usar as cores predefinidas contidas nessa paleta e também alterá-las de acordo com a necessidade em seus projetos de coleção.

Há, ainda, no CorelDRAW X6®, uma paleta de cores especialmente direcionada para moda e decoração. É a paleta PANTONE® FASHION + HOME cotton selector, com muito mais cores do que a Paleta padrão.

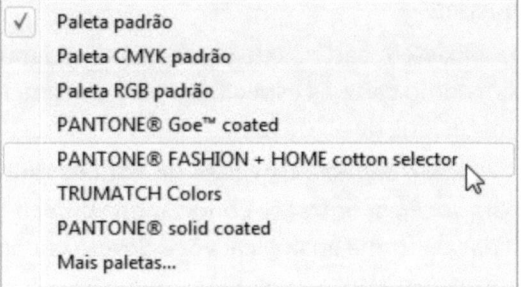

Essa paleta foi desenvolvida com base nas cores PANTONE®. Ela pode ser usada em suas coleções da forma como se apresenta ou pode ser modificada de acordo com sua necessidade.

Para abrir a paleta PANTONE® FASHION + HOME cotton selector, você deve ter um arquivo aberto em sua área de trabalho ou criar um novo arquivo em Arquivo/Novo.

Vá à opção Janela na Barra de menus, escolha o item Paletas de cores e clique em PANTONE® FASHION + HOME cotton selector.

A paleta aparecerá na área de trabalho.

Você poderá fixar sua paleta de cores na área de trabalho do CorelDRAW X6®.

Com a ferramenta Seleção, clique sobre a barra onde está escrito PANTONE® FASHION + HOME cotton selector e mantenha o botão do mouse pressionado.

Arraste a paleta para o lado direito da sua área de trabalho, onde está a paleta padrão e tire o dedo do mouse.

A paleta se ajustará na lateral da área de trabalho.

Há a possibilidade de a paleta já aparecer à direita da área de trabalho, na posição onde está a paleta padrão. Verifique se ela está nessa posição, caso não apareça na área de trabalho.

Você pode criar uma paleta de cores para cada coleção e, ainda, redefinir o nome das cores com nomes ou códigos estabelecidos por você, ou pela sua empresa, ou propostos pelos fornecedores.

No arquivo baixado do link da página 10 deste livro, há um arquivo com todas as cores da paleta PANTONE® FASHION + HOME cotton selector, que poderá ser impresso.

A partir do material impresso, você poderá encontrar as cores que deseja para tecidos, aviamentos ou estampas e identificar as cores predefinidas pelos fornecedores para esses materiais.

Para criar suas cores para cada coleção, veja a explicação a seguir.

Ao abrir o CorelDRAW X6®, aparece na sua área de trabalho uma caixinha com o nome de Paleta de documentos.

É uma caixinha onde você poderá armazenar suas cores e salvá-las para usá-las sempre que quiser.

Veja a informação que está dentro da caixinha: significa que qualquer objeto ou cor que arrastar para dentro dela poderá ser usado como paleta de cores.

Abra o arquivo que você baixou do link da página 10 deste livro com o nome de PANTONE® Color Swatch. É o arquivo com a cartela de cores PANTONE® FASHION + HOME cotton selector.

Encontre a cor que deseja (e que escolheu a partir do material impresso) e clique nela com a ferramenta Seleção. Mantenha a tecla pressionada, arraste-a para a caixinha Paleta de documentos e tire o dedo do mouse.

Repita esse procedimento para todas as cores que deseja usar na sua coleção.

Veja as cores a partir do arquivo PANTONE® Color Swatch impresso.

Na caixinha Paleta de documentos, dê um duplo clique em uma das cores para abrir o Editor de paletas.

No Editor de paletas, clique em cada cor e mude para o nome que achar mais conveniente no campo Nome.

Poderá ser o código da cor estipulado pelo fornecedor ou um nome definido por você ou pela sua empresa. Ou use o código PANTONE® original da paleta.

Essa informação poderá facilitar o preenchimento da ficha técnica, porque você já terá os códigos cadastrados diretamente na paleta de cores na área de trabalho do CorelDRAW X6®.

É possível também editar a cor, acrescentar ou retirar cores e salvar essa paleta para usá-la sempre que quiser.

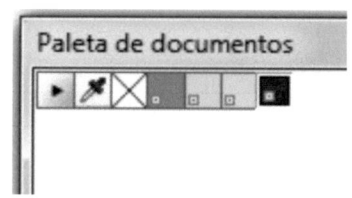

Pode-se inclusive salvar as cores a partir da Paleta de documentos.

Clique na setinha no canto superior esquerdo, próximo ao conta-gotas da caixinha de cores.

Ao clicar na setinha, aparecerá um menu com diversas opções. Selecione a opção Paleta e clique em Salvar como.

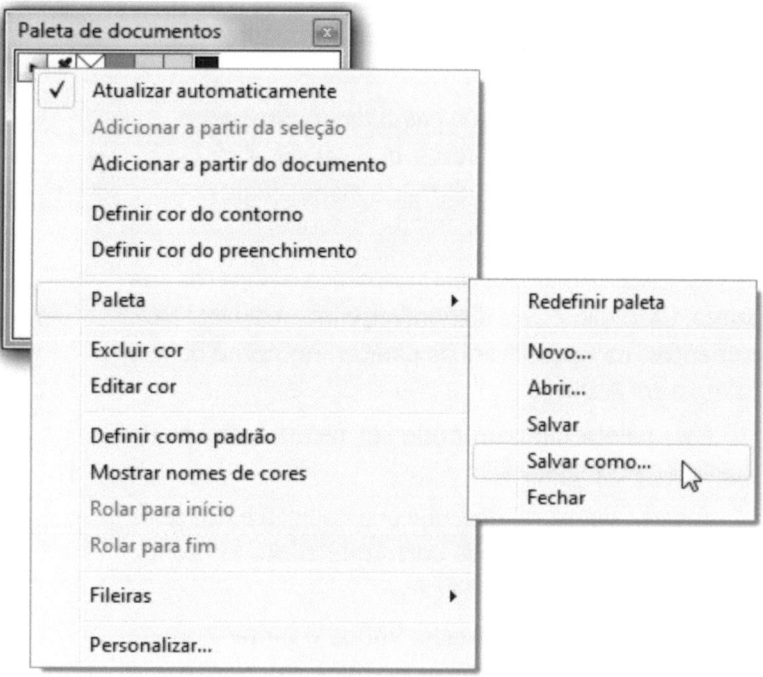

Na caixa de diálogo, digite um nome para identificar a cartela de cores para sua coleção. Neste caso, a paleta de cores será salva com o nome colecao (note que o nome foi escrito sem acentuação).

É importante lembrar que é mais seguro salvar os arquivos sem acentuação ou pontuação, para não correr o risco de surgirem conflitos com sistemas que não sejam Windows.

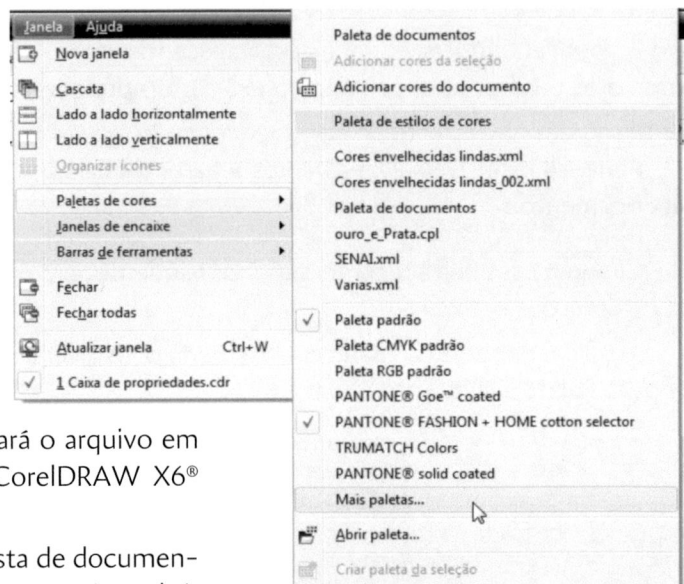

Essa caixa de diálogo salvará o arquivo em uma pasta predefinida pelo CorelDRAW X6® como Minhas paletas.

Ela deverá estar na sua pasta de documentos. Por isso, todas as vezes que quiser abrir suas cores, vá à Janela na Barra de menus/Paletas de cores/Abrir paleta.

Na caixa de diálogo, veja se aparece o nome da sua paleta. Caso não esteja disponível, clique na pasta Documentos, na opção Minhas paletas, no nome da sua paleta e em Abrir.

Essa paleta também pode ser fixada à direita da sua área de trabalho.

A partir de agora, desenhe sua coleção e utilize as cores apenas da paleta de cores que criou. Ela será a cartela de cores da sua coleção.

Você poderá criar quadradinhos e pintar com as cores da paleta para inseri-las no book da coleção.

No CorelDRAW X6®, a opção Paletas de cores apresenta várias novidades que você pode acessar clicando em Mais paletas.

Entre as novas cores disponíveis, há, por exemplo, a cor flúor, que você observa em FASHION + HOME nylon brights.

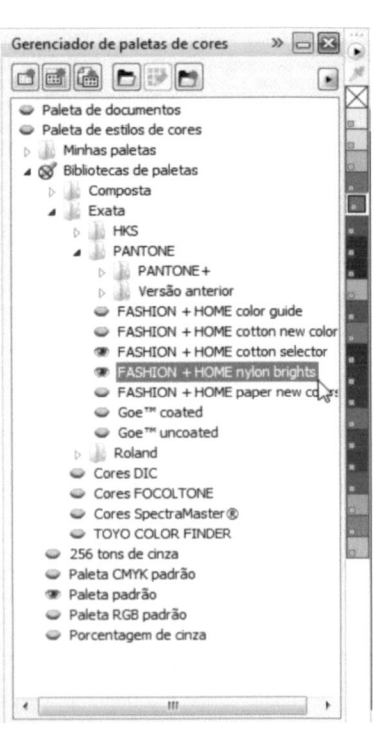

Estilos de cor

No CorelDRAW X6®, há um recurso para a criação de novas harmonias de cores que pode ser aplicado aos seus modelos. Após ter desenhado um modelo e aplicado nele uma estampa através do PowerClip, vá à Janela, clique em Janelas de encaixe e depois na opção Estilos de cor.

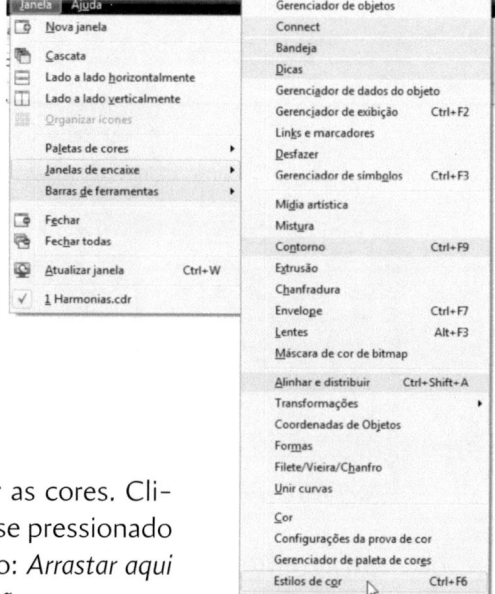

Selecione o modelo no qual deseja mudar as cores. Clique nele, mantenha o botão esquerdo do mouse pressionado e arraste-o para a caixa cinza onde está escrito: *Arrastar aqui para adicionar estilo de cor e gerar uma harmonização.*

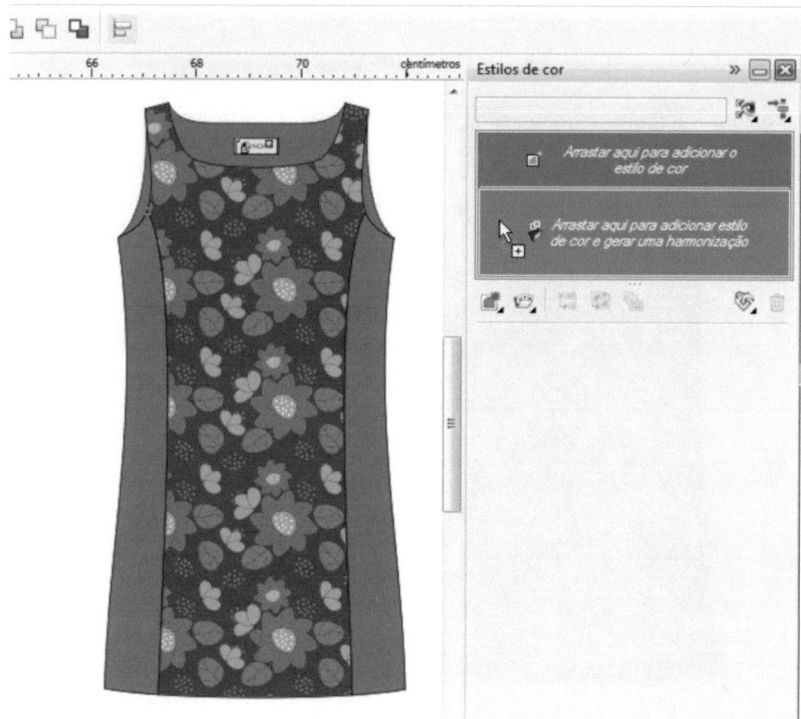

Surgirá uma caixa de diálogo com algumas opções. Se você quiser modificar as cores de um vestido, por exemplo, selecione Preenchimento de objeto e clique em OK.

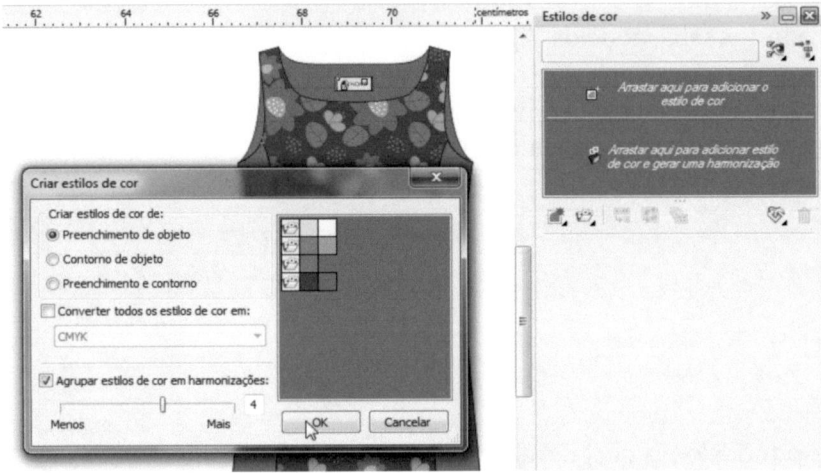

Nessa caixa, além de ver as cores do modelo, você poderá confirmar (ou converter) suas cores no padrão CMYK (abreviatura das cores ciano, magenta, amarelo e preto), que compõe seu trabalho e é utilizado em projetos que serão impressos.

Cada cor PANTONE® escolhida na paleta de cores permitirá acessar outras opções de cores PANTONE®.

Essas cores apresentam um quadradinho no canto inferior à esquerda do
seu quadrado de cor.

No caso de cores que não são PANTONE®, aparecerá na caixa Estilos de
cor um círculo de cores para a mudança de harmonias.

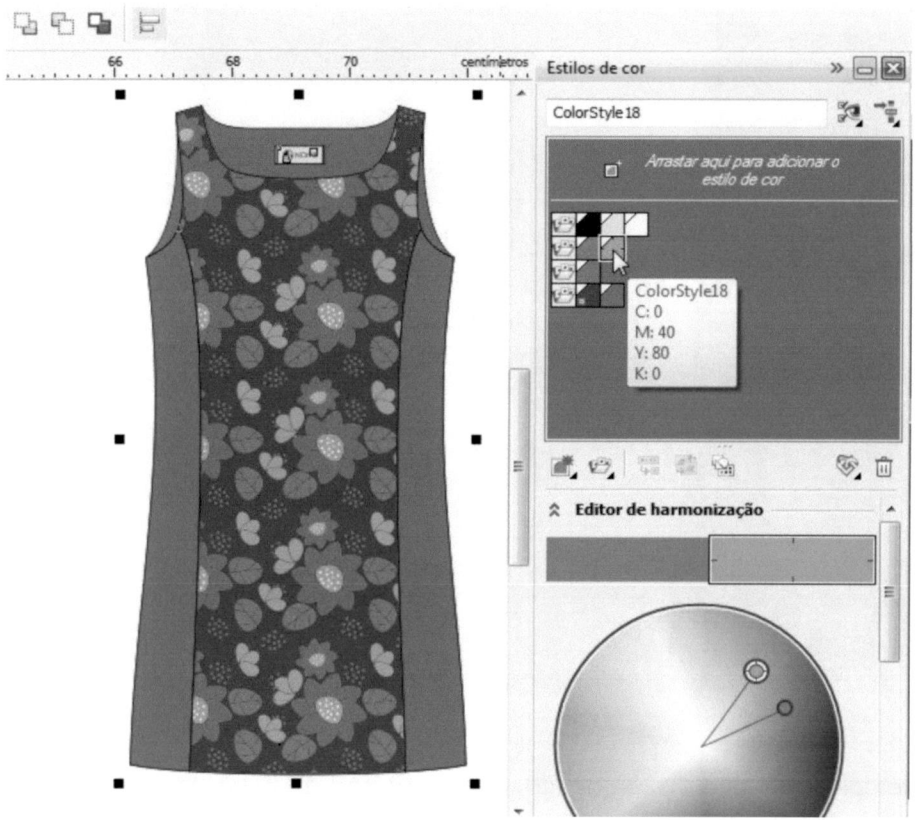

Clique em cada cor da caixa cinza, onde se observa a seta branca e a maior quantidade de cores, e depois movimente os círculos menores que estão sobre o círculo de cores.

Note que as cores da estampa e a cor de fundo do vestido mudarão, de acordo com a cor que você escolher na caixa cinza.

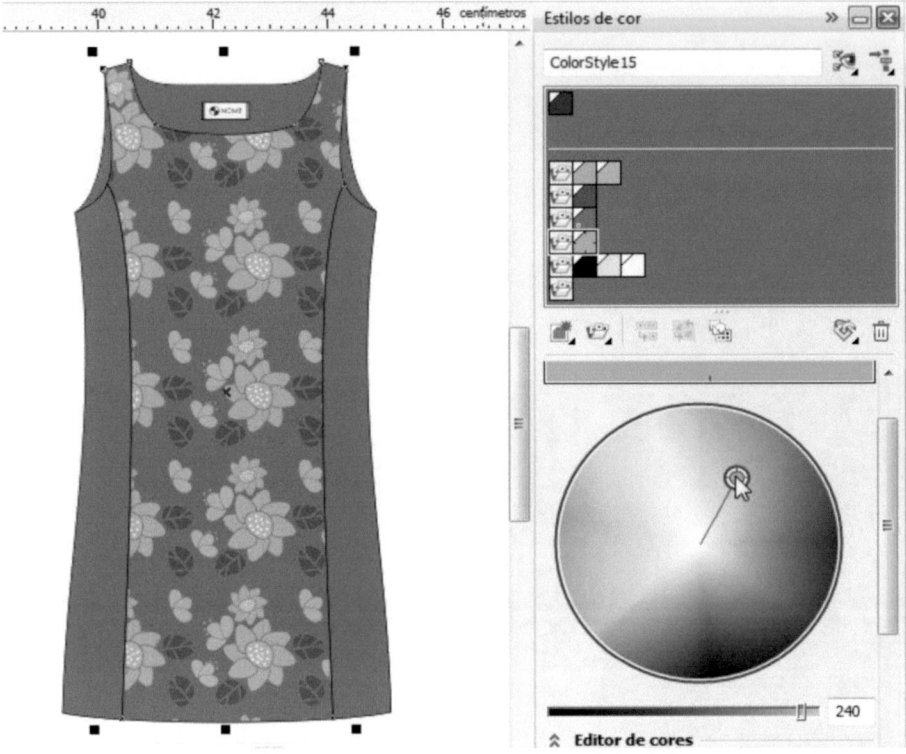

Nesse exemplo, o vestido está agrupado, mas não com a etiqueta, para que ela não mude de cor.

Experimente todas as possibilidades de mudança de cor clicando nas outras opções.

Para salvar o estilo criado, vá a Exportar folha de estilo e salve em uma pasta no seu computador.

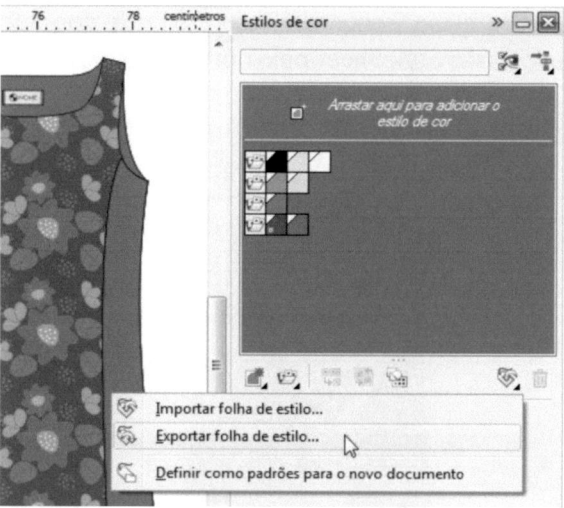

Para abrir novamente esse estilo de cor, vá a Importar folha de estilo e selecione o arquivo StyleSheet.cdss que salvou no computador.

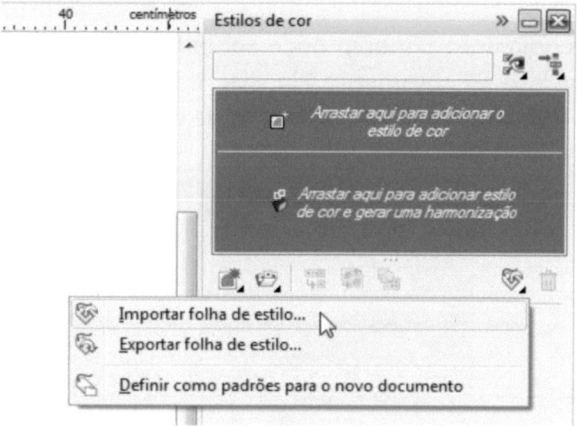

Se quiser renomear esse estilo de cor, substitua em StyleSheet.cdss a expressão StyleSheet pelo nome escolhido, mas mantenha o .cdss no final.

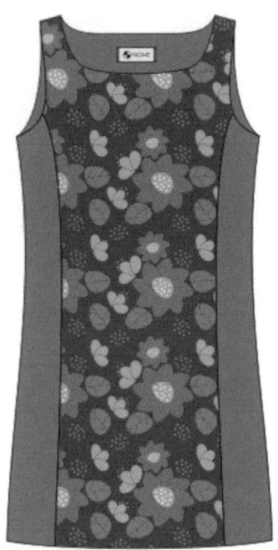 

Esse procedimento também pode ser usado para trabalhar com outros modelos. Para isso, vá novamente à Janela, na Barra de menus, clique em Paleta de cores e depois em Paleta de estilos de cores.

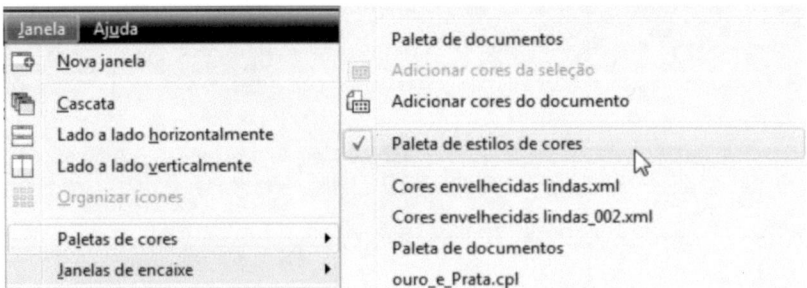

A paleta aparecerá no lado direito da interface do CorelDRAW X6®, junto com a paleta padrão.

Essa paleta poderá ser salva da mesma forma que foi explicada anteriormente.

É importante lembrar que as combinações de cores para cada modelo devem estar de acordo com os materiais que serão utilizados na coleção.

23. FICHA TÉCNICA

Não existe um padrão de ficha técnica. Cada profissional ou empresa desenvolve as fichas técnicas de acordo com as necessidades de suas coleções e da própria empresa.

As fichas técnicas devem ter o conteúdo adequado ao produto confeccionado, de forma que atendam às características que têm que ser compreendidas e também contenham informações claras e precisas para as equipes que desenvolverão a coleção.

Uma maneira de saber quais informações a ficha deve conter é conversar com a modelista, com as costureiras e com os fornecedores de materiais, como tecidos e aviamentos.

As fichas técnicas não devem ser apenas do modelo de vestuário. É necessário fazer fichas técnicas de cada elemento que for desenvolvido com exclusividade para a coleção. Quando você cria uma nova etiqueta, por exemplo, deve desenvolver uma ficha específica, com todos os detalhes da sua construção, como dimensões, local de dobra, fios, efeitos, onde será aplicada, etc. Essas informações poderão ser obtidas com o fornecedor do aviamento.

Uma coleção deve iniciar por fichas técnicas de pilotagem ou pré-fichas, nas quais você deve desenhar toda a coleção com suas ideias e pesquisas. Só depois de aprovar a modelagem, a peça-piloto e os modelos é que será finalizada a ficha técnica do modelo para a produção.

Todos os desenhos que quiser usar na coleção, como estampas ou etiquetas, deverão ter sua ficha acompanhada do arquivo digital vetorial ou bitmap com alta resolução, para que seja possível seu desenvolvimento sem equívocos de interpretação ou redesenho.

Também é importante lembrar que o arquivo que será enviado para o fornecedor deverá estar em um formato que possa ser aberto em outro computador.

Neste caso, você estará usando o CorelDRAW X6®. Se seu cliente ou fornecedor não tiver essa versão do programa, ele não conseguirá abrir o arquivo. Portanto, é importante saber qual versão do programa é mais adequada para cada profissional ou empresa. Se não conseguir essa informação, você deverá salvar seus arquivos em uma versão mais antiga do que a que estiver usando.

Para definir uma versão mais antiga do que a que você utiliza, ao clicar em Salvar como, veja na caixa de diálogo no canto inferior direito a opção Versão.

Clique na setinha ao lado de Versão. Aparecerá uma lista com as outras versões do programa.

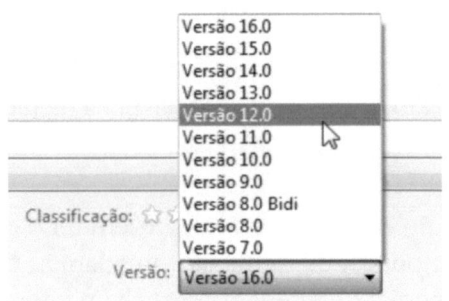

Você pode escolher, por exemplo, a versão 12.0 para salvar seu arquivo. É mais provável que nessa versão, anterior ao CorelDRAW X6®, outra pessoa consiga abrir seu arquivo. O ideal é sempre perguntar em qual versão você deverá salvar.

Outro item que pode ocasionar problemas no envio de seus arquivos para outras pessoas são as letras, que no meio digital são chamadas de fontes. Algumas fontes podem existir apenas no seu computador. Quando seu arquivo é aberto em outro computador, há a possibilidade de que não exista a fonte que você utilizou. Ela será substituída por outra fonte – não necessariamente uma que seja adequada à sua ideia inicial.

Em uma ficha técnica, é aconselhável utilizar fontes padrão, como Arial, Times New Roman, Courier, Tahoma ou Verdana. São fontes que normalmente existem no ambiente Windows. Por isso, qualquer computador que utilize o Windows como sistema operacional terá essas fontes.

É aconselhável fazer uma ficha técnica clara, sem insinuações ilustrativas, com poucas cores e apenas com informações relevantes ao modelo.

Como sugestão, iniciaremos as explicações com base em uma ficha técnica que privilegia o desenho técnico. Ela será dividida em três áreas: topo, com informações gerais em relação à coleção, coluna à direita, com informações específicas do modelo, e coluna à esquerda, com o desenho técnico planificado.

Para iniciar a ficha técnica, certifique-se de que a opção Tratar todos os objetos como preenchidos está desabilitada.

É comum que as impressoras a jato de tinta ou a laser não imprimam até o final das folhas. Elas possuem uma área não imprimível. Por isso, é melhor estabelecer uma área que preveja essa característica.

Você pode usar as linhas-guia como margens que deverão ser respeitadas durante a construção das fichas técnicas.

Crie um arquivo novo em Arquivo/Novo.

Defina o formato de página em que quer trabalhar. Neste caso, usaremos a página tamanho A4 com orientação paisagem.

Clique em Opções na Barra padrão.

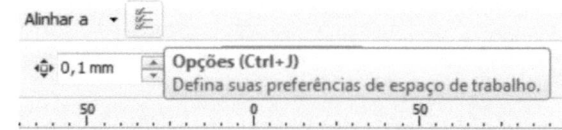

Clique em Documento /Linhas-guia/Predefinições.

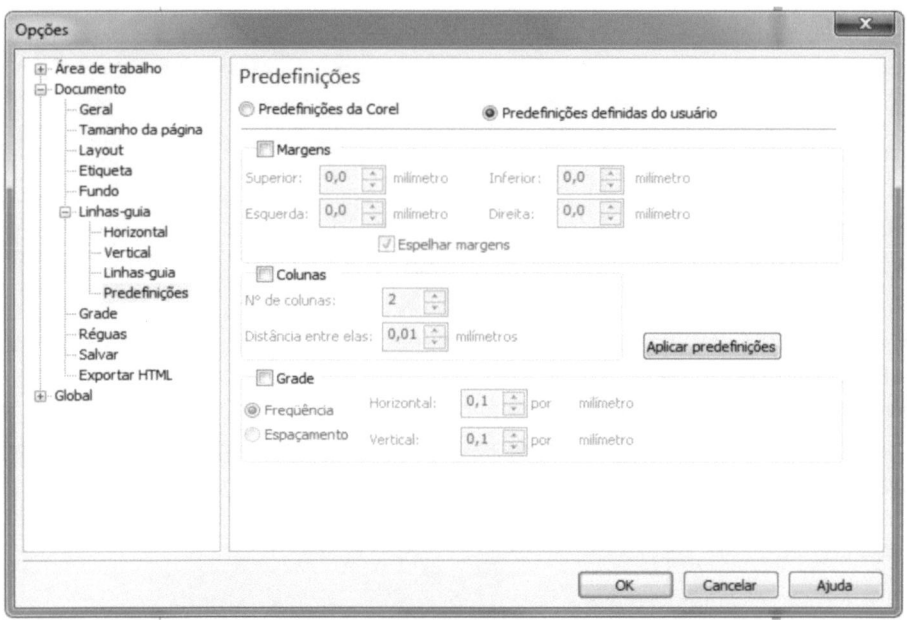

Em Predefinições, clique em Predefinições definidas do usuário. Aparecerá uma caixa de diálogo com diversas opções.

Clique em Margens e desabilite a opção Espelhar margens.

Verifique se a unidade de medida está definida em centímetros ou milímetros. Neste caso, está em centímetros.

Em Superior, Inferior e Direita, digite 0,6 cm. Na margem esquerda, digite 1,8 cm para definir uma área de encadernação da sua ficha técnica.

Clique em Aplicar predefinições e depois em OK.

Deverão aparecer linhas-guia em sua página com as margens que você definiu.

Habilite a opção Alinhar às linhas-guia na Barra padrão.

Construa um retângulo dentro da área demarcada com as linhas-guia. Se quiser cantos arredondados no retângulo, com ele selecionado vá a Raio do canto na Barra de propriedades e digite, por exemplo, o valor 0,8 cm nos quatro campos, conforme a figura abaixo.

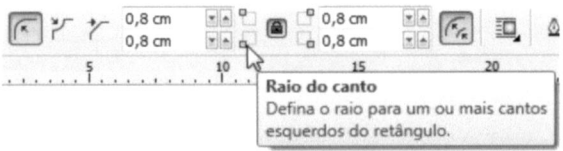

Para que todos os cantos fiquem arredondados ao mesmo tempo, deixe o cadeado fechado.

Importe o logotipo da empresa e posicione-o à esquerda da sua ficha técnica.

Com a ferramenta Texto, clique no canto superior esquerdo e arraste. Vá até o canto inferior direito para fazer uma caixa de texto, conforme a figura abaixo.

Para fazer colunas na caixa de texto, clique na caixa de texto com a ferramenta Seleção, vá a Texto na Barra de menus e selecione Colunas.

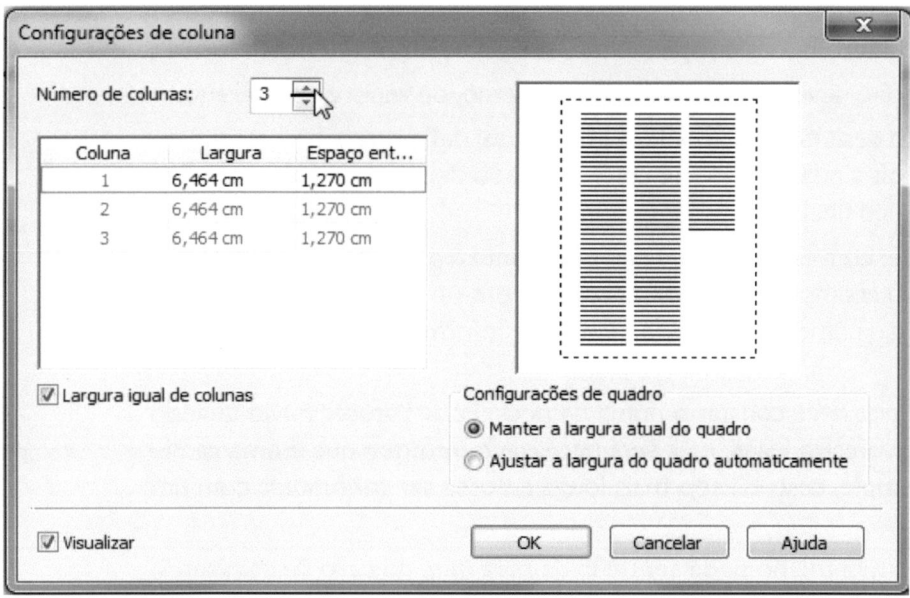

Nas configurações, defina o número de colunas como três e habilite Largura igual de colunas e Manter a largura atual do quadro. Clique em OK.

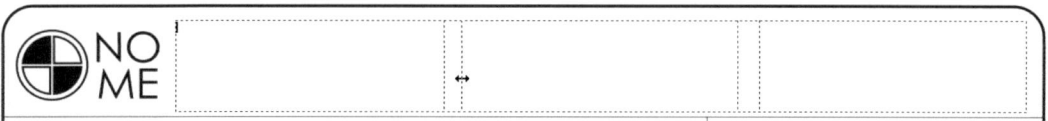

Com a ferramenta Seleção, dê um duplo clique na caixa de texto. Ao aparecerem as linhas das colunas, clique sobre uma das linhas e arraste-a para a direita, para reduzir o espaço entre elas.

Clique na primeira coluna com a ferramenta Texto e comece a escrever os itens gerais sobre a coleção. Veja a seguir algumas sugestões.

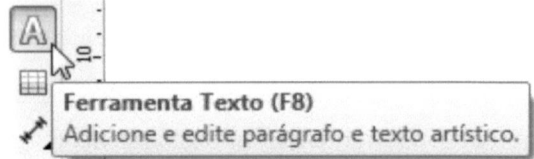

Ferramenta Texto (F8)
Adicione e edite parágrafo e texto artístico.

Coleção:	Data:	Data de entrega:
Estudo:	Numeração:	Referência:
Modelo:	Designer:	Aprovado por:
Cor do mostruário:	Modelista:	
Quantidade do mostruário:		

Para passar de uma coluna para outra, pressione Enter.

Em Coleção, deve-se informar se é de inverno, de verão e de qual ano.

Enquanto desenha um modelo, é importante definir para ele um número de estudo, pois ainda passará por aprovação e só depois receberá uma referência ou código final.

Para poder conversar com sua equipe durante o processo de pilotagem e, também, para acompanhá-lo, utilize um número ou palavra que identifique o modelo. Esse número ou palavra deverá ser informado no item Estudo da ficha técnica.

Em Modelo, deve constar o nome da peça. Pode parecer óbvio quando se trata de uma calça jeans, mas será necessário informar que é uma camiseta, por exemplo, caso ela seja mais longa e possa ser confundida com um minivestido.

A Cor do mostruário pode ser definida para que, no caso de camisetas, você desenvolva modelos com todas as cores utilizadas na coleção.

Em Quantidade do mostruário, você definirá quantas peças deverão ser feitas do modelo.

A coleção pode ser vendida por representantes. Por isso, você deverá estabelecer a quantidade de modelos de acordo com o número de representantes ou agentes de negócios que venderão a coleção.

Em Data, informe a data de conclusão do desenho do modelo em cada ficha técnica.

Em Numeração, você deverá colocar os tamanhos em que desenvolverá a modelagem. Por exemplo: P, M, G ou 42, 44, 46, 48, e assim por diante.

Se a ficha técnica for para coleções infantis, poderá ter a numeração de acordo com a idade das crianças. Por exemplo: 0 a 3 anos, 10 aos 14 anos.

Informe seu nome no campo Designer e o de quem fará a modelagem em Modelista.

Em Data de entrega, coloque a data de quando deverá entregar todas as fichas técnicas.

O campo Referência deverá ser preenchido só depois que o modelo for aprovado, quando ele será codificado para venda.

Também é importante ter a assinatura ou o nome de quem aprovou a coleção. Pode ser um diretor criativo, gerente de produto ou você mesmo.

Para desenhar a coluna direita de informações específicas do modelo, veja a seguir as sugestões para a confecção de uma camiseta.

Material Cor 1: Fornecedor: Composição: Consumo:	Material Cor 2: Fornecedor: Composição: Consumo:	Material Cor 3: Fornecedor: Composição: Consumo:	Molde código: Decote: Gola: Cava:	Punho: Aplicação: Etiqueta interna: Etiqueta externa: Embalagem:

Os itens que não constarem no seu modelo, como por exemplo Material Cor 3 ou Gola, deverão ficar em branco.

A ficha técnica deve ser para todos os modelos, de partes de cima ou de baixo. Ela não deve se adaptar ao modelo.

Você deve preencher apenas os campos necessários ao seu modelo.

Veja, na figura ao lado, como deve ficar sua coluna de informações específicas do modelo.

Material Cor 1:
Fornecedor:
Composição:
Consumo:

Material Cor 2:
Fornecedor:
Composição:
Consumo:

Material Cor 3:
Fornecedor:
Composição:
Consumo:

Molde código:
Decote:
Gola:
Cava:
Punho:
Aplicação (estampa ou bordado):
Etiqueta interna:
Etiqueta externa:
Embalagem:

Você deverá construir a coluna da direita com a ferramenta Texto, da mesma forma que fez na área de informações gerais da ficha técnica. Nesse caso, ela não precisa ser subdividida em colunas.

Organize sua coleção na ficha técnica. Se for uma coleção de malha, como camisetas, você pode colorir de acordo com cada modelo.

Quando a coleção for de jeans, é aconselhável não colocar o tecido (jeans) nos desenhos técnicos, porque a textura do tecido impede que as equipes de desenvolvimento da coleção percebam todos os detalhes do modelo.

Para indicar as variantes de cor do modelo, é importante estabelecer uma relação entre cores e materiais.

Na figura a seguir, foi criada uma legenda para indicar a cor da camiseta e a do decote.

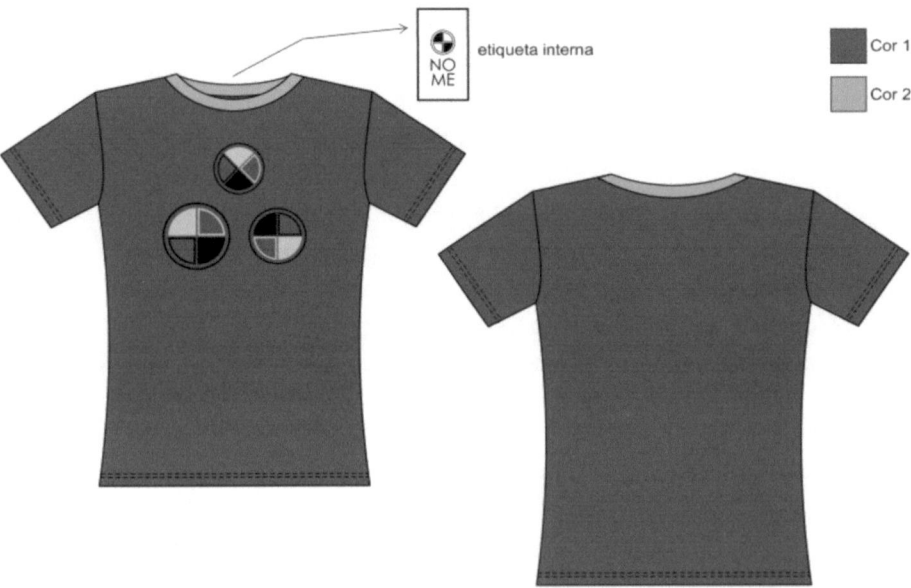

Assim, no momento de preencher a ficha técnica, não haverá dúvidas em relação a que parte do modelo se refere o tecido ou cor (veja a figura abaixo).

Variantes de cor do modelo		
Cor 1 - camiseta	Cor 2 - decote	Cor 3
Chumbo	Cinza	
Branco	Chumbo	
Cinza	Branco	

E, ainda, podem-se adicionar outras variantes a partir do parâmetro definido pela legenda.

Como não há a cor 3, esse campo não será preenchido. O mesmo parâmetro pode ser utilizado para as estampas ou bordados.

Faça uma legenda para as cores da estampa. Neste caso, cor A e cor B, conforme a figura ao lado.

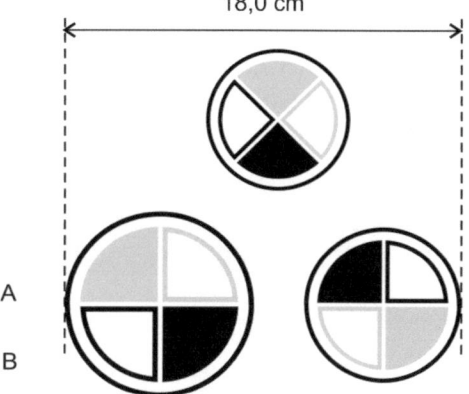

Na ficha técnica, insira uma caixa com a informação das variantes de cor da estampa, como foi feito para as variantes de cor do modelo.

Variantes de cor da estampa			
Cor 1	Cor A	Cor B	Cor C
Chumbo	preto	cinza	
Branco	preto	cinza	
Cinza	preto	branco	

Quando a cor 1, que se refere à camiseta, corresponder à cor chumbo, a cor A será preto e a cor B será cinza. Foi estabelecido um parâmetro também para a estampa. Dessa forma, é possível indicar as outras variantes de cor da estampa em relação à variante de cor de cada camiseta.

Construa as caixinhas de variantes de cor de modelo e da estampa ou bordado, conforme a explicação das informações específicas do modelo.

Faz parte do processo preparar o arquivo digital da estampa para enviar à empresa ou ao profissional que irá desenvolvê-la.

Em um arquivo novo, salve sua estampa nas medidas reais da seguinte forma: selecione a estampa, agrupe e pressione P para que ela vá ao centro da página.

Com o objeto selecionado, vá a Tamanho do objeto na Barra de propriedades e, no campo correspondente à largura do objeto, digite a medida da estampa – neste caso, 18,0 cm de largura.

O cadeado desse item deverá estar fechado, para que, ao digitar a medida da largura da estampa, a altura se modifique proporcionalmente.

É possível continuar a desenhar suas fichas técnicas no mesmo arquivo. Basta adicionar páginas ao seu documento.

As linhas-guia permanecerão em todo o documento e, em princípio, não são imprimíveis.

Na parte inferior esquerda da sua área de trabalho, há uma opção para acréscimo de páginas.

Clique no símbolo + indicado pela seta, para adicionar páginas à frente do documento, ou no símbolo + no lado oposto ao primeiro, para acrescentar páginas antes do documento.

Não salve sua coleção em um único documento. É aconselhável que os documentos tenham, no máximo, cinco páginas, pois, se o arquivo sofrer algum dano, você não perderá a coleção inteira.

Você pode acrescentar informações a esse modelo, adaptando a ficha técnica de acordo com seu trabalho ou com as necessidades da empresa onde você trabalha.

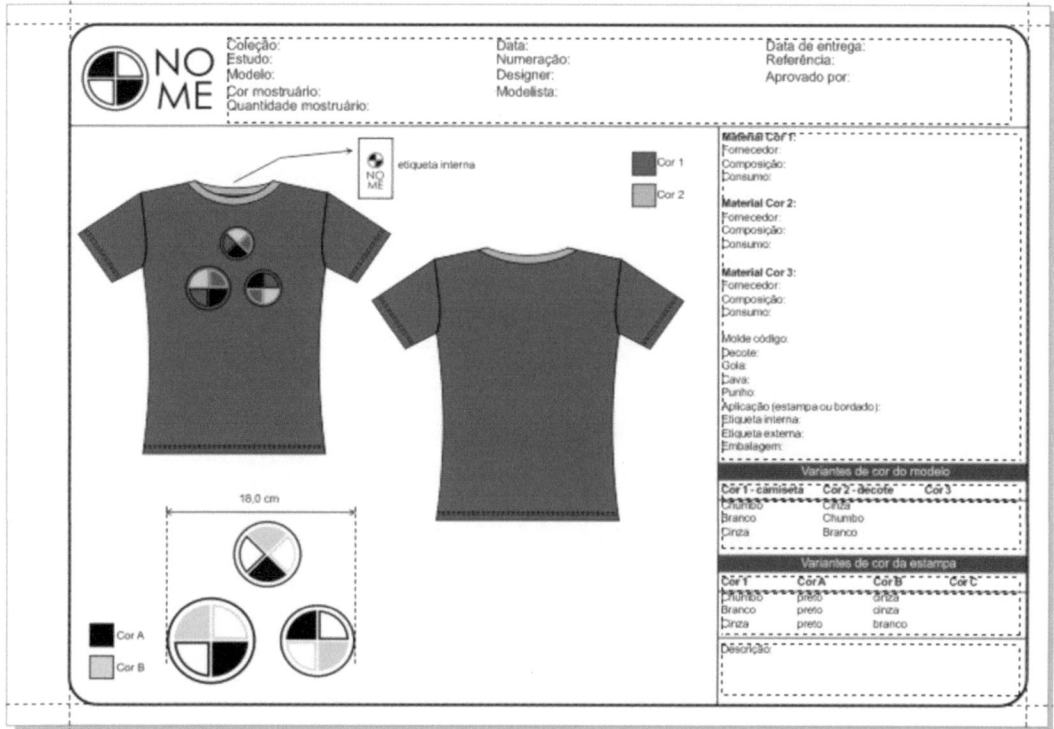

Criar e confeccionar uma coleção exige trabalho intenso e tempo considerável, que deve ser muito bem administrado. A recompensa é bastante prazerosa. Ver um modelo sair do papel e se transformar em um modelo desfilado em passarela ou exposto em vitrines é algo que proporciona grande satisfação. É sedutor.

Muitos profissionais estarão envolvidos no processo. Por isso, é fundamental que você, como estilista ou designer de moda, esteja atento às tendências, faça viagens (internacionais ou nacionais) e adquira inspiração, itens necessários para o desenho da coleção. É imprescindível também que você se inteire do que cada profissional envolvido precisa saber sobre suas ideias, para que tudo esteja sempre sob seu controle.

É importante respeitar prazos e pessoas, ter consciência de que o trabalho deverá ser feito por uma equipe e, por isso, compreendido mesmo quando você não puder estar presente o tempo todo.

Tudo o que você não definir em documentos como as fichas técnicas será decidido por outra pessoa, ou a produção ficará aguardando sua decisão.

Isso obviamente gera conflitos desnecessários, além de transtornos em relação a investimentos.

Planeje tudo. Se possível, acompanhe o processo do início ao fim, para garantir que tudo saia de acordo com o seu projeto. Será prazeroso ter uma coleção desenvolvida a partir de suas ideias, vê-las se concretizar em conjunto com outras pessoas e partilhar resultados com um bom trabalho em equipe.

BIBLIOGRAFIA

BARBOSA FILHO, Antônio Nunes. *Projeto e desenvolvimento de produto*. São Paulo: Atlas, 2009.

BENJAMIN, Walter. *Obras escolhidas. Magia e técnica, arte e política*. São Paulo: Brasiliense, 1994.

CARDOSO, Rafael. *Uma introdução à história do design*. São Paulo: Edgard Blücher, 2004.

CASTILHO, Kathia. *Moda e linguagem*. São Paulo: Anhembi Morumbi, 2004.

H. FRANK, Robert. *O economista natural: em busca de explicações para enigmas do quotidiano*. Alfragide: Casa das Letras, 2008.

JOHNSON, Steven. *Cultura da interface: como o computador transforma nossa maneira de criar e comunicar*. Rio de Janeiro: Jorge Zahar, 2001.

LEITE, Adriana Sampaio & VELLOSO, Marta Delgado. *Desenho técnico de roupa feminina*. Rio de Janeiro: Senac Nacional, 2004.

LÓPEZ LÓPEZ, Ana Maria. *Diseño de moda por ordenador*. Madrid: Ediciones Anaya Multimedia, 2002.

MLODINOW, Leonard. *A janela de Euclides: a história da geometria, das linhas paralelas ao hiperespaço*. São Paulo: Geração Editorial, 2008.

PANOFSKY, Erwin. *Significado nas artes visuais*. São Paulo: Perspectiva, 2009.

PIRES, Dorotéia Baduy. *Design de moda: olhares diversos*. São Paulo: Estação das Letras e Cores, 2008.

RADICETTI, Elaine. *Medidas antropométricas padronizadas para a indústria do vestuário*. Rio de Janeiro: Universidade Federal do Rio de Janeiro, 1999.

SABRA, Flávio (org.). *Modelagem: tecnologia em produção do vestuário*. São Paulo: Estação das Letras e Cores, 2009.

SALTZMAN, Andrea. *El cuerpo diseñado: sobre la forma en el proyecto de la vestimenta*. Buenos Aires: Paidós. 2004.

TAKAMURA, Zeshu. *Fashion with Style*. Tóquio: Graphic-Sha Publishing, 1993.

TALLON, Kevin. *Creative Fashion Design with Illustrator®*. Londres: Anova Books. 2006.

Referências bibliográficas eletrônicas

ABRAVEST. Disponível em www.abravest.org.br/. Acesso em 16 de fevereiro de 2010.

ARANA, Luis Sellers. *El Canon de Lisipo*. Bilbao, 2011. Disponível em http://minisite.museoreproduccionesbilbao.org/GreziarSimmetria/es/canon_lisipo.html. Acesso em 11 de julho de 2014.

COREL Corporation. Disponível em www.corel.com/servlet/Satellite/br/pt/Content/1150905725000. Acesso em 10 de março de 2010.

MAKEHUMAN. Disponível em www.makehuman.org. Acesso em 5 de março de 2010.

RIBEIRO JR., W. A. *O doríforo*. Portal Graecia Antiqua, São Carlos. Disponível em www.greciantiga.org/img/index.asp?num=0790. Acesso em 6 de dezembro de 2009.

UAEC. Disponível em www.dec.ufcg.edu.br/. Acesso em 11 de dezembro de 2009.

Adriana Matsuda

Elá Camarena

Elá Camarena é graduada em moda e pós-graduada em moda e criação pela Faculdade Santa Marcelina. É também mestre em design de moda pela Universidade Anhembi Morumbi.

Atua como designer de moda desde 1985, tendo trabalhado com marcas como Puma, Lotto, Penalty e Speedo na criação e desenvolvimento de itens de vestuário e de acessórios de coleções esportivas. Atuou também com a marca Carlos Santana, na criação e desenvolvimento de modelos e em coleções em jeans; na Democrata, trabalhou com design de calçados.

É proprietária da Hatawata Design e atua como consultora empresarial em projetos gráficos. É também educadora da área de moda, atuando em renomados cursos de formação e também no ensino de computação gráfica, de processo criativo e de criação de publicações digitais. É especialista em computação gráfica em moda, trabalhando principalmente com os softwares CorelDRAW, Adobe Illustrator, Corel Painter, Adobe Photoshop e Adobe InDesign. Tem apoio e acompanha a Corel do Brasil nas atualizações de novos produtos.

É autora do livro *Desenho de moda no CorelDRAW X5®*, publicado pelo Senac São Paulo.